मेवात का जोहड़

राजेन्द्र सिंह

राजकमल प्रकाशन

ISBN : 978-81-267-2334-8

मूल्य : ₹595

पहला संस्करण : 2012
पहली आवृत्ति : 2023

प्रकाशक : राजकमल प्रकाशन प्रा.लि.
1-बी, नेताजी सुभाष मार्ग, दरियागंज
नई दिल्ली-110 002

शाखाएँ : अशोक राजपथ, साइंस कॉलेज के सामने, पटना-800 006
पहली मंजिल, दरबारी बिल्डिंग, महात्मा गांधी मार्ग, प्रयागराज-211 001

वेबसाइट : www.rajkamalprakashan.com
ई-मेल : info@rajkamalprakashan.com

मुद्रक : बी.के. ऑफसेट
नवीन शाहदरा, दिल्ली-110 032

MEWAT KA JOHAD
by Rajendra Singh

लेखक की कलम से

'महात्मा गांधी का 'मेवात में जौहड़' पुस्तक महात्मा द्वारा अपने जीते जी मेवात के लिए किए गए समर्पण की दास्तान है। उन्होंने यह मान लिया था, कि मेरे शरीर से ज्यादा जरूरी है भारत में सद्भावना के साथ जीना। इसे स्थापित करने हेतु समर्पण की जरूरत है। जैसे क्षत्राणियाँ अपने राज्य को बचाने हेतु अपने पति को निर्मोही बनाकर युद्ध हेतु जौहर करती थीं। उन्हें यदि युद्ध में पराजय का आभास हो जाए तो भी वे अपने राज्य की आन-बान-शान बचाने के लिए दुश्मन को पस्त करने या उसे सफल नहीं होने देने के लिए जौहर रचती थीं।

बापू ने आजादी के बाद देश के बँटवारे को अपनी हार मानकर भी सभी सम्प्रदाय और धर्मों (हिन्दू, मुस्लिम, सिख, ईसाई) का मन जोड़कर अपने राष्ट्र के गौरव को बचाने हेतु सद्भावनापूर्वक भारत में सबको जीने का हक प्रदान किया था। इसी हक को दिलाने के लिए वे समर्पित हो गए। भारत में उनका सर्वधर्म सद्भाव बढ़ाने का संकल्प पूर्ण करने में सिद्धान्त सफल रहा। उनका जीवन और व्यवहार तो एक था ही लेकिन हमारे व्यवहार में कुछ खराब घटनाएँ देखने-सुनने को आज भी मिलती हैं। फिर भी बापू के कारण ही हम एक ऐसे राष्ट्र में बने रहे जिसमें सभी को जीने का समान हक मिल गया।

सबको समान जीवन दिलाने हेतु बापू शहीद नहीं हुए। बल्कि उन्होंने जौहर किया था। जौहर जीत के अहसास से किया जाता है। हार होने पर भी लगे रहे, तो भी उन्हें जीत का आभास करके अन्तिम क्षण तक अपने राष्ट्र का गौरव बचाना ही उनका लक्ष्य रहा है। बापू ने मेवात में यही किया है। अपने अन्तिम क्षण का उन्हें पता था, फिर भी अधिक शक्ति से दिल्ली के पास पूर्वी पंजाब 'मेवात' की साम्प्रदायिक आग को शान्त किया। अपनी समझ और शक्ति मेवात को उजड़ने से बचाने में लगा दी। पूर्वी पंजाब के प्रधानमंत्री श्री गोपीचन्द्र भार्गव सहित सरदार पटेल और नेहरू जी को बराबर इसे बचाने में लगाया। वे अपने अन्तिम दिनों में अपने को कमजोर तो मानने लगे थे।

फिर भी पूरी संकल्प शक्ति से बापू इस चुनौती से जूझने में जुट गए। उन्हें सफलता मिलने लगी थी, इसीलिए कई बार मौन रहकर और उपवास करके समाज में चेतना जगाई। बापू के जौहर से शान्ति कायम होने लगी थी। शान्तिमय और अहिंसा से बनते वातावरण से व्यथित होकर कुछ ने बापू की हत्या का निर्णय कर लिया था। इस कार्य में संगठन और राजा शामिल थे।

बापू आजाद भारत बनने के बाद कुल 167 दिन जीवित रहे। ये दिन इनके जौहर करने के ही दिन थे। बापू ने पूरा जौहर किया। जो आज भी जारी है। उनकी प्रेरणा उनकी तरंगों से प्रभावित बहुत से लोग उनके रास्ते पर आज भी चल रहे हैं। मैं भी अपने बचपन और तरुणाई को उनके जौहर से प्रभावित मानता हूँ। तभी तो उन्हीं के रास्ते अनजाने ही चल पड़ा। समाज की समझ और उन्हीं के निर्णय से ही ग्राम स्वावलम्बन और उजड़े गाँवों को बसाने हेतु पानी के कार्य में जाकर जुट गया।

शुरू में श्री गोकुल भाई भट्ट, श्री सिद्धराज ढड्डा जी और एल.सी. जैन का साथ मिला। न्यायमूर्ति श्री तारकुंडे, श्री कुलदीप नैयर हमारे शिविरों में आकर हमारे जौहर में शामिल होते थे। ठाकुर दास बंग, लोकेन्द्र भाई, रामजी भाई, विनय भाई, हरिभाई, अमरनाथ भाई, तेजसिंह भाई ये सब हमारे साथ मेवात में घूमे। इन्होंने 1986 में 30 जनवरी से 12 फरवरी तक मेरे साथ पहली मेवात-यात्रा की। फिर हमने 'गांधी चुनौती यात्रा आयोजित की'।

इब्राहिम खान, शान्तिस्वरूप डाटा, गंगा बहन जी मेरे साथियों के साथ जुड़कर यात्राएँ करने लगें और बस लोगों में हम पर विश्वास धीरे-धीरे बढ़ने लगा। अनुपम मिश्र ने हमारी 'जोहड़ यात्रा' में प्रभाष जोशी और चंडीप्रसाद भट्ट जी को जोड़ दिया। अनिल अग्रवाल और सुनीता नारायण तो स्वर्गीय राजीव गांधी को ग्राम पंचायत को सशक्त और सुदृढ़ बनाने के लिए हमारे क्षेत्र का अध्ययन करने और हमसे बात कराने लाये थे। इन सबकी मेवात यात्राओं से हमारे जोहड़ यात्रा कार्य नाम पाने लगा था।

ग्राम को साझे श्रम-संगठन के बिना बनाना सम्भव नहीं था। इसलिए समाज का संगठन बनाने के लिए रात-दिन उन्हीं के साथ रहकर जौहर हेतु अहसास कराना पड़ता था। समाज के जौहर से ही जोहड़ बनता है। आज भी जौहर और जोहड़ एक दूसरे के पूरक हैं। शहीद या सती तो अकेले होते हैं। इसलिए आसान होता है। लेकिन जौहर साझा अभिक्रम और साझी संकल्प शक्ति से साझे लक्ष्य के लिए होता है। बापू तो साझे थे। साझा ही सोचकर सब करते थे। चरखा जैसा निजी काम भी उन्होंने साझा हित-राष्ट्रहित बनाकर चरखे के लिए जौहर किया था।

हमने तो केवल जोहड़ जैसे पहले से साझे जोहड़ को जौहर बनाया है। बेपानी मेवात व खारे मेवात में जोहड़ से मीठा पानी बनाया।

यह सब काम बापू के तरीके से ही सम्भव हुआ। पेड़ और पानी तो मेवात से आजादी के आन्दोलन के समय ही बिगड़ने लगा था। यहाँ के राजा, जमींदार सभी इसे बिगाड़ने पर अड़े थे, हमारी जमीन और जंगल का राष्ट्रीयकरण हो रहा है। हम मनमर्जी कर लें। इससे कुछ लाभ कमा सके तो कमा लें। इसलिए पहले से बचे 'जंगल' इस समय बेरहमी से कटवाए।

बापू का ध्यान उस तरफ कटते जंगलों पर नहीं गया क्योंकि तब पेड़ से पहले इनसान बचाना उनका लक्ष्य था। जोहड़ इनसान के लिए जरूरी है। इसलिए गाँव के जोहड़ों पर उनका ध्यान जरूर गया। उन्होंने जोहड़ों के रख-रखाव और सफाई पर कई बार गाँवों में लोगों से कहा था। तालाब-जोहड़ों की सफाई भी कराई थी। गुजरात के उनके घर और राजकोट पोरबन्दर ये सब मेवात जैसे ही जल संकट के क्षेत्र हैं। इसलिए उन्हें जोहड़ की जरूरत और महत्व का अहसास था। इसीलिए जोहड़ के निर्माण जौहर को समझते थे। तभी तो जोहड़ की सफाई आदि का आभास उन्हें हो गया और ग्राम स्वावलम्बन कार्यों की सूची में जोहड़ भी शामिल कर लिया गया।

सर्वोदय और भूदान में जोहड़ों पर कुछ काम हुए लेकिन बस औपचारिक काम की तरह से ही किए गए। जबकि जोहड़ को जौहर की जरूरत होती है। तरुण भारत संघ के कार्यकर्ताओं ने जोहड़ को जौहर की तरह लिया। ग्राम समुदाय के सामूहिक निर्णय से स्थान चयन निर्माण की विधि-विधान सभी कुछ साझा श्रम, समझ, शक्ति से निर्मित जोहड़ इक्कीसवीं शताब्दी में भी खरा और जरूरी बन गया क्योंकि आज धधकते ब्रह्मांड और बिगड़ते मौसम के मिजाज का समाधान जोहड़ ही है। जोहड़ समाज को जोड़ता है।

जल के लिए होनेवाले विश्व युद्ध से बचने का शान्तिमय समाधान करनेवाली व्यवस्था का नाम 'जल जौड़ है' उसे ही जोहड़ कहते हैं। यह बढ़ती जनसंख्या–जनजल जरूरत पूरी करनेवाली विकेन्द्रित व्यवस्था है। समता, सरलता, सादगी से सबको जीवन देनेवाली बिना पाइप की जल व्यवस्था है।

बापू 'हिन्दू स्वराज्य' में भावी संकट का समाधान विकेन्द्रित व्यवस्था द्वारा बताते हैं। जोहड़ वही विकेन्द्रित व्यवस्था है। इसे तोड़नेवाले अंग्रेजी राज को तो बापू ने जीते जी हटा दिया था। लेकिन अंग्रेजीयत नहीं हटी थी। इसे हटाने हेतु हमें देशज ज्ञान का सम्मान जोहड़ परम्परा को जीवित करके ही किया जा सकता है। वही काम बापू के बाद मेवात में तरुण भारत संघ ने रेणू, जमूरी, देवयानी, कजोडी, गुलाब, किस्तूरी, मीना, राजेश, सत्येन्द्र, सुलेमान, कन्हैया,

जगदीश, गोपाल, छोटेलाल, वोदन इब्राहिम, सलीम रहमत अयूब, रामेन्द्र, सीताराम और मौलिक जैसे स्थानीय युवाओं को तैयार करके की है।

मेवात की पानी, परम्परा और खेती का वर्णन बापू के जौहर से जोहड़ तक किया है। बापू कुदरत के करिश्मे को जानते और समझते थे। इसलिए उन्होंने कहा था "कुदरत सभी की जरूरत पूरी कर सकती है। लेकिन एक व्यक्ति का भी लालच पूरा नहीं कर सकती।" वे कुदरत का बहुत सम्मान करते थे। उन्हें माननेवाले भी कुदरत का सम्मान करते हैं। मेवात में उनकी कुछ तरंगें काम कर रही थीं। इसलिए मेवात में समाज श्रम से जोहड़ बन गए। मेवात में बापू का जौहर जारी है। यह पुस्तक बापू के जौहर को मेवात में जगाएगी। इस पुस्तक लेखन में मेरे मेवात के बहुत से साथियों ने मदद की है। मैं बेनाम ही उनका आभार प्रकट करता हूँ। अनुपम मिश्र, योगेन्द्र यादव, डॉ. सद्दीक अहमद ने मेवात से सम्बन्धित सामग्री जुटाने में मदद की है। अन्त में डॉ. सविता सिंह जी की मदद का स्मरण भी जरूरी है। यह पुस्तक मेवात के अपने देशज ज्ञान और शब्दों से रचित है। आशा है, पूरे भारत, देश-दुनिया को महात्मा के मेवात जौहर की कहानी बताने में सफल सिद्ध होगी।

राम नवमी, 2066
3 अप्रैल 2009 नई दिल्ली

राजेन्द्र सिंह
तरुण भारत संघ
नीमली, तिजारा, अलवर

प्रस्तावना

जवाहरलाल नेहरू, सरदार वल्लभभाई पटेल, डॉ. राजेन्द्र प्रसाद तथा जिन्ना की सहमति से हुए हिन्दुस्तान विभाजन को बापू ने चुनौती दी। उन्होंने कहा, "विभाजन मेरी लाश पर होगा।" फिर भी विभाजन हो गया। लेकिन बापू हिम्मत नहीं हारे। दुखी जरूर थे, कहा, "मेव मुस्लिम जाएँगे, तो मैं भी इनके साथ पाकिस्तान चला जाऊँगा। जहाँ ये रहेंगे, मैं भी इनके साथ वहीं रहूँगा।" इसी दौरान सरदार पटेल और जवाहरलाल के बीच साम्प्रदायिक और समाजवादी खेमे बनाकर कुछ लोगों ने बड़ा विवाद शुरू करा दिया था। बापू जानते थे। बापू ने कहा, "जब तक नेहरू-पटेल का विवाद नहीं मिटेगा, मैं यहीं रहूँगा"। मन दुखी था, निराशा थी, सब कुछ विचार के विरुद्ध चल रहा था, फिर भी बापू दोनों से प्यार से बातें कर रहे थे। दोनों का मन मिलाना चाहते थे। देश के हित हेतु दोनों का मिलना जरूरी है। यह बात सभी से कहने लगे थे।

पटेल ने बापू से कहा–मुसलमानों का वापस आना और इन्हें फिर से बसाना बड़ी समस्या बन जाएगी। कानून-व्यवस्था बिगड़ जाएगी। दोनों अपनी बातों के साथ बापू के पास जाते थे। इसके बावजूद बापू नेहरू और पटेल का विवाद नहीं सुलझा पाए। मेवात के मेवों का पुनर्वास करने हेतु बापू के जाने के 61 दिन बाद विनोबा भावे जी उसी कार्य में लगे। बिहार के सत्यम भाई तथा मोहम्मद कुरैशी, एल्हास मोहम्मद आदि बहुत से सर्वोदयी कार्यकर्ता मेव पुनर्वास में जुट गए। कांग्रेस के भी कार्यकर्ताओं ने मेव पुनर्वास में बहुत तत्परता से कार्य किया। ताराचन्द्र प्रेमी, शान्ति स्वरूप डाटा, गंगा डाटा, रणधीर सिंह हुड्डा व बहुत से मेव कांग्रेसी भी इस कार्य में लगे। मेवों का पुनर्वास होने लगा।

आजादी के दिन बापू के सामने सबसे बड़ी चुनौती हिन्दू-मुस्लिम-सिख-ईसाइयों की एकता बनाने की थी। उसी में बापू ने अपने प्राणों की बाजी लगाकर काम किया। प्राण तो चले गए लेकिन बापू जीत गए। जीने तथा सब धर्मों को समान हक देनेवाला राष्ट्र बना लिया। आजादी दिवस से अन्तिम दिन तक बापू का जौहर इस पुस्तक में है। मेवात कैसे बना? मेवात का जनमानस

आज क्या चाहता है? क्या कर रहा है। मेवात के संकट से जूझते लोग, बाजार की लूट, पानी और खेती की लूट रोकने की दिशा में हुए काम...कुदरत की हिफाजत के काम है। इन कुदरती कामों में आज भी महात्मा गांधी की प्रेरणा की सार्थकता है। युगपुरुष बापू को चले जाने के बाद भी युवाओं द्वारा उनकी प्रेरणा से प्रेरित होकर ग्राम स्वराज, ग्राम स्वावलम्बन के रचनात्मक कार्यों से लेकर सत्याग्रह तक की चरणबद्ध दास्तान इस पुस्तक में है।

यह पुस्तक देश-दुनिया और मेवात को बापू के जौहर से प्रेरित करके सबकी भलाई का काम जोहड़ बनाने-बचाने पर राज-समाज को लगाने की कथा है; जौहर से जोहड़ तक की यात्रा है। यह पुस्तक आज के मेवात का दर्शन कराती है। इसमें जोहड़ से जुड़ते लोग, पानी की लूट रोकने का सत्याग्रह, मेवात के 40 शराब कारखाने बन्द कराना तथा मेवात के पानीदार बने गाँवों का वर्णन है।

अन्त में मेवात का इतिहास और भूगोल दिया है। यहाँ मुगल काल में धर्म परिवर्तन हुआ। ये हिन्दू धर्म छोड़ने के बाद 'मेव' कहलाने लगे। जहाँ ये रहते थे, वही अब मेवात कहलाता है। अब यह क्षेत्र देश की राजधानी परिसर क्षेत्र है। इसके सबसे बड़े हिस्से में मेव रहते हैं। राजस्थान का अलवर-भरतपुर, हरियाणा का गुड़गाँव, फरीदाबाद, फिरोजपुर, नूँह-सोहना, पलवल आदि दिल्ली में यमुना का खादर-बांगर, अरावली में जहाँ-तहाँ जंगलों में रहते हैं। उत्तर प्रदेश के मथुरा-आगरा-अलीगढ़ के केवल यमुना खादर-बांगर में वास करते हैं।

इनका इतिहास जगह-जगह की एकता व विविधता वाला है। भारत की आजादी के लिए ये राणा सांगा की सेना में दस हजार सैनिकों के साथ बाबर के खिलाफ लड़े। इसी लड़ाई में मेवों का खानजादा हसन खाँ मेवाती वीरगति को प्राप्त हुआ। 1857 की स्वतंत्रता संग्राम की लड़ाई की हार के बाद मेवात और मेवातियों को बहुत सजा-भुगतनी पड़ी। बापू के आह्वान पर 1920 सोहना, तावडू, नूँह, फिरोजपुर झिरका और विझोर में अवज्ञा पूर्ण सफल हुई।

जंगे-आजादी में मेवों की भागीदारी पर किसी को भी गर्व होना चाहिए लेकिन विभाजन चाहनेवाले मतांध हो गए थे, उन्हें कुछ दिखाई नहीं दे रहा था। मेवों को भी हिन्दुस्तान छोड़ने हेतु मजबूर करने में कोई कोर कसर नहीं छोड़ी लेकिन गांधी वहाँ गए। मेवों को पाकिस्तान जाने से रोकने हेतु गांधी जी मेवात आए। बस 19 दिसम्बर को घासेड़ा गाँव की मेव सभा में सब बातें मेवों से कहकर इन्हें मेवात में ही रोक लिया। मेवों का विश्वास बन गया। तभी बुरी घटना 30 जनवरी को यहाँ के मेवों के मुँह से निकला "भरोसो उठगो मेवन को गोली लग्गी–बापू के छाति"। इस भरोसे को फिर विनोबा भावे ने मृदुला सारा

बाई, पं. सुन्दरलाल, सुभद्रा जोशी, आमना इस्लाम, शाहनवाज खाँ, महात्मा भगवानदीन, मि. बनर्जी, शेर जंग आदि ने मिलकर मेवों का पुनर्वास किया।

यूनाइटेड काउन्सिल ऑफ रिलीफ एंड वैलफेयर ने राजस्थान और पंजाब में अपने दफ्तर शुरू किए। मो. यासीन खाँ, चौ. अब्दुल हई, मौलवी इब्राहिम (स्यामका), चौ. मजलिस खाँ, चौ. दीन मुहम्मद (सीकरी), चौ. रसूल खाँ (घुड़ावली) आदि ने मिलकर पुनर्वास कार्यों को किया। अब तो पुनर्वास मंत्री जनरल भोंसले व पं. जीवन लाल, विधायक ने भी पुनर्वास में रुचि लेकर अच्छा काम किया। इस अच्छे पुनर्वास का समाचार पाकिस्तान में पहुँच गया। पाकिस्तान पहुँचे मेव वहाँ से अलविदा करके वापस आने लगे। भारत सरकार ने वापस आए मेवों को भी पुनः अच्छी तरह बसा दिया। एक बार फिर बापू की प्रेरणा से गंगा-जमनी तहजीब वाला मेवात गुले-गुलजार बन गया।

महात्मा गांधी ने मेवात को बचाने-बसाने हेतु 19 दिसम्बर, 1947 को सोहना (हरियाणा) और नोगाँवा (राजस्थान) के बीच घासेडा गाँव में जाकर राजस्थान के अलवर भरतपुर राज से तथा यू.पी. के अलीगढ़-मथुरा-आगरा बागपत से आएँ और हरियाणा के मेवों की सभा में जाकर उन्हें यहीं बसे रहने को कहा। जब ये लोग अच्छे से अपनी जगह बसे रहे तो पाकिस्तान गए बहुत से मेव वापस आकर मेवात में बसे। उन्होंने अपनी पुरानी धरती मेवात में वापस जाने की माँग की। बापू के विश्वास से उजड़ता मेवात बच गया। जो उजड़े थे वे वापस आकर बस गए। यह मेवों का मेवात बन गया।

बापू के जाने के ठीक दो माह बाद यहाँ 30 मार्च, 1948 को विनोबा भावे पहुँचे। इन्होंने मेव महिलाओं के लिए सिलाई केन्द्र, पुरुषों के लिए खेती कार्य पूर्ववत करने तथा राहत शिविरों में स्वास्थ्य सेवा एवं अन्य कई कार्यक्रम चलवाएँ। कस्तूरबा ट्रस्ट, सर्वोदय समाज आदि बहुत सी रचनात्मक संस्थाओं के कई उत्थान कार्यक्रम चलें।

उसी परम्परा को अब तरुण भारत संघ इस क्षेत्र में चलाने में जुटा है। जल हेतु जोहड़ बनवाने तथा बहुराष्ट्रीय कम्पनियों की जल लूट रोकने हेतु चौपनकी औद्योगिक क्षेत्र में डिस्टलरी ब्यूवरी को रोकने हेतु सत्याग्रह किया। गंगा जमनाई तहजीब से इस क्षेत्र में आ रही बाजार की लूट रोकने में मेवात जुटा है।

मेवात क्षेत्र को पानीदार बनाने हेतु हजारों जोहड़-बाँध बनाए हैं। इन बाँधों से धरती का पेट पानी से भरा। खारा पानी, मीठा बना। इस पानी को देखकर पानी के लुटेरों का मन यहाँ लूट हेतु पहुँचा। इनसे लड़कर 40 कारखाने रद्द कराए। अन्यथा मेवात का राजस्थानी क्षेत्र भी हरियाणा के मेवात क्षेत्र की तरह बेपानी बन जाता। यहाँ मेवात जल बिरादरी भी पानी संरक्षण कार्य में लगी है।

गांधी विनोबा के जाने के बाद इस क्षेत्र में सर्वोदय कार्यकर्ताओं ने गांधी का काम किया।

श्री सिद्धराज ढड्डा, अनुपम मिश्र, प्रो. जी.डी. अग्रवाल ने तरुण भारत संघ के अध्यक्ष उपाध्यक्ष रूप में लम्बे समय से इस क्षेत्र के कार्यों को बढ़ावा दिया। श्री ताराचन्द प्रेमी, श्री शान्तिस्वरूप डाटा, गंगा देवी डाटा और बिहार से आए सत्यमभाई और कई कार्यकर्ताओं ने वर्षों तक यहाँ मेव पुनर्वास कार्य किया। गांधी जी की प्रेरणा से काम करनेवाले बहुत से आज तक यहाँ लगे हुए हैं। इसी क्षेत्र के महाशय श्री भगवान दास का पूरा डाटा परिवार श्री ताराचन्द्र प्रेमी आदि कई व्यक्ति लगे रहे।

अब हम यहाँ की कुदरत बचाने की लड़ाई लड़ रहे हैं। पूरा मेवात राजधानी परिसर का दक्षिण पश्चिम और उत्तर क्षेत्र को मेवात कह सकते हैं। इसी मेवात में अब अतिक्रमण, प्रदूषण और शोषण बढ़ रहा है। इसे रोकने के लिए यहाँ महात्मा गांधी की प्रेरणा से कार्यक्रम चला है। यह मेवात के लाचार-बेकार बीमार के लिए सबसे बड़ा सहारा है। अभी भारत सरकार की नरेगा योजना को मेवात का जल-जंगल-जमीन बचाने में लगाना चाहिए। हम इस दिशा में प्रयासरत हैं। इस योजना में काम-दाम मिलता है।

अभी हरियाणा-पंजाब-दिल्ली में महात्मा गांधी के सिद्धान्त को माननेवाली कांग्रेस की सरकारें हैं। इन्हें अपनी जिम्मेदारी को समझकर मेवात को सदा सुखी समृद्ध बनाने का काम करना चाहिए। मेवात की सबसे बड़ी साबी नदी थी। वह मेवात के बीचोबीच पूरे लम्बी यात्रा करके वजीराबाद पुल के पास यमुना में मिलती थी। अब इसके स्थान पर नजफगढ़ नाला बन गया है। यमुना भी नाला बन चुकी है। भूजल शोषण से साबी नदी सूख गई। विकसित कहलानेवाली दिल्ली राजधानी की बसावट से अतिक्रमण और प्रदूषण बढ़ गया। शोषित-प्रदूषित अतिक्रमित नदी 'यमुना' दिल्ली का नाला लगती है। यह नाला पूरे मेवात को रोगी बनाता है। इसे नदी बनाने की अब बड़ी जरूरत है। मेवात शुद्ध जल के लिए तरस रहा है।

मेवात में जोहड़ के लिए जौहर चल रहा है। सिंचाई के लिए बाँध, पीने के लिए पाईप, कम्पनियों के लिए जल-निजीकरण की बड़ी मारा-मारी जारी है। जल का सबसे बड़ा संकट मेवात पर ही है। यहाँ की आबादी का घनत्व ज़्यादा और जल उपलब्धता कम है। खेती संस्कृति गंगा जमनई तहजीब समाप्ति के रास्ते पर हैं। "भिखारी को कभी देश से प्रेम नहीं होता, कास्तकार बिन, किसी देश का कभी उद्धार नहीं होता।" कहनेवाले मेवाती आज खेती को उद्योग बनाकर उसी की चाकरी करने में जुटे हैं। अब ये नौकरी के नौ काम करना

अधिक पसन्द करने लगे है। वैसे इन्हें अपनी धरती से ही ज़्यादा प्यार होता है। तभी तो पाकिस्तान जाकर भी बहुत से मेव वापस लौट आए थे।

19 दिसम्बर के अपने भाषण में बापू ने कहा मैं अब अपने को कमजोर महसूस करता हूँ। पहले मेरी जितनी सुनी जाती थी, वह अब नहीं सुनी जा रही है। फिर भी मैं चाहता हूँ मुसलमान यहाँ से नहीं जाएँ। यहीं रहें। यह देश आपका ही है। इसे अपना मानकर अच्छा बनाओ, अच्छे काम करो। आपको जरामपेशा कहनेवाले लोग आपका अच्छा जीवन देखकर अपने आप आपके विरुद्ध बोलना बन्द कर देंगे। बापू के इस आदेश ने मेवों को बदल दिया। आज का मेव शिक्षित-सभ्य और समझदार बनकर जीवन जीना चाहता है। लेकिन वैश्विक बाजार इनकी खेती का बाजारीकरण कर रहा है। उदारीकरण के नाम पर बाजार इन्हें गुलाम बना रहा है। मेवात का जीवन अब बाजारू बनने के रास्ते पर है। जो समाज बाजार से कोसों दूर रहकर स्वावलम्बी जीना पसन्द करता था, वह मेवाती था। आज मेवात बाजार के साथ जीना बुरा नहीं मानता जबकि ये जानते हैं इनका सबसे बड़ा दुश्मन बाजार और उदारीकरण का दुष्चक्र है। इसे तोड़ने में सर्वोदय समाज ने बहुत कोशिश की।

ग्राम स्वावलम्बन, ग्राम स्वराज्य कुछ भी पूरा नहीं हो सका। हम जल संरक्षण करके मेवात की खेती में गाँव का बीज गाँव में, गाँव का पानी गाँव में, गाँव का काम गाँव में, गाँव का राज मेवात के गाँव में, की सोच से काम कर रहे हैं। यह सब करने हेतु मेवात के देशज ज्ञान का सम्मान करनेवाली सजीव खेती सबसे उपयोगी है जो कॉर्बन का कम उत्सर्जन करती है, हरियाली बढ़ाती है, ताप को घटाती है और मौसम के मिजाज को सुधारती है, खाद्यान्न में स्वावलम्बी बनाती है। इसमें पानी और ऊर्जा की खपत कम होती है, रोजगार बढ़ता है, सभी को खाने के लिए भोजन और पीने हेतु पानी उपलब्ध रहता है। न्याणा मेवात जैसे में अनेक गाँव स्वावलम्बी बने "जिनके पास अपना खाद, बीज और माटी। अपने हाथ में ही है, गाँव की चोटी।" ग्राम सभा मिलकर गाँव के विवाद निपटा लेती है। गाँव से बाहर जानेवाली सब्जियों के ठीक दाम मिले ये ऐसी कोशिश में लगे रहते हैं। बाजार इनके हाथ में आए। इनका जीवन शान्तिमय, सुखी और समृद्ध बना रहे है। जब समाज पानीदार बनता है, तब उसके मन-मानस और शरीर का पानी उसे सत्कर्म करने हेतु प्रेरित करता है।

आज मेवात को बापू के रास्ते पर चलने की जरूरत है। देशज ज्ञान से खेती और उद्योग चले। सुपर कम्प्यूटर से लेकर सेहत में हृदय प्रत्यारोपण तक सब देशज ज्ञान बन गया है। लेकिन ये सब शिक्षा और सेहत पूर्णतः बाजारू है। दवाई-पढ़ाई पैसे के लिए बनती है। सभी कुछ निजी है। साझे भविष्य के लिए चिन्तित केवल

मेवाती थे। आज ये बाजारू गिरफ्त में है। यहाँ की सभ्यता और संस्कृति दोनों ही धरती से जुड़ी थी। आज इसे बाजार ने केवल अपना बना लिया है। धरती से तोड़ दिया है। गांधी का मेवात सेहत में स्वावलम्बी, शिक्षा में परस्परावम्बी, जीवन में प्रेमवलम्बी बनाना था। बापू अर्थ-लाभ को शुभ के साथ ही स्वीकारते थे। उनके काल के उद्योग और व्यापार में शुभ के साथ ही लाभ कमाने की चाह थी। बापू ने सबके शुभ के लिए और सब के शुभ की चाह हेतु जौहर किया था। आज मेवात को गांधी के रास्ते पर बने रहने की जरूरत है। हमने गांधी का रास्ता क्यों छोड़ दिया है? फिर वही मार-काट, लूट-खसोट, आगजनी, राहजानी, भुगतनी पड़ेगी। मेवात में फिर से दंगा-फसाती राष्ट्रप्रेमी, धर्मप्रेमी को ढोंग दिखाकर अपना अड्डा बना रहे हैं। यहाँ के पहाड़ों को नंगा बनाकर इनमें अब फिर से खनन और जंगल कटान जैसी गतिविधियों ने जोर पकड़ना शुरू किया है।

तरुण भारत संघ ने अरावली के खनन रुकवाने का सत्याग्रह अस्सी के दशक में शुरू किया था। पूरे मेवात में खनन क्रेशर से होनेवाला विनाश रुक गया था। कुदरत की हिफाजत से हमने मुँह मोड़कर इसका विनाश शुरू कर दिया। मेवात में कुदरत का क्रोध नहीं बढ़े इस हेतु कुदरत का साथ दें। बादल से निकली हर बूँद को आबे-जम-जम मानकर उसे सहेजकर रखें। पेड़ और पानी दोनों मेवात के प्राण हैं।

मेवात गांधी का है। इसलिए इसकी बराबर रक्षा करना इनसान की जिम्मेदारी और हकदारी है। मेवात के पेड़, पानी, पहाड़ और जर-जमीन सबके लिए हैं। जीवन चलाने की कुदरत ने यहाँ सब कुछ इनायतें बक्सी हैं। पर छूट की लूट कुदरत ने नहीं दी है। एक की भी लालच की लूट तो कुदरत पूरी नहीं करती है। कुदरत का प्यारा मेवात अपने को पहचाने, कुदरत से मिलकर अपनी जरूरत पूरी करे, लालच नहीं बढ़ाए। इसके साथ नाप-तौल करके बराबर लेन-देन करे। बराबर का लेन-देन कुदरत के कर्ज से मुक्त रखता है। सभी को सुखी और समृद्ध बनाता है। मेवात का सुख कुदरत के साथ प्रेम से बढ़ेगा। मेवात पर लगा आरोप भी धुलेगा।

मेवाती को इतिहास लिखनेवालों ने जो गालियाँ दी हैं, आरोप लगाए हैं, वैसा मेवात नहीं है। यह तो अपनी सरलता और सादगी, सहजता और सच्चाई के लिए जाना जाता है। यह निश्छल और निर्भय होकर लड़ता-झगड़ता रहा है। मेवात की समझ-रचना और संघर्ष का दौर चला, तभी तो मेवात का उत्खनन, शराब उद्योग को कम कर सके। अब चोपानकी शराब उद्योग राजस्थान सरकार बन्द करे, इस हेतु समाज दबाव बनाए। भारत की संवेदनशील सरकारें इस शराब को रोकें।

राजस्थान में अब शराब मुक्त मुख्यमंत्री हैं वे अपने मंत्रिमंडल, सरकार और पूरे समाज को शराब मुक्ति के रास्ते पर लाने की कोशिश करें तो ही मेवात शराब मुक्त बन सकता है। मेवाती शराब नहीं पीते हैं। लेकिन व्यापारी और उद्योगपतियों ने मेवात को शराबी बनाने का संकल्प ही ले लिया है। मेवाती को इस बीमारी से बचाना है। नशा और अपराध मुक्त मेवात ही गांधी का मेवात बन सकता है। महात्मा का मेवात सत्य को मानकर, अहिंसा-पथ अपनाकर, कुदरत की विविधता का सम्मान करके लेन-देन करते हुए बराबर होगा तो कुदरत ही सबकी जरूरत पूरी कर देगी। यह बात समय-सिद्ध है।

मेवात के ही आदिपुर-सादिपुर, जाटमालियर, न्याणा जैसे बहुत गाँव हैं। अपनी प्रकृति के प्रति श्रमनिष्ठा से काम करके बेपानी से पानीदार बन गए। बेकार से कामदार। लाचार से साकार सदाबहार बन गए हैं। बीमारी पर नियंत्रण करके सेहत में स्वावलम्बी हो गए। यह बदलाव किसी दूसरे की कोशिशों से नहीं स्वाभिक्रम से आता है। एक तरफ रचना करके, सहेजकर यह असर तब आता है, जब हम अनुशासित होकर कुदरत का उपयोग करते हैं।

जल सहेजने और अनुशासित उपयोग ने ही मेवात के सैकड़ों गाँव को बाढ़-सुखाड़ से बचाया, स्वावलम्बी और समृद्ध पानीदार बनाया है। जहाँ ऐसा नहीं हुआ, वहाँ का समाज बेपानी होकर उजड़ गया है। इन्होंने धरती का पेट खाली करने हेतु पहले कुएँ बनाए। फिर टयूबवैल और बोरवेल लगाई। भूजल स्तर 20 हाथ [30 फीट] फिर 100 हाथ [150 फीट] फिर 200 हाथ [300 फीट] गहरे होते गए पानी नहीं मिला। जहाँ पानी ही पानी, खूब पानी, वह खारा है। खेती में काम नहीं आता है, न ही पीने और घरेलू काम आता है। खारे पानी वाले भी पानी के लिए लाचार हैं, बेकार और बीमार हैं।

कुदरत के प्यार से इस संकट को मिटाया जा सकता है। आज हम कुदरत के नियन्ता बन रहे हैं। इससे प्यार करके इसके प्रसाद से जीना नहीं चाहते हैं। कुदरत पर विजय पाने का जिसे चस्का लगता है, उसे हैवान या राक्षस कहते हैं। जैसे हम आज पश्चिम के लोगों, अमेरिका-यूरोप को कहते हैं। वैसे ही पहले दक्षिण के 'रावण' को भी कहते थे। वह तो पूरी प्रकृति को अपने नियंत्रण में ही करना चाहता था। जैसे अब चीन ने ओलम्पिक खेल के उद्घाटन में बाधा मुक्त करने हेतु बादलों को दूर खिसका दिया। वैसे ही रावण भी बादलों को अपने नियंत्रण से ही वर्षा चाहता था। हवा, अग्नि, धरती, जल, आकाश पंच तत्वों को वह अपने नियंत्रण में करना चाहता था। प्रकृति ''सीता'' को वह सोने की लंका में कैद कर रहा था। जैसे आज हम सब जंगल काटकर सीमेंट-कंकरीट के नए जंगल बना रहे हैं। ये नए जंगल मौसम का मिजाज बिगाड़ते हैं। ब्रह्मांड

को धधकाते हैं। जबकि प्रकृतिमय जंगल मौसम का मिजाज बिगाड़नेवाली गैस को अपने अन्दर खींच लेते हैं और ब्रह्मांड की गर्मी को भी कम करते हैं। जब से विश्व में प्राकृतिक जंगल कम होने लगे तभी से मौसम का मिजाज बिगड़ना शुरू हुआ। और नए [सीमेंट कंकरीट के] जंगलों ने ब्रह्मांड को गर्मा (धधका) दिया। इसका असर मेवात की धरती पर भी है।

मेवात को अपने मौसम के मिजाज ठीक करने के लिए अपने अरावली पहाड़ों की शृंखलाओं को हरा-भरा करना पड़ेगा और बादल से निकली हर बूँद को सहेजना पड़ेगा। तभी मेवात का मौसम ठीक होगा और वहाँ का तापक्रम भी नीचे आएगा। यह सब काम हम मेवात के अपने देशज लाभ से और श्रम निष्ठा से सुधार सकते हैं। मेवात में विकास ने विस्थापन, विकृति और विनाश ही किया है। जब हम कुदरत को भूलकर विकास की अंधी दौड़ भी शुरू करते हैं तो हम दौड़ के मैदान और खिलाड़ी की गति का योग ठीक से नहीं बिठाते तो खिलाड़ी अपने ही रास्ते पर दौड़ते हुए गिरकर फिर दौड़ने लायक नहीं बचता। आज के विकास में हमने अपनी भू-सांस्कृतिक विविधता का सम्मान करना छोड़ दिया है। जब भी ऐसा होता है तो सबसे पहले अपने देशज ज्ञान का अपमान मानवीय क्रिया को प्रतिक्रिया में बदल देता है और धरती-प्रकृति के प्रति संस्कार सिमटने लगते हैं। परिणामस्वरूप धरती और प्राकृतिक की सृजन शक्ति नष्ट हो जाती है। इसलिए भारतीय शास्त्रों में भू-सांस्कृतिक विविधता का सम्मान अत्यन्त जरूरी बताया है। इसी के साथ उनमें 'वसुद्धैव कुटुम्बकम' भी कहा गया है—सारी दुनिया कुटुम्ब है।

पूरा विश्व एक कुटुम्ब की तरह है और उसका जीवन क्रम विविध है। उसकी विविधता को कायम रखते हुए ही पूरा विश्व एक परिवार की तरह स्थायी रूप से जी सकेगा। जैसे मेवात आज दो भू-सांस्कृतिक क्षेत्रों का भाग है। एक इन्द्रप्रस्थ जो यमुना की खादर और बांगर क्षेत्र है। और दूसरा खांडवप्रस्थ जो अरावली पर्वत शृंखलाओं की माला है। इसे काला पहाड़ भी कहते हैं। यह पेड़ों से पोषित होता था, पेड़ बादलों की बूँदों को अपने पत्तों में सिमेटकर धरती के पेट को भरते थे। अभी इस पहाड़ को खोदकर, काटकर बन रहा दिल्ली और गुड़गाँव शहर ने इन्हें वीरान बना दिया है। यहाँ पर चल रहा खनन पहले पेड़ कटवाता और फिर उन्हीं पेड़ों के बक्सों में बन्द होकर सीमेंट कंकरीट के घरों की शोभा बढ़ाने के नाम पर वहाँ पत्थर पहुँच जाता है।

पेड़ कल तक पहाड़ों को पोषित करते थे। आज उन्हीं पेड़ों को, पहाड़ों को काटकर पैकिंग करने के काम में लिया जा रहा है। यह मेवात की सभ्यता और संस्कृति में विनाश का दौर है। इस क्षेत्र से ना अब पहाड़ों पर हरियाली है और

न ही नदियों में पानी है। मेवात को पानीदार बनाने के लिए विकास के नाम पर विनाश के दौर को रोकना पड़ेगा। और एक स्थायी विकास का रास्ता पकड़ना पड़ेगा। स्थायी विकास प्रकृति के प्रेम और साझे भविष्य के शुभ को ध्यान में रखकर मानवीय व्यवहार करना होगा। मेवात का पेड़ों से व्यवहार बदलने से पीपल-देशी बबूल अब मेवात में समाप्त हो रहा है।

मेवात की जीवन पद्धति खेती पर आधारित रही है। जिसमें कॉर्बन के उत्सर्जन पर रोक लगती है और ऑक्सीजन की मात्रा बढ़ती है। भूजल का पुनर्भरण होता है। लेकिन आज की बाजारू खेती ने इस भूजल पुनर्भरण प्रक्रिया को तोड़ दिया है। इसलिए मेवात का पुनर्भरण तो खत्म हो ही गया है क्योंकि रासायनिक खादों में मिट्टी के कणों को जटिल बना दिया। मिट्टी का काम बदल दिया। मिट्टी का भुरभुरापन नष्ट हो गया और मिट्टी की सतह पर कड़ापन आने से वाष्पीकरण बढ़ गया है। इसलिए भूजल का प्रदूषण बढ़ता ही जा रहा है। चूँकि वर्षा का अमृत जल अब धरती के पेट में नहीं पहुँच रहा है। और दूसरी तरफ कुएँ ट्यूबवैल और बोरवैल धरती के पेट को खाली कर रहे हैं।

बढ़ता भूजल का शोषण और घटता पुनर्भरण धरती माँ की शक्ति को क्षीण कर रहा है। इसलिए आज मेवात में अन्न और जल का संकट गहराता ही जा रहा है। इस संकट से मुक्ति के लिए मेवातियों को अपनी खेती, उद्योग और घरेलू उपयोग के लिए अनुशासित होकर कुछ अपने कायदे कानून और दस्तूर बनाने पड़ेंगे। खाद्यान्न बढ़ानेवाली खेती, पानी के शोषण को बढ़ावा देनेवाले उद्योग पर रोक लगानी होगी। इसी से मेवात पानीदार बनेगा। यही गांधी का रास्ता है जो प्रकृति को प्यार करते हैं जो प्रकृति को लालच से लूटते हैं, उन्हें प्रकृति का क्रोध एक दिन में ही लूट लेता है। गांधी के आजादी के आन्दोलन ने डरे-मरे भारत को अनुशासित और निर्भय बनाकर आजादी के लिए तैयार किया था। उस तैयारी की मूल आत्मा त्याग, बलिदान और देशज ज्ञान के प्रति सम्मान था। राष्ट्रप्रेम दिखानेवाले और राष्ट्र के लिए बलिदानी बननेवाले उस समय भी अलग दिखते थे। तब स्पष्ट पहचान थी। समाज को गुमराह करनेवाली छोटी राहें होती हैं। ये जल्दी समाप्त भी हो जाती हैं। स्पष्ट और पारदर्शी राह लम्बी होती है। ये दूर के लक्ष्य तक पहुँचाती है। बापू का लक्ष्य तो स्वावलम्बी, सौहार्दपूर्ण समतामूलक राष्ट्र निर्माण करना था। ऐसा धर्म देश बनाना था, जिसमें सभी धर्मों का समान-सम्मान हो।

मेवात सर्व-धर्म समभाव भूमि है। इसी से यह क्षेत्र फले-फूलेगा। इस क्षेत्र को भारत की राजधानी परिसर क्षेत्र होने के कारण भी पूरे भारत का दर्शन करानेवाला बनना ही होगा। हम मेवात को गांधी का मेवात माने और वैसा ही

बनाने में जुटे रहें। 15 अगस्त आजादी से 30 जनवरी बापू के अन्तिम क्षण तक वे हिन्दू-मुस्लिम के नाम पर अखंड भारत को एक बनाए रखने में जुटे रहे।

जब उनकी सरदार पटेल, जिन्ना, नेहरू ने नहीं सुनी तो उन्होंने तय किया था, वे मुसलमानों के साथ पाकिस्तान चले जाएँगे। लेकिन बापू के शब्दों पर मेवों ने बहुत भरोसा किया। ये पाकिस्तान से भी वापस लौट आए। तब भारत में दूसरी समस्या ने जन्म लिया। ये जो जगह छोड़कर गए थे, वहाँ पाकिस्तान से आए हिन्दू बस गए थे। फिर इनके लिए मुश्किल बढ़ी। तब बापू ने मेवात में आकर सीधे मेवों से बात की। इन्हें यहीं रोक लिया।

19 दिसम्बर, 1947 का ऐतिहासिक भाषण मेवों की सभा घासेड़ा और दिल्ली की प्रार्थना सभाओं में बापू रोज साम्प्रदायिक सद्भाव पर बोलने लगे। परिणामस्वरूप महात्मा गांधी मेव समाज का अपना बापू बन गया। महात्मा के प्रति मेव समाज में पैदा हुआ विश्वास ही मेवों का भारत और भारत के अपने मेव बन गए। यह बड़ा काम ही बापू के प्राणों का घातक कारण बन गया। जब बापू जीवित थे तभी उन्होंने विनोबा भावे को मेव पुनर्वास कार्य हेतु यहाँ बुलाया था। फिर तो नेहरू ने भी उन्हें बुलाया। विनोबा भावे 30 मार्च, 1948 को राजधानी दिल्ली पहुँचे। मेवात के मेव पुनर्वास ही उनका मुख्य काम बना। कांग्रेस को भी उन्होंने इस कार्य में अच्छी तरह जोड़ा।

भारत की राजधानी, खासकर राष्ट्रपति भवन मेवों के गाँव उजाड़कर अंग्रेजों ने बनाया था। जिन्हें आज हम मेव कहते हैं, ये मीणा, राजपूत, गुर्जर, अहीर, त्यागी, जाट-सभी से धर्म परिवर्तन करके मुसलमान बन गए थे। ये सब मूलतः हिन्दू हैं। हिन्दू से मुसलमान जो बने, खासकर राजधानी दिल्ली के आस-पास, इन्हें बोल-चाल में मेव कहने लगे है। जहाँ मेव अधिक संख्या में रहते हैं, वह क्षेत्र मेवात कहलाने लगा। दिल्ली राजधानी परिसर क्षेत्र का उत्तर-दक्षिण-पश्चिम में इनके ज्यादा गाँव थे।

ये अरावली पहाड़ियों की कन्दराओं, चोटियों पर छुपकर रहना पसन्द करते थे। पहाड़ियों में अपने घर बनाकर रहते थे। झोंपड़ी को चारों तरफ से घेरकर पेड़ों के झुरमुठ में रहना इन्हें पसन्द था। इनका जीवन जंगल, जंगली जानवरों के शिकार पर चलता था। शिकार करना इनकी जीविका, जीवन और जमीर भी था। आनन्द और मनोरंजन भी शिकार करने का काम ही था। इसलिए अरावली पर्वत श्रृंखलाएँ इनके लिए अनुकूल थीं। मेवाती में इसे ये काला पहाड़ कहते हैं। इन्होंने इस पहाड़ पर वर्षा जल सहेजकर जीवन और जमीर बनाया था।

इस पहाड़ी क्षेत्र के बहुत से गाँव जोहड़ से पानीदार बने हुए थे। जोहड़ ही इनका सब कुछ है। विनोबा का ध्यान इनके जोहड़ पर भी गया था। लेकिन

उन्होंने मेव शिविरों में चरखा, कताई, कपड़ा, सिलाई, महिला शिक्षण, बालपोषण और भोजन आदि की व्यवस्था को ठीक से चलाने हेतु फरवरी, 1948 में गठित 'सर्वोदय समाज' के कार्यकर्ताओं को बड़ी संख्या में लगाया था। वे पूर्वी पंजाब के बहुत से शिविरों की सभाओं और प्रार्थना सभाओं में समाज को जोड़ने तथा मेवों के टूटे विश्वास को जोड़ने में जुटे थे।

बापू के अन्तिम दिनों की सरकारी तंगदिली को विनोबा जानते थे। बापू के कार्यों में सरदार पटेल, नेहरू की बेरुखी को समझकर भी विनोबा बापू के आदेश पालना पूरी करने मेवात पधारे थे। विनोबा के वापस जाने पर भी कस्तूरबा ट्रस्ट, सर्वोदय समाज, आगा खान फाउन्डेशन, कांग्रेस आदि द्वारा काम चलता रहा। मैं तो 1980 से इस क्षेत्र में यदा-कदा आता था। 1985 यहाँ के गोपालपुरा गाँव में आकर जोहड़ बनाने में जुट गया था। उस समय मेरी जातिगत विवाद समझाने की कोई समझ नहीं थी। कुदरत के काम में श्रमनिष्ठा से जुटा। आज भी लगा हूँ। महात्मा गांधी ने जब मेवों को वापस आकर रहने को कहा तो जिन गाँवों से ये पाकिस्तान चले गए थे, वे वापस आकर अपनी जगह बस गए। अपने गाँवों में जाकर रहने लगे। लेकिन यहीं तो पाकिस्तान से आए हिन्दू बस गए थे। इसलिए वहाँ से आए लोगों को पुनः वहाँ भेजना बहुत कठिन था। सरदार पटेल ने बिलकुल मना कर दिया। इसलिए उन वापस आए मुसलमानों को किंग्जवे कैम्प, छतरपुर आदि स्थानों पर कैम्प लगाकर उन्हें बसाया। उनका पुनर्वास किया। इस काम में कमला देवी स्वयं लगी। इनके साथ बापू की प्रेरणा से लक्ष्मीचन्द जैन, रूपनारायण जी लगे रहे। लक्ष्मीचन्द जैन जी का तो पूरा परिवार राष्ट्र सेवा में ही लगा रहा। उनके पिता ने भी स्वतंत्रता सेनानियों के विषय में बहुत मेहनत करके जानकारी इकट्ठी की थी।

30 मार्च, 1948 को यहाँ विनोबा भावे भी आए। इन्होंने पुनर्वास शिविरों में रचनात्मक कार्य करके जीविकोपार्जन हेतु चरखा कताई तथा आटा पीसने हेतु चक्की चलाने का कार्यक्रम चलाया। महिलाओं को कपड़ा सिलाई हेतु मशीनों को चलाने का प्रशिक्षण दिया। नित्य प्रति श्रम सहित काम यहाँ शिविरों में लेने लगे।

श्री लक्ष्मीचन्द जैन ने मुसलमानों की नक्कासी-कलाकारी, कौशल को जीविकोपार्जन हेतु बढ़ाया। ढूँ-ढूँ कर मुसलमान कारीगरों-कास्तकारों को कौशल और क्षमता को आज की दिल्ली के अनुरूप बढ़ाकर उनका जमीर ऊँचा किया। जीविकोपार्जन के रास्तों पर लगाया। दस्तकारी व कलाकारी बढ़ाने में श्री लक्ष्मीचन्द जैन व इनकी पत्नी और पूरे परिवार का बहुत बड़ा योगदान रहा है। दिल्ली में और दिल्ली के आस-पास के मुसलमान दस्तकारों को पुनर्वास करने में भी रहा है।

श्री रूपनारायण जी भी जीवन भर इसी कार्य में लगे रहे। वे अन्तिम दिनों में कई बार मेवात में जल संरक्षण कार्य देखने आए। न्याणा, मालेर, आदिपुर, सादिपुर गाँवों में रात के वक्त दो बार भावुक होकर मुझे मेवों का आँखों देखा दर्द बताने लगे। मेरे मन में तभी से था कि मेवों के क्षेत्र में हुए गांधी के काम पर लिखा जाए। लेकिन पानी के काम की व्यस्ततावश बस मैं नहीं लिख पाया। अब यह काम रास्ते में दौड़ते हुए कर रहा हूँ। लिखना-पढ़ना मेरी आदत नहीं। इसलिए यह पुस्तक आपको पसन्द आएगी, यह जरूरी नहीं है लेकिन मेवात के काम की है। मेवात की आनेवाली पीढ़ी के लिए आवश्यकता मानकर लिख दी है।

मेरे मन में इस पुस्तक को लिखते समय एक बड़ा सवाल उठा मैं 1974 से श्री सिद्धराज ढढ्डा जी को जानता हूँ। 1985 से उनके साथ 2006 तक काम करता रहा हूँ। वे हर महीने तीन दिन हमारे साथ, तरुण आश्रम, भीकमपुरा में रहकर हमें सामाजिक कार्य हेतु तैयार करते रहे थे। लेकिन मुझे कभी मेवात के विषय में लिखने या लिखवाने को नहीं कहा था। वे केवल काम करने की बात करते थे।

आज 6 अप्रैल, 2009 को ग्यारह बजे जब मैं उन्हें इस पुस्तक को दिखा रहा था तो मैंने ऊपर लिखे सवाल को उनसे पूछ लिया। उन्होंने कहा वह उम्र काम की थी। अब काम की भी है और लिखने की है। इसलिए तुमने लिखा है। मैं इसे पढ़कर कुछ लिखूँगा। बिना पढ़े नहीं लिखता हूँ।" बापू ने आजादी के बाद देश के बँटवारे को अपनी हार मानकर भी वे हिन्दू, मुसलमान, सिख, ईसाई का मन के काम में लगे हैं। अपने राष्ट्र के गौरव को बचाने हेतु सद्भावनापूर्वक भारत में सबको जीने का हक प्रदान करने में जुड़े हैं। इसी हक को दिलाने हेतु वे समर्पित हो गए हैं।

भारत में उनका सर्व-धर्म सद्भाव बढ़ाने का संकल्प पूर्ण करने में सर्वोदय समाज सिद्धान्त सफल रहा। उनका जीवन और व्यवहार तो एक ही था लेकिन आज भी हमारे व्यवहार में कुछ जरूर खराब घटनाएँ देखने-सुनने को मिलती हैं। फिर भी बापू के कारण ही हम एक ऐसे राष्ट्र बने रहे जिसमें सभी को जीने का समान हक मिल गया।

सबको समान जीवन दिलाने हेतु बापू शहीद नहीं हुए। बल्कि उन्होंने जौहर किया था। जौहर दूसरों की जीत के अहसास से किया जाता है। हार होने पर भी बहादुर लोग जीत हेतु लगे रहे, तो भी उन्हें जीत का आभास करके, अन्तिम क्षण तक अपने राष्ट्र का गौरव बचाना ही उनका लक्ष्य रहा है। बापू ने मेवात में यही किया है। अपने अन्तिम क्षण का उन्हें पता था, फिर भी अधिक शक्ति से दिल्ली के पास पूर्वी पंजाब "मेवात" की साम्प्रदायिक आग

को शान्त किया। अपनी समझ और शक्ति मेवात को उजड़ने से बचाने में लगा दी। पंजाब के प्रधानमंत्री गोपीचन्द्र भार्गव, सरदार पटेल और नेहरू जी को बराबर इसे बचाने में लगाया।

बापू अपने अन्तिम दिनों में अपने को कमजोर तो मानने लगे थे फिर भी पूरी संकल्प शक्ति से इस चुनौती से जूझने में जुट गए। उन्हें सफलता तो मिलने लगी थी, इसीलिए कई बार मौन और उपवास करके समाज-राज की संवेदना जगाई। बापू के जौहर से शान्ति कायम होने लगी थी। शान्तिमय और अहिंसा से बनते वातावरण से व्यथित होकर कुछ ने बापू की हत्या का निर्णय कर लिया था। इस कार्य में संगठन और राजा शामिल थे। यह काम किसी एक के उन्माद से सम्भव नहीं था। बल्कि बापू की हत्या योजनाबद्ध ढंग से की गई थी।

बापू आजाद भारत बनने के बाद कुल 167 दिन जीवित रहे। ये दिन इनके जौहर करने के ही दिन थे। बापू ने पूरा जौहर किया। यह आज भी जारी है। उनकी प्रेरणा उनकी तरंगों से प्रभावित बहुत से लोग उनके रास्ते को आज भी पकड़े हुए हैं। मैं भी अपने बचपन और तरुणाई को उनके जौहर से प्रभावित मानता हूँ। तभी तो उन्हीं के रास्ते अनजाने ही चल पड़ा। समाज की समझ और उन्हीं के निर्णय से ही ग्राम स्वावलम्बन और उजड़े गाँवों को बसाने हेतु पानी के कार्य में जाकर जुट गया।

शुरू में श्री गोकुल भाई भट्ट, श्री सिद्धराज ढड्डा जी का साथ मिला। न्यायमूर्ति श्री तारकुंडे, श्री कुलदीप नैयर हमारे शिविरों में आकर हमें जौहर के लिए तैयार करते थे। ठाकुर दास बंग, लोकेन्द्र भाई, रामजी भाई, विनय भाई, हरिभाई, अमरनाथ भाई, अनुपम मिश्र, रमेश शर्मा, राजीव बोरा, बाबूलाल शर्मा, रीता राय, श्री एस.एन. सुब्बाराव, तेजसिंह भाई ये सब हमारे साथ मेवात में घूमें। इन्होंने 1986 में 30 जनवरी से 12 फरवरी तक साथ पहली मेवात यात्रा की। फिर हमने ''गांधी चुनौती यात्रा'' आयोजित की।'' सर्व सेवा संघ ने सदैव हमारे आश्रम में हमारा साथ दिया। सघन कार्य क्षेत्र में श्री सिद्धराज भाई साहब, तरुण भारत संघ के मेवात क्षेत्र को ही अपना कार्य क्षेत्र मानते थे।

मेवात में हमारे जल संरक्षण कार्य को बढ़ाने में अजीत ग्रेवाल, रोहिना ग्रेवाल, दुरूमियाँ आदि ने बहुत सहयोग किया। इन्होंने यहाँ की खेती भूमि को उद्योग हेतु आवात करने से बचाने की लड़ाई लड़ी। दुरूमियाँ के साम्प्रदायिक सद्भाव ने मेवात में झगड़े होने से रोके। मेवात के किसानों ने अपनी जमीन बचाने हेतु संगठित होकर कार्य किया। परिणामस्वरूप रीकों ने जमीन आवाप्त करना रोक दिया। इसलिए तिजारा के गैलपुर-पाटन क्षेत्र में आज भी खेती है। लोग प्यार से यहाँ रहते हैं।

हम इब्राहिम खान, शान्तिस्वरूप डाटा, गंगा बहन जी तारा चन्द्रप्रेमी आदि साथियों के साथ जुड़कर यात्रा करने लगे। बस लोगों में हम पर विश्वास धीरे-धीरे बढ़ने लगा। अनुपम मिश्र ने हमारी जोहड़ यात्रा में प्रभाष जोशी और चंडी प्रसाद भट्‌ट जी को जोड़ दिया। स्वर्गीय अनिल अग्रवाल और सुनीता नारायण तो स्वर्गीय राजीव गांधी के ग्राम पंचायत बिल में ग्राम सभा को सशक्त और सुदृढ़ बनाने के लिए हमारे क्षेत्र का अध्ययन करने और हमसे बातें करने आए थे। इन सबकी मेवात यात्राओं से हमारे जोहड़ कार्य नाम पाने लगा था। जोहड़ तो ग्राम के साझे श्रम-संगठन के बिना बनाना सम्भव नहीं था। इसलिए समाज का संगठन बनाने के लिए रात-दिन उन्हीं के साथ रहकर जौहर हेतु अहसास कराना पड़ता था।

समाज के जौहर से ही जोहड़ बनता है। आज भी जौहर और जोहड़ एक-दूसरे के पूरक ही है। शहीद या सती तो अकेले होते हैं। इसलिए किसी को भी शहीद बनना या सती होना आसान होता है। लेकिन जौहर करना साझा अभिक्रम और साझी संकल्प शक्ति से साझे लक्ष्य के लिए साझा जुटना है। बापू तो साझे थे। साझा ही सोचकर सब साझा करते थे। चरखा जैसे निजी काम को भी उन्होंने साझा हित-राष्ट्रहित बनाकर चरखे से जौहर किया था। चरखे से ही गाँव को स्वाभिमानी और स्वाबलम्बी बनाने का अहसास करा दिया था। चरखे से स्वावलम्बन और स्वराज्य मिलने का आभास भी लाखों भारतीयों के मन में पैदा कर दिया था।

हमने तो केवल जोहड़ जैसे पहले से साझे जोहड़ को जौहर बनाया है। बेपानी मेवात, खारा मेवात में जोहड़ से मीठा पानी बनाने का अहसास कराके जोहड़ से पानीदार बनने का आभास पैदा किया। जोहड़ों से नदियाँ, जीवित हो जाती हैं। नदियाँ शुद्धसदानीरा बनकर बहने लगी हैं। मेवात में यह समाज-श्रम से कर दिखाया है।

यह सब काम बापू के तरीके से ही सम्भव हुआ। पेड़ और पानी तो मेवात में आजादी के आन्दोलन के समय ही बिगड़ने लगा था। यहाँ के राजा, जमींदार सभी इसे बिगाड़ने पर अड़े थे। हमारी जमीन और जंगल का राष्ट्रीयकरण हो रहा है तो हम मनमर्जी कर लें। इससे कुछ लाभ कमा सके तो कमा लें। इसलिए पहले से बचे रूँध "जंगल" इस समय बेरहमी से कटवाए। आजादी आन्दोलन के पहले अलवर-भरतपुर के राजाओं ने बहुत से जोहड़ बाँध बनाए। लेकिन राष्ट्रीयकरण का भान इन्हें तीस के दशक में होने लगा था। तब से जल-जंगल-जमीन संरक्षण कार्य इन्होंने रोक दिए थे।

बापू का ध्यान उस तरफ कटते जंगलों पर गया नहीं क्योंकि तब पेड़ से पहले इनसान बचाना उनका लक्ष्य था। जोहड़ इनसान के लिए जरूरी हैं। इसलिए गाँव के जोहड़ों पर जरूर गया। उन्होंने जोहड़ों के रख-रखाव और सफाई के बारे में कई बार गाँवों में लोगों से कहा था। तालाब-जोहड़ों की सफाई भी कराई थी। गुजरात के उनके घर और राजकोट, पोरबन्दर ये सब मेवात जैसे ही जल संकट के क्षेत्र हैं। इसलिए उन्हें जोहड़ की जरूरत और महत्त्व का अहसास था। इसीलिए जोहड़ के निर्माण वाले जौहर को बापू समझते थे। तभी तो जोहड़ की सफाई आदि का आभास उन्हें बन गया और ग्राम स्वावलम्बन कार्यों की सूची में जोहड़ भी शामिल कर लिया गया। सर्वोदय और भूदान में जोहड़ों पर कुछ काम हुए लेकिन बस औपचारिक काम की तरह से ही किए गए। जबकि जोहड़ को जौहर की जरूरत होती है। समाज ने या कार्यकर्ताओं ने जोहड़ को जौहर की तरह किया। ग्राम समुदाय के सामूहिक निर्णय से स्थान चयन, निर्माण की विधि-विधान सभी कुछ साझा श्रम, समझ, शक्ति से निर्मित हुआ। जोहड़ इक्कीसवीं शताब्दी में भी खरा और जरूरी बन गया क्योंकि आज धधकते ब्रह्मांड और बिगड़ते मौसम के मिजाज का समाधान जोहड़ में ही है। जोहड़ समाज को जोड़ता है। प्रकृति को प्यार-दुलार देकर सींचता है। हरियाली मौसम और परिवेश के कॉर्बन को अपने अन्दर शोषित करती है। इससे मौसम का मिजाज ठीक रहता है। गर्माहट भी कम हो जाती है।

जल के लिए होनेवाले विश्व युद्ध से बचने का शान्तिमय समाधान करनेवाली व्यवस्था का नाम 'जल-जोड़ है'। उसे ही जोहड़ कहते हैं। यह बढ़ती जनसंख्या की जल जरूरत पूरी करनेवाली विकेन्द्रित व्यवस्था है। समता-सरलता-सादगी से सबको जीवन देनेवाली बिना पाईप की जल व्यवस्था है। सभी का जल पर समान हक सुनिश्चित करती है। अम्बेडकर ने जोहड़ के जल पर सभी का हक निश्चित किया था। 20 मार्च, 1932 में जोहड़ जल पर सबका समान हक दिलाने वाला आन्दोलन भी उन्होंने चलाया था।

बापू 'हिन्दू स्वराज्य' में भावी संकट का समाधान विकेन्द्रित व्यवस्था द्वारा बताते हैं। जोहड़ वही विकेन्द्रित व्यवस्था है। इसे तोड़नेवाले अंग्रेजी राज को तो बापू ने जीते जी हटा दिया था, लेकिन अंग्रेजीयत नहीं हटी थी। इसे हटाने हेतु हमें देशज ज्ञान का सम्मान जोहड़ परम्परा को जीवित करके ही किया जा सकता है। वही बापू के बाद मेवात में तरुण भारत संघ ने अरुण तिवारी, ज्ञानेन्द्र रावत, सत्येन्द्र, सुलेमान, कन्हैया, जगदीश, गोपाल, इब्राहिम, प्रताप सिंह, रामेन्द्र, सीताराम जैसे स्थानीय युवाओं को तैयार करके किया है।

मेवात की पानी, परम्परा और खेती का वर्णन बापू के जौहर से जोहड़ तक किया है। बापू कुदरत के करिश्मे को जानते और समझते थे। इसलिए उन्होंने कहा था "कुदरत सभी की जरूरत पूरी कर सकती है लेकिन एक व्यक्ति के भी लालच को पूरा नहीं कर सकती है।" वे कुदरत का बहुत सम्मान करते थे। उन्हें माननेवाले भी कुदरत का सम्मान करते हैं। मेवात में उनकी कुछ तरंगें काम कर रही थीं। इसलिए मेवात में समाज-श्रम से जोहड़ बन गए। मेवात में बापू का जौहर जारी है। यह पुस्तक बापू के जौहर को मेवात में जगाएगी।

इस पुस्तक लेखन में मेरे मेवात के बहुत से साथियों ने मदद की है। मैं विनम्रता से ही उनका आभार प्रकट करता हूँ। अनुपम मिश्र, योगेन्द्र यादव, सिद्दीक अहमद मेव ने मेवात सम्बन्धित सामग्री जुटाने में मदद की है। गांधी दर्शन एवं गांधी समिति की निदेशक डॉ. सविता सिंह जी ने सामग्री जुटाने हेतु सहयोग किया है। इसलिए हम गांधी दर्शन व गांधी स्मृति समिति के आभारी हैं।

यह पुस्तक मेवात के अपने देशज ज्ञान और शब्दों से रचित है। आज 6 अप्रैल, 2009 को 11.00 बजे जब मैं इस पुस्तक को श्री लक्ष्मीचन्द्र जैन को दिखा रहा था तो मैंने ऊपर लिखे सवाल को उनसे पूछ लिया उन्होंने कहा वह उम्र तुम्हारे रचनात्मक काम की ही थी। अब काम की भी है और लिखने की है। इसलिए तुमने लिखा है। मैं इसे पढ़कर कुछ लिखूँगा। बिना पढ़े नहीं लिखता हूँ। मुझे अभी भी उम्मीद है कि श्री लक्ष्मीचन्द्र जैन साहब इस पुस्तक का प्राक्कथन लिखेंगे।

मैं यहाँ यह भी बताना चाहता हूँ पानी के लिए सबसे पहली लड़ाई मेवात में ही रूपारेल नदी के पानी हेतु हुई थी। मेवात के महाराजा अलवर और महाराजा भरतपुर आपस में पानी हेतु लम्बे समय से लड़ रहे थे। सन् 1910 के आस-पास ब्रिटिश कौंसिल में मुकदमा दर्ज हुआ था। सन् 1928 मे फैसला हुआ। दोनों महाराजाओं के गुरुओं की उपस्थिति में जनवरी 1928 में जल बँटवारे की सहमति बनी। दोनों राजाओं के मुखिया और अंग्रेजों के साथ बैठकर पानी का वर्षा जल की उपलब्धता राज्यों के हिस्से के अनुसार बाँट लिया था। पहले रूपारेल नदी सदैव बहती थी। बीच में लम्बे समय तक सूख गई थी। अब फिर से बहने लगी है। इसमें पाँच सौ के आस-पास जोहड़ बने हैं।

आजादी के बाद भूजल के अतिशोषण ने इस नदी को सुखा दिया था। मेवातियों ने जल संकट को समझकर जल सहेजना शुरू किया इससे भूजल पुनर्भरण बढ़ा है। यह नदी भूजल के पुनर्भरण से फिर से बहने लगी है। इस

पर प्रो. मोहन श्रोत्रीय ने हिन्दी एवं वीरसिंह ने अंग्रेजी में पुस्तक लिखी है। राजस्थान के मेवात की नदियों में मेवात की सबसे बड़ी नदी यमुना रूपारेल (बारा) और साबी ही है। इसी में खेती तथा पीने का मीठा पानी उपलब्ध रहता है। इसी पानी से दोनों राज्य अलवर-भरतपुर समृद्ध बने थे। समृद्धि समाज को लड़ाती भी है। अपनी धरती से जोड़कर भी रखती है।

रूपारेल नदी की समृद्धिवाले क्षेत्र से विभाजन में कोई विस्थापित नहीं हुआ लेकिन लड़ाई हुई। उसका समाधान भी बापू ने दिया। नदी मरने के बाद पुनः मेवों ने इसे जीवित भी बना लिया। ऐसे ही मेवात के दिल्ली, हरियाणा और उत्तर प्रदेश के हिस्से में पानीदार बनने की कोशिश चल रही है। लेकिन वहाँ का समाज और सरकार अभी राजस्थान के मुकाबले कमजोर है।

राजस्थान के मेवात क्षेत्र में समाज ने स्वयं जल बचाया। अनुशासित होकर उपयोग किया है। हरियाणा में भी एकाध गाँव में ऐसा हुआ। उत्तर प्रदेश के डौला गाँव में तरुण भारत संघ ने किया। दिल्ली में सरकार से लड़कर कुछ जोहड़ दुबारा ठीक कर, कुछ के कब्जे हटवा, कुछ पर लड़ाई जारी है। जगवतस्वरूप, मा. बलजीत सिंह, दिल्ली में जोहड़ बनाने और बचाने में जुटे हैं। विनोद जैन जोहड़ों के लिए अदालत में लड़ रहे हैं। हरियाणा में इब्राहिम, मुंशी खान, अलाउद्दीन सलमान खान, फजरुद्दीन (दोहा), बशीर अहमद (रनियाला), मुंशी खाँ आदि समाज के साथ मिलकर मेवात के लिए अच्छा काम कर रहे हैं

विभाजन और साम्प्रदायिक सरकारवाले दौर के बाद आई विनोबा भावे की टीम में मौलाना इब्राहिम (श्यामा का, खैरथल), मौलाना हफीज, रहमान, सत्यम् भाई, बिहार से मुख्य थे। इन्होंने नूँह और फिरोजपुर में पुनर्वास कार्य हेतु दफ्तर चलाए। उजड़े लोगों से उनके उजड़ने के स्थान, गाँव, जमीन परिवार सब कुछ जानकारी लेकर, उन्हें उनकी जगह ही लाकर उनका पुनर्वास किया। इस क्षेत्र में विनोबा भावे स्वयं लोगों को जोड़ने हेतु छः माह रहे थे। उन्होंने अपनी अच्छी टीम बनाकर यहाँ बहुत अच्छा पुनर्वास करा दिया था। यहाँ के लोग अब पुरानी उजाड़ की बातें भूल रहे हैं। यह अच्छा कार्य विनोबा भावे के मार्गदर्शन में ही हुआ था। अच्छे कार्यों से ही समाज अपने बुरे दिनों को भूल पाता है। लेकिन हरियाणा मेवात में खेती और पानी के कार्यों की जरूरत हैं। यहाँ पुनर्वास के बाद विकास के नाम पर जो हुआ था, उसने विनाश ही किया है।

विनाश रोकनेवाली खेती, विकेन्द्रित जल प्रबन्धन, वर्षा जल की संरक्षित और अनुशासित उपयोग की जरूरत है। भूजल शोषण रुके। यहाँ की

अरावली शृंखलाओं से दौड़कर जो पानी आता है, उसे जंगल लगाकर, छोटे बाँध, जोहड़, चैक डैम, गलीप्लगिंग, करके चलना सिखा दें। जब चलने लगे तो खेतों की पाल बनाकर, जोहड़ बनाकर, जल को रोककर धरती के पेट में बैठा दें। जब जरूरत हो तो पीने के लिए निकाल लें। जब खूब अच्छी वर्षा होवे तो पानी से खेती कर लें। उद्योग चला लें जब वर्षा कम होवे तो कम जल खपतवाली खेती कर लें, जैसे राजस्थान के मेवात में करते हैं।

जल संरक्षण हेतु महात्मा के जोहर से प्रेरित लोगों द्वारा बनाए जोहड़ों के अनुभव दिए हैं। यह पुस्तक महात्मा का मेवात कुदरत के करिश्मे का सम्मान करके समृद्ध बनने का अनुभव है। महात्मा ने 15 अगस्त से 30 जनवरी तक भारत में साम्प्रदायिक सद्भावना को बनाए रखने और हिन्दुस्तान पाकिस्तान बन जाने के बाद भी समाज को जोड़े रखने का महान जौहर किया था। इसी से आज मेवात को हम अच्छे रूप में बसा देख रहे हैं। यह बापू के मेवात को बसाने हेतु किए काम की ही झलक मात्र है। साथ ही उनकी प्रेरणा के कार्यानुभव हैं। इस पुस्तक में महात्मा के मेवात के कामों के साथ आशा है पूरे भारत देश-दुनिया को महात्मा के मेवात जौहर की कहानी बताने में सफल सिद्ध होगी।

राम नवमी-2066
3 अप्रैल, 2009 नई दिल्ली

राजेन्द्र सिंह
तरुण भारत संघ
नीमली, तिजारा, अलवर

अनुक्रम

मेवात में आजादी का आन्दोलन और विभाजन

महात्मा गांधी बीसवीं सदी में मेवों के सबसे लोकप्रिय नेता थे। मेव उन्हें प्यार और सम्मान के साथ 'गांधी बाबा' कहते थे। गांधी जी भी मेवों की वीरता, देशभक्ति और सादगी से अच्छी तरह परिचित हो गए थे। उन्होंने 19 दिसम्बर, 1946 को घासेडा गाँव में मेवों को हिन्दुस्तान की 'रीढ़ की हड्डी' कहा था और पंजाब तथा राजस्थान सरकारों को हिदायत दी थी कि मेवों को उनकी मर्जी के बगैर उनके घरों से न निकाला जाएँ।

मेवातियों और गांधी जी का यह आत्मिक रिश्ता, कोई एक दिन में नहीं, बल्कि बरसों में कायम हुआ था। अगर ये कहा जाए कि गांधी जी और मेवातियों का रिश्ता, स्वतंत्रता आन्दोलन में मेवातियों की भूमिका का इतिहास है तो कोई अतिश्योक्ति नहीं होगी। वास्तव में सन् 1857 के प्रथम स्वतंत्रता संग्राम की विफलता के पश्चात् मेवातियों को अंग्रेजी सेना और सेना अधिकारियों की बदले की भावना का शिकार होना पड़ा। हजारों मेवाती फाँसी पर लटका दिए गए। अनेक लोगों को जेल की लम्बी-लम्बी सजाएँ दी गईं। जमीनों की जब्ती, भारी-भारी जुर्माने और खेती और पशुओं की बरबादी ने आर्थिक तौर पर मेवातियों की कमर तोड़ दी। मेवातियों की सेना में भर्ती पर अघोषित प्रतिबन्ध लगा दिया गया। ऊपर से अंग्रेज माल अफसरों की लूट-खसोट 'कोढ़ में खाज' का काम कर रही थी। मेवों ने यद्यपि 'देखो और इन्तजार करो' की नीति अपना रखी थी मगर जब जुल्म और शोषण सर के ऊपर से गुजरने लगा तो वे अंग्रेज व रियासती माल अफसरों के साथ मार-पीट पर उतर आते।

सन् 1914 में प्रथम विश्व युद्ध शुरू हुआ तो मेवातियों से सेना में भर्ती होने का प्रतिबन्ध भी हट गया। हजारों मेवाती नौजवान अंग्रेजी सेना के साथ कन्धे-से-कन्धा मिलाकर लड़े। मगर विश्व युद्ध की समाप्ति के बाद अंग्रेज पहले भारतीयों से किए वायदे से मुकर गए और भारत की आजादी पर विचार करने के बजाय, भारतीयों को 'रॉलट कानून'' नामक तोहफा थमा दिया, जिसका पूरे देश में तीव्र विरोध हुआ। गांधी जी के आह्वान पर पूरे देश में हड़ताल रही और सरकार के

खिलाफ प्रदर्शन हुए। मेवात में भी सोहना, नूँह, पुनाहाना, नगीना, फिरोजपुर झिरका, तावडू और बिछौर आदि कस्बों में पूर्ण हड़ताल हुई। नगीना में मास्टर खूबलाल, जो डिस्ट्रिक्ट बोर्ड के स्कूल में अध्यापक थे, के नेतृत्व में सरकार के खिलाफ एक जोरदार विरोध प्रदर्शन हुआ। मा. खूबलाल को बर्खास्त कर दिया गया और कई आन्दोलनकारी गिरफ्तार हुए।

29 दिसम्बर, 1921 की उस घटना को भला कौन मेवाती भूल सकता है, जब अपने 14 गिरफ्तार साथियों को रिहा करवाने के लिए लगभग दो सौ आन्दोलनकारियों ने 'वन्दे मातरम्, अल्लाहो-अकबर और गांधी जी की जय' के नारे लगाते हुए, फिरोजपुर के थाने और तहसील को घेर लिया। गिरफ्तार कांग्रेस कार्यकर्ताओं ने जमानत पर रिहा होने से इनकार कर दिया। इन लोगों को थाने में बन्द किया गया तो उत्तेजित लोगों ने थाना और तहसील पर पथराव शुरू कर दिया।

स्थिति की नजाकत को देख, डिप्टी सुपरिन्टेन्डेन्ट ऑफ पुलिस ने हवाई फायर करने का आदेश दिया। इस पर उत्तेजित लोगों ने जबर्दस्ती थाने में घुसने तथा अपने गिरफ्तार साथियों को जबर्दस्ती छुड़ाने का प्रयास किया। मगर पुलिस ने लोगों पर सीधे गोलियों की बौछार शुरू कर दी। मौके पर ही तीन आन्दोलनकारी मारे गए। कई आन्दोलनकारी घायल हुए। भागते हुए लोगों पर पुलिस ने लाठियों से हमला कर दिया और 31 आन्दोलनकारियों को गिरफ्तार कर लिया गया। घटना की सूचना मिलते ही आस-पास के गाँवों के लोगों ने लाठियों और हथियारों से लैस होकर फिरोजपुर के थाने और तहसील को घेर लिया। पुलिस की सूचना पर 21 घुड़सवारों का एक फौजी दस्ता अलवर से भेजा गया। साथ ही गुड़गाँव से भी एक पुलिस दस्ता फिरोजपुर पहुँचा। तब कहीं जाकर अधिकारियों ने फिरोजपुर के थाने और पुलिस की रक्षा की। गिरफ्तार 31 आन्दोलनकारियों में से 13 को भा.द.स. की धारा 332/149 के अन्तर्गत दो-दो साल की कड़ी कैद की सजा दी गई। शेष को रिहा कर दिया गया। खान बहादुर सरदार मुहम्मद खाँ और सरकारी अधिकारी हसन मुहम्मद ने इस मामले को सुलझाने में अहम भूमिका अदा की। सरकार ने उनकी भूमिका से प्रसन्न होकर सरदार मुहम्मद खाँ को खान बहादुर व हसन मुहम्मद को खान साहिब की उपाधि से सम्मानित किया।

सन् 1922 में विधिवत रूप से मेवात में कांग्रेस कमेटी कठित की गई। डॉ. कँवर मुहम्मद अशरफ, सैयाद मुतल्लबी फरीदाबादी तथा चौ. अब्दुल हई मेवात में कांग्रेस के कर्मठ कार्यकर्ता थे। इन लोगों ने गाँव-गाँव जाकर कांग्रेस कमेटियों का गठन किया और मेवातियों को विधिवत रूप से गांधी जी व स्वतंत्रता आन्दोलन के साथ जोड़ दिया। चौ. अब्दुल हई (घुडावली), चौ. कँवल खाँ (आलीमेव), चौ. रहीम खाँ (बीसरू), चौ. रहीम बाक्श (सिंगार) आदि मेवात में कांग्रेस के प्रमुख कार्यकर्ता थे।

1929 में लाहौर में कांग्रेस का एक महत्त्वपूर्ण अधिवेशन हुआ, जिसमें अंग्रेजों से भारत को पूर्ण आजादी (पूर्ण स्वराज) देने की माँग की गई। मेवात से चौ. अब्दुल हई ने इस अधिवेशन में भाग लिया। वे गांधी जी से प्रेरणा ले, आजादी के जज्बे से ओत-प्रोत मेवात वापिस लौटे। उन्होंने मेवात पहुँचकर ग्राम सिंगार, बीसरू, आलीमेव, कोट, घुड़ावली, बहीन, पिनंगवां, पुनाहाना, इथीन, मालब, शिकरावा, बिछौर, घासेड़ा, रहना, फिरोजपुर झिरका, नूँह और नगीना में कांग्रेस कमेटियों का गठन किया। इस तरह स्वभाव से ही स्वतंत्रता प्रेमी, वीर एवं संघर्षशील मेवाती गांधी जी और स्वतंत्रता आन्दोलन से सीधे जुड़ गए और एक बार फिर मातृभूमि के लिए अपने आपको पेश कर दिया। 1930 के 'सविनय अवज्ञा आन्दोलन' में गांधी जी के आह्वान पर मेवातियों ने बढ़-चढ़कर भाग लिया। रूपलाल मेहता, सैयद मुतल्लबी फरीदाबादी और चौ. अब्दुल हई के नेतृत्व में फिरोजपुर, नगीना, नूँह और तावडू में हड़ताल रही और सम्पूर्ण मेवात से लोग सत्याग्रह में शामिल हुए।

गांधी के अहिंसा व सत्याग्रह के रास्ते पर चलकर ही 1932-33 में, सीधे-सादे, शोषित एवं अनपढ़ मेवातियों ने अलवर रियासत के अत्याचारी व साधन एवं शक्ति-सम्पन्न राजा के अत्याचारों के खिलाफ 'अलवर तहरीक' चलाई और सारे संसाधनों के बावजूद अलवर का महाराजा अपना मान-सम्मान व गद्दी गवाँ बैठा।

सन् 1940 के सत्याग्रह के समय ग्राम आली मेव में एक अधिवेशन हुआ, जिसमें हजारों मेवातियों ने भाग लिया। इस अधिवेशन में चौ. अब्दुल हई ने अंग्रेजी सरकार के खिलाफ एक जोशीला भाषण दिया और अंग्रेजों से भारत छोड़ देने की मांग की। साथ ही लोगों से मालगुजारी न देने व सेना में भर्ती न होने का भी आह्वान किया। चौ. अब्दुल हई को गिरफ्तार कर अदालत में पेश किया गया और 5 मार्च, 1941 को उन्हें शाहपुर कैम्प जेल में भेज दिया गया। चौ. अब्दुल हई, लम्बे समय तक रावलपिंडी जेल में भी रहे।

1942 के 'भारत छोड़ो' आन्दोलन में भी मेवाती भारी संख्या में शामिल हुए। फिरोजपुर, नगीना, नूँह, तावडू, बिछौर आदि कस्बों में हड़ताल रही और अंग्रेजों भारत छोड़ो के नारों से पूरा मेवात गूँज उठा।

ये ही नहीं पूरे स्वतंत्रता आन्दोलन के दौरान मेवाती कांग्रेस और गांधी जी के साथ ही रहे। उन्होंने कभी मुस्लिम लीग को स्वीकार नहीं किया और न ही मेवात में मुस्लिम लीग का गठन होने दिया। इतना ही नहीं जब महाराजा भरतपुर ने मेवों को बदनाम करने के लिए अपने तौर पर मुस्लिम लीग का गठन किया तो मेवातियों ने इसे भी स्वीकार नहीं किया और कांग्रेस द्वारा गठित प्रजा परिषद में शामिल होकर महाराजा के खिलाफ जोरदार आन्दोलन छेड़ दिया। यद्यपि महाराजा की इस चाल में आकर आर.एस.एस. और हिन्दू महासभा मेवातियों के खिलाफ सक्रिय हो गए।

तदापि मेवातियों ने महाराजा की चाल को विफल करते हुए मुस्लिम लीग को नकार दिया और कांग्रेस व गांधी जी के साथ कन्धे-से-कन्धा मिलाकर, आजादी के आन्दोलन में सक्रिय रहे। इस दौरान जन सभाओं में अनेक कांग्रेसी नेता, जैसे डॉ. सज्जाद जहीर, डॉ. कुँवर मुहम्मद अशरफ, साहिबजादा महमूद जफर, बेगम (डॉ.) रशीद जहाँ, डॉ. सत्यपाल, पं. श्री राम शर्मा, पं. नेकी राम शर्मा और रूपलाल मेहता आदि भाग लेकर मेवातियों का हौसला बढ़ाते रहे।

आखिर 15 अगस्त, 1947 को देश आजाद हुआ मगर भारत और पाकिस्तान नामक दो अलग-अलग राष्ट्रों के रूप में। अंग्रेज गए मगर भारत को विभाजित कर गए। हिन्दू और मुसलमानों के बीच फूट और दुश्मनी के बीज बोकर। लाशें, खून, वहशीपन, हत्या और बलात्कार तो जैसे हमारी आजादी के मुकद्दर बन गए। मगर मेवाती ऐसे हालात में भी सुर्खरू होकर निकले और अपने वतन एवं मातृभूमि को छोड़ना गवारा नहीं किया।

आजाद की सुबह मेवों के लिए खुशगवार नहीं थी। एक तरफ अलवर और भरतपुर के महाराजा, मेवों से बदला लेना तो दूसरी ओर वे अंग्रेजों से प्राप्त मेवात के अलग-अलग भागों पर अधिकार करना चाहते थे। भरतपुर तो सर छोटूराम की भी कर्मभूमि बन गया था, ताकि एक अलग जाट रियासत कायम की जा सके।

दूसरी तरफ फिरकापरस्त हिन्दू महासभा व आर.एस.एस. के कार्यकर्ता भी मेवों के खिलाफ इन रियासतों में सक्रिय थे, जो किसी भी कीमत पर मेवों का सफाया करने पर तुले हुए थे। ऐसे हालात में मेवा नेता काफी परेशान थे। चौ. मुहम्मद यासीन खाँ के खिलाफ गैरजमानती वारंट जारी हो चुका था, और वे भूमिगत हो गए थे। वैसे मेवात के मेवों और आस-पास के जाटों के बीच अत्यन्त गहरे सामाजिक सम्बन्ध थे। दोनों ओर के लोग सुख-दुख के अवसरों पर एक-दूसरे के साथ रहते आए थे। मेवों और जाटों के बीच पालम-पला के झगड़े तो हुए थे मगर धर्म के नाम पर ये कौमें कभी नहीं लड़ी थीं। मगर महाराजा भरतपुर, अलवर और साम्प्रदायिक तत्व मौके का फायदा उठाने पर तुले हुए थे। गढ़ गंगा के दंगे के बाद साम्प्रदायिक तत्वों ने होड़ल में दंगा करवा दिया और होड़ल के गरीब व असहाय मुसलमान कुंजड़ों, कसाईयों, मनिहारों, तेलियों और भटियारों आदि को कत्ल कर दिया, और इनके घरों व सम्पत्तियों को जलाकर नष्ट कर दिया।

यद्यपि होड़ल के दंगा पीड़ित मेव नहीं थे, तदापि इस अमानवीय घटना की तीव्र प्रतिक्रिया मेवात में ही होनी चाहिए थी। मगर मेवों ने घटना को ज्यादा गम्भीरता से नहीं लिया। यद्यपि एक अंग्रेज पुलिस कप्तान ने होड़ल में शान्ति कायम की मगर पीड़ित मुसलमान ने होड़ल छोड़ मेवात में शरण ली। इसके साथ ही होड़ल कस्बे से मेवात का सम्बन्ध पूरी तरह टूट गया।

होड़ल की इस घटना के बाद जाटों और मेवों की गाँव बिछौर और सौंध में पंचायतें हुईं। यह फैसला हुआ कि साम्प्रदायिकता को मिलकर रोका जाए, क्षेत्र से गुंडा-गर्दी को समाप्त किया जाए ताकि दोनों कौमें पुराने सामाजिक सम्बन्धों को कायम रख सके।

मगर ये पंचायतें अपने फैसलों को लागू करवाने में असफल रहीं। महाराज भरतपुर की फौजों ने मेवों के गाँव नौगाँवाँ पर हमला कर दिया, जहाँ मेव नेता व चौधरी, मेवात में शान्ति कैसे कायम रखी जाए, विषय पर एक मीटिंग कर रहे थे। इस हमले को तो बहादुर मेव नौजवानों ने नाकाम कर दिया। मगर मेवात के पश्चिम-उत्तरी जटियात की ओर से एक बहुत बड़ी धाड ने नीमका, नंई, बिछौर, इन्दाना और दाड़का आदि मेव गाँवों पर हमला कर आग लगा दी।

मेवात की उत्तर-पूर्वी सीमा पर ग्रामवहीन और कोट युद्ध का मोर्चा बन गए, जहाँ कोट पर लगातार हमले हो रहे थे। प्रतिक्रिया स्वरूप मेवों ने भी जाटों के कई गाँव जला दिए।

जून के महीने में महाराजा भरतपुर की सेनाओं ने अन्धा-धुन्ध फायरिंग कर मेवों को रियासत से भागने पर मजबूर कर दिया। उनके गाँव लूट लिये गए और उन्हें आग के हवाले कर तबाह वो बरबाद कर दिया।

भरतपुर के बाद रियासत अलवर में मार-धाड़ शुरू हो गई। यहाँ मार-धाड़ की शुरुआत तिजारा से हुई। अलवर में हत्या और खून-खराबे के अलावा बलात् धर्म परिवर्तन करवाने का सिलसिला भी चलाया गया।...

सेनाओं ने मंडावर, तिजारा और टपूकड़ा क्षेत्र के गाँवों में लूट-मार, हत्या और खून-खराबे का बाजार गर्म कर दिया। यहाँ के सारे मेवों ने फिरोजपुर झिरका, तावडू और रिवाड़ी में शरण ली। फौजों ने कई स्थानों पर अन्धा-धुन्ध फायरिंग कर हजारों निहत्थे व असहाय लोगों को मौत के घाट उतार दिया। अकेले भरतपुर रियासत में लगभग 30,000 मेव मारे गए।

पलवल क्षेत्र के हसनपुर के आस-पास के मेव नंगले गाँव भी तहस-नहस कर दिए गए। इन नंगलों के मेव बड़ी कठिनाई से ही अपने प्राण बचा पाए। दंगे से पीड़ित और तावडू व बरबाद लोग अपनी रिश्तेदारियों या अलग-अलग स्थानों पर आकर बस गए। वे लोग परेशान थे कि जाएँ तो कहाँ जाएँ। अंग्रेजी जिला गुड़गाँव के मेव गाँव इन लुटे-पिटे शरणार्थियों से भर गए। लोगों ने इन परेशानहाल लोगों को हाथों-हाथ लिया। मगर साम्प्रदायिक तत्व यहाँ भी चुप नहीं बैठे। जिला गुड़गाँव के मेवात पर भी 'धाड़' ने हमले जारी रखे। उत्तरी सीमा पर ग्राम घासेड़ा व रेवासन को फूँक दिया गया। इधर बीवां पर महाराजा भरतपुर के छोटे भाई बच्चू सिंह के नेतृत्व में गई सिख बटालियन ने बीवां के लोगों पर ही अत्याचार करने शुरू कर दिए और लोगों को पाकिस्तान भाग जाने के लिए मजबूर किया जाने लगा।

पुलिस का व्यवहार साम्प्रदायिक था। सूचनाएँ थीं कि भरतपुर की फौजें मेवों पर हमला, लूटमार और गाँवों को आग लगा रही हैं। मेव क्षेत्र को तबाह करने और आग लगाने के लिए अनेक दृष्टिकोण बना लिये गए थे। सबसे मशहूर थ्योरी यह थी कि मेव एक आजाद रियासत कायम करना चाहते हैं। इससे भी अधिक यह है कि जाट 'जाटिस्तान' कायम कर रहे हैं। इससे अन्दाजा होता है कि भरतपुर के हिन्दू जो कि हिन्दुस्तान में होनेवाले दंगों को देख रहे थे, ऐसा विचार बना चुके थे कि इससे पहले कि मेव इनके लिए परेशानी का कारण बन जाएँ। मेवों पर एक योजनाबद्ध आक्रमण किया जाए, ताकि इनको रियासत से बाहर धकेल दिया जाए।

डॉ. कुँवर मुहम्मद अशरफ के विरुद्ध दुष्प्रचार प्रसार किया गया कि उन्होंने मेवात में 10,000 मुसलमानों की एक सेना बनाई है। हिन्दू गाँवों में अफवाह फैल गई कि डॉ. अशरफ ने अपने-आपको मेवात का राजा घोषित कर दिया है। सबसे सनसनीखेज अफवाह थी कि डॉ. अशरफ, मेवों की सहायता से भारत में छोटा पाकिस्तान कायम करने की तैयारी कर रहे हैं।

मेवात में साम्प्रदायिक दंगे भरतपुर और अलवर से लेकर रेवाड़ी तक फैल चुके थे। रियासती शासकों और हिन्दू कट्टरपंथियों का गठजोड़, मेवों को मेवात से बाहर खदेड़ने पर आमादा था। मेवात से बाहर के आए इसलाम के कथित प्रचारक घुसपैठियों ने स्थानीय हिन्दुओं के साथ उनके ['मेवों के'] पालबन्दी रिश्ते को जबर्दस्ती तोड़ दिया। यद्यपि मेवात के मेवों ने अपनी पुरानी परम्पराओं को कायम रखने का भरपूर प्रयास किया। डॉ. अशरफ ने जोर दिया, "अपनी सीमाओं से बाहर न जाओ और अपने घर में पराजित न हों।" यह सलाह मेवों के लिए सहायक सिद्ध हुई।

पी.सी. जोशी की सलाह पर यू.पी. क्षेत्र से सम्बन्धित कम्युनिस्ट कार्यकर्ताओं की मीटिंग दिल्ली में बुलाई गई। मीटिंग में फैसला हुआ कि हिन्दुओं को मेवात पर हमला करने से रोकने का प्रयास किया जाए और उन अफवाहों का खंडन किया जाए कि मेवों ने पहले हमला किया था। मगर तीन और कारक थे जो साम्प्रदायिक तत्वों के अलावा सक्रिय थे। पहला कारक था गुड़गाँव, मथुरा और बुलन्दशहर के कुछ कांग्रेसियों द्वारा अपना प्रभाव स्थापित करने या अपनी साम्प्रदायिक भावना के चलते दंगाईयों के साथ मिल जाना। दूसरे बहुत से सरकारी कर्मचारी स्वयं मेवों को भारत से खदेड़ने के पक्ष में थे। कई सरकारी कर्मचारी तो मेवों को लूटना और उन्हें कत्ल करना अपना कर्तव्य समझते थे। तीसरा था सुरक्षा एजेंसियों का नजरिया। सबसे बड़ा खतरा था साम्प्रदायिक सोच के हरियाणा के जाट सिपाही और पंजाब की सिख सेनाएँ जो स्वयं मुसलमान विरोधी थीं और हिन्दू दंगाईयों को रोकने के बजाय, उनकी सहायता ही कर रही थीं। कांग्रेस और सिविल तथा मिलिट्री अधिकारियों की संयुक्त शक्ति के सामने लोग असहाय थे और कांग्रेस हाई कमान अन्धा बना हुआ था।

डॉ. कुँवर मुहम्मद अशरफ ने सुझाव दिया कि मामले को गांधी जी के पास ले जाया जाए। इस पर जनरल सेक्रेटरी कम्युनिस्ट पार्टी के पी.सी. जोशी ने अपनी सहमति जताई और इस नतीजे पर पहुँचे कि मेवातियों की सुरक्षा केवल गांधी जी के हस्तक्षेप से ही सम्भव है।

तय हुआ कि पहले सैयद मुतल्लबी और चौ. अब्दुल हई जाकर मौलाना आजाद से विचार-विमर्श करें और फिर उनके सुझाव के अनुसार आगे बढ़ जाएँ। चौ. अब्दुल हई के अनुसार, ''हम उनसे (मौलाना आजाद) से मिले। हमारी बात सुनकर, उन्होंने यह कहते हुए, गांधी जी से मिलने का समय तय कर लिया कि मुतल्लबी और अब्दुल हई मेवात के मुसलमानों के प्रतिनिधि हैं और आपको कांग्रेसियों और सरकारी एजेंसियों के साम्प्रदायिक दंगों में शामिल होने के बारे में बताना चाहते हैं। उन्होंने मेवों की सुरक्षा की अपील भी की। उन्होंने (मौलाना आजाद ने) हमें सुझाव दिया कि हम विस्तार से गांधी जी के सामने सारी बातें बता दें और बाकी मेरे ऊपर छोड़ दें। जब हम गांधी जी से मिलने 'भंगी कलोनी पहुँचे तो वे दोपहर का खाना खा रहे थे।' उन्होंने कहा, 'खाने के समय पर्दा नहीं होता। जिस तरह खाना खाते समय मैं मौलाना से बिना झिझक मिल सकता हूँ, उसी तरह उनके दोस्तों के बुलाने में भी मुझे कोई झिझक नहीं है। माफ कीजिए इसलिए मैंने आपको, इन्तजार कराए बिना ही बुला लिया।' हमारी बातें सुनकर गांधी जी अत्यन्त दुखी हुए, यह जानकर कि कांग्रेसी और सरकारी मशीनरी भी दंगों में शामिल है। उन्होंने तुरन्त गुड़गाँव, मथुरा और भरतपुर के कांग्रेसी नेताओं को बुलवाया और हमसे कहा कि दो दिन बाद मुझसे फिर मिलो। मगर हमारी वहाँ उपस्थिति के कारण, इन तीनों जिलों से कोई भी कांग्रेसी नेता, मेवातियों की समस्या पर विचार-विमर्श करने हेतु गांधी जी से मिलने नहीं आया। जब हम तय समय पर दोबारा मिलने गए तो गांधी जी ने कहा, 'तुम्हारी मौजूदगी के कारण वे लोग यहाँ मुझसे मिलने नहीं आए। मैं कोई मध्यस्त नहीं हूँ। एक पक्ष ने मेरी मध्यस्थता नकार दी है। अब मैं इस मामले में पूरा प्रयास करूँगा। यही मौलाना का आदेश भी है और मेरा कर्तव्य भी।''

गांधी जी ने हमारी इस रिपोर्ट की सच्चाई जानने के लिए कि कांग्रेसी और सरकारी मशीनरी भी दंगों में शामिल थीं, अपने कुछ आदमी भेजे। फिर उसने पंडित नेहरू से कहा कि वे मेवातियों की सुरक्षा की सरकारी जिम्मेदारी अपने ऊपर लें। पंडित जी और सरदार पटेल के आपसी विवाद-विमर्श के पश्चात् मद्रास बटालियन मेवात भेजी गई और शान्ति कायम हुई। हिन्दुओं और मेवों की पंचायतें हुईं और क्षेत्र में शान्ति कायम रखने पर सहमति हुई।...शान्ति कायम हो जाने के पश्चात् अब मेवातियों के सामने सवाल यह था कि भारत में रहा जाए या पाकिस्तान चले

जाएँ। मगर अधिकांश मेवातियों ने पहले सुझाव पर ही अपनी सहमति व्यक्त की। मेवात में शान्ति स्थापित करने के लिए मेवों के प्रतिनिधि मंडल, गांधी जी के अलावा सरदार पटेल से भी मिले। महात्मा भगवानदीन ने सलाह दी कि चौ. अब्दुल हई व चौ. खुर्शीद अहमद 'धौज' सरदार पटेल से मुलाकात करें और इन्हें सूरत-ए-हाल से अवगत कराएँ। अतः सरदार साहब को मेवात की घटनाओं से अवगत कराया गया। जिस पर इन्होंने रियासतों के शासकों की ओर से की जा रही अत्याचार की घटनाओं को सख्ती से दबाने और उनका सामना करने के निर्देश दिए। मौलाना आजाद और महात्मा गांधी की हिदायत पर शान्ति स्थापित करने के लिए विशेष फौजी दस्ते तैनात किए गए, जिनमें मद्रासी सैनिक दस्ते साफ तौर पर धर्मनिरपेक्ष दृष्टिकोण रखते थे। इन्होंने शरारती तत्वों को सख्ती से दबाया, जिससे स्थिति सामान्य होती चली गई।

अनेक अंग्रेज अधिकारी भी शान्ति स्थापना के प्रयासों में व्यस्त थे। इनमें उफाडा साहिब नामक एक अंग्रेज अधिकारी बहुत प्रसिद्ध थे। वह शान्ति कायम करने के लिए मेवात में चारों ओर भागदौड़ करते फिरते थे। रियासतों में भी जाते थे, और बड़ी निर्भीकता से दंगाईयों को दबा रहे थे। उफाडा साहिब का मुख्यालय सोहना, तावडू सड़क पर ध्यान दास की प्याऊ पर था, जहाँ से वे पूरी मेवात को नियंत्रित कर रहे थे।

पाकिस्तान बन जाने और आबादी की अदला-बदली का फैसला हो जाने के बाद मेवों के लिए यह फैसला करना अत्यन्त कठिन था कि पाकिस्तान जाया जाए या अपने घरों में दोबारा आबाद हो जाएँ। स्थिति अत्यन्त कठिन थी। साम्प्रदायिक तत्व मेवों को मेवात से खदेड़ने की योजना बना चुके थे। इधर मुस्लिम लीग ने सोहना में ट्राजिन्ट कैम्प कायम कर दिया था और मेवात में आम ऐलान कर दिया था कि तबादला आबादी मंजूर हो चुका है, इसलिए मेव अपने गाँवों को खाली कर सोहना कैम्प में आ जाएँ। साम्प्रदायिक नेताओं ने लोगों को इन कैम्पों में जाने के लिए उकसाया। इन्होंने गाँवों में जा-जाकर, लोगों को डराया-धमकाया और जबर्दस्ती गाँवों को खाली करवाया।...खान बहादुर सरदार मुहम्मद खाँ पाकिस्तान सरकार की ओर से, लाइजन ऑफिसर थे। वे गाँव-गाँव जाकर लोगों को पाकिस्तान चलने की हिदायत दे रहे थे। मगर चौ. यासीन खाँ तय कर चुके थे कि मेवों को पाकिस्तान नहीं जाना है। वे भूमिगत थे और भूमिगत रहकर ही काम कर रहे थे। उन्होंने मेव नेताओं और चौधरियों को एक नोट भेजा कि वे 'कुरआन और काला पहाड़' न छोड़ें। जबर्दस्ती तबादला आबादी गाँव खाली करने और दंगों की शिकायतें केन्द्रीय सरकार को दी गईं। स्थिति की छान-बीन के लिए मि. वृश आन, जय नारायण दास और मौलाना हिफीर्जुरहमान को भेजा गया।

इस समय सोहना कैम्प में भारी तादाद में मेव जमा हो चुके थे। लोग काफिले बना-बनाकर पाकिस्तान जाने लगे और लगभग पाँच लाख लोग पाकिस्तान चले गए। ऐसे समय केन्द्रीय सरकार के इशारे पर बिना विभाग के मंत्री स्वामी अयंगर सोहना आए और कैम्पों में जाकर लोगों को दोबारा आबादकारी और सुरक्षा का विश्वास दिलाया। मगर लोगों को विश्वास नहीं आया। दूसरी ओर स्वयंसेवकों ने इसे एक धोखा करार दिया। इस पर लोगों ने साफ कर दिया कि अगर इन्हें दोबारा आबाद करना है तो चौ. यासीन खाँ को भेजो और वे स्वयं आकर विश्वास दिलाएँ। मि. अयंगर ने डिप्टी कमिश्नर को निर्देश दिया कि मेवों को दोबारा आबाद करने के लिए चौ. मुहम्मद यासीन खाँ, चौ. अब्दुल हई और चौ. खुर्शीद "धौज" की हर सम्भव मदद की जाए।

चौ. मुहम्मद यासीन खाँ, इस समय दिल्ली में थे और महात्मा गांधी व दूसरे नेताओं से मुलाकातें कर रहे थे। उन्होंने जब लोगों का फैसला सुना तो वे अपने प्राण कठिनाई में डालकर, धौज के रास्ते सोहना पहुँचे और लोगों से कहा, "वे पाकिस्तान न जाएँ, वे दोबारा आबाद होंगे और हिन्दुस्तान में ही सुरक्षित रहेंगे।"

मगर दोबारा आबादकारी का कार्य इतना आसान नहीं था। साम्प्रदायिक तत्व अब भी मेवात में सक्रिय थे। उनका दावा था कि स्वयं सरदार पटेल की हिमायत उन्हें प्राप्त थी। यहाँ तक कि पटेल को मुस्लिम अधिकारियों पर भी विश्वास नहीं था। उनका अनुमान था कि "भारत में रहने का निर्णय ले चुके मुस्लिम अधिकारी भी निष्ठावान नहीं है तथा उन्हें बर्खास्त कर देना चाहिए।"

इधर पं. नेहरू को आशंका थी कि मुसलमानों के चले जाने से भारत उत्तम श्रेणी के कारीगर एवं कलाकार खो देगा। इस आशंका के बारे में सरदार पटेल ने 1 अक्टूबर, 1947 को लिखे पत्र में सूचना दी कि अधिकांश कारीगर एवं कलाकार जेवरात, कीमती कच्चे माल जैसे बहुमूल्य सामान के साथ जा चुके हैं। सुनारों तथा दिल्ली के सामान्य लोगों ने ये सब जेवरात बनाने के लिए उन्हें दिए थे।

एक ओर भरतपुर महाराज का छोटा भाई बच्चू सिंह दंगाइयों का नेतृत्व कर रहा था, तो दूसरी ओर साम्प्रदायिक सोच वाले सरकारी अधिकारी कदम-कदम पर रोड़े अटका रहे थे। पश्चिमी पंजाब से शरणार्थियों के आ जाने के पश्चात् तो स्थिति कठिन से कठिन हो गई। शरणार्थियों ने कैम्पों में रह रहे मेवों के मकानों पर कब्जा कर लिया था और किसी भी तरह निकलने को तैयार नहीं थे। इधर सरदार पटेल ने के.सी. नियोगी के पत्र के जवाब में 27 फरवरी, 1948 को लिखा कि अलवर या भरतपुर में मेवों की वापसी से कड़वाहट एवं असन्तोष उत्पन्न हो जाएगा। परिणामस्वरूप शान्ति-व्यवस्था भंग हो जाएगी। मेव लोग इन दो राज्यों में पहले ही मुसीबतें खड़ी कर चुके हैं। उन घटनाओं की यादें अभी भी लोगों के मन पर ताजा हैं।

सन् 1947 में मेवात की बरबादी की दास्तान गांधी तक तुरन्त पहुँचनी शुरू हो गई थी। रजवाड़ों के भेदभाव व अत्याचारी रवैये से अच्छी तरह वाकिफ थे। यही नहीं साम्प्रदायिक सोचवाले लोगों की कट्टरपंथी व ओछी सोच से भी गांधी जी अच्छी तरह परिचित थे।

मेवात की घटनाओं और दिल्ली के साम्प्रदायिक दंगों ने महात्मा गांधी को गम्भीर रूप से दिमागी परेशानी में डाल दिया था। अलवर और भरतपुर के बदहाल व असहाय मेव जब रजवाड़ों से तबाह व बरबाद होकर दिल्ली के शरणार्थी कैम्पों में आकर रुके तो गांधी जी स्वयं हुमायूँ मकबरा कैम्प में मेव शरणार्थियों से मिलने गए। हुमायूँ के मकबरे व पुराने किले कैम्पों में 150,000 से 200,000 मुसलमान शरणार्थी ठहरे हुए थे। जिनमें लगभग 130,000 मेव शरणार्थी थे। मेवों ने गांधी जी को बताया कि इनको अलवर और भरतपुर रियासतों से निकाला गया है। इन्होंने यह भी बताया कि वे सिर्फ इस खाने पर गुजारा कर रहे थे, जो इनको मुसलमान दोस्त भेजते थे।

गांधी जी को साम्प्रदायिक लोगों ने इस मुलाकात से पहले ही बता दिया था कि मेवों को जबर्दस्ती निकालना इसलिए न्यायसंगत है कि मेव एक जराईमपेशा [''अपराधी प्रकृति''] कौम है और वे किसी समय भी दिल्ली के निकट सरकार के लिए खतरा बन सकते हैं। गांधी जी जानते थे कि मेव बहुत जल्दी जोश में आकर कठिनाई का कारण बन सकते थे मगर इसका यह इलाज नहीं था कि इनको इनकी मर्जी के खिलाफ पाकिस्तान धकेल दिया जाए। इसलिए गांधी जी को इनकी इस्लाह ''सुधार'' का विचार पैदा हुआ। मगर कार्य इतना आसान नहीं था। एक ओर तो रियासतों के शासक मेवों से अपनी पुरानी दुश्मनी निकाल रहे थे तो दूसरी ओर उनका विचार था कि इससे साम्प्रदायिक लोग खुश होंगे और उनकी वाहवाही करेंगे। इधर मेव नेता सख्त परेशान थे क्योंकि मेवों को जबर्दसती पाकिस्तान धकेला जा रहा था। चारों ओर से लोग कैम्पों में आ रहे थे, जहाँ से वे काफिले बना-बनाकर पाकिस्तान जा रहे थे। स्थिति अत्यन्त नाजुक एवं विपरीत थी। मगर चौधरी मुहम्मद यासीन खाँ और दूसरे मेवाती नेता दृढ़ निश्चय कर चुके थे कि पाकिस्तान नहीं जाना है और भारत में ही रहना है। इसलिए चौ. मुहम्मद यासीन खाँ दूसरे मेव चौधरियों के साथ कम्युनिस्ट पार्टी ऑफ इंडिया के कार्यालय, जामा मस्जिद क्षेत्र देहली पहुँचे और वहाँ डॉ. अशरफ व श्री पी. सी. जोशी [जनरल सेक्रेटरी, सी.पी.आई.] से मिले। श्री पी.सी. जोशी की अध्यक्षता में यहाँ एक मीटिंग हुई, जिसमें सैयद मुतल्लबी फरीदाबादी, चौ. अब्दुल हई और चौ. मुहम्मद यासीन खाँ ने मेवात की स्थिति पर विस्तृत प्रकाश डाला। पूरी स्थिति पर विस्तारपूर्वक सोच-विचार किया गया। विशेषकर पाकिस्तान जाने का मुद्दा बड़ा महत्त्वपूर्ण था। इस मीटिंग में यह फैसला

किया गया कि मेव यदि अपनी कौमी श्रेष्ठता और जातीय पहचान कायम रखना चाहते हैं तो इन्हें पाकिस्तान नहीं जाना चाहिए। इस उद्देश्य की पूर्ति के लिए एक योजना भी तैयार की गई।

इसी सिलसिले में चौ. मुहम्मद यासीन खाँ ने तबलीगी केन्द्र निजामुद्दीन के जिम्मेदार आलिमों से भी मुलाकात की। इनकी इच्छा भी यही थी कि मेवात के लोगों को हिन्दुस्तान में ही रहना चाहिए। मगर साम्प्रदायिक तत्व मेवों को हिन्दुस्तान से खदेड़ने का निश्चय कर चुके थे। इसलिए मेवों को हिन्दुस्तान में रोकने का कार्य आसान नहीं था। डॉ. अशरफ और श्री पी.सी. जोशी ने सलाह दी कि हम सबको इस अभियान में लग जाना चाहिए और दिन-रात काम करना चाहिए, और किसी काम का समय अब नहीं है। तय हुआ कि लोगों को पाकिस्तान जाने से रोकने के लिए सबसे पहले मेवात में गांधी जी की यात्रा का प्रबन्ध किया जाना चाहिए।

योजनानुसार मेवात की बारह-बावन के प्रतिनिधि, जिनकी कुल संख्या 60-70 थी, चौ. साहिब के नेतृत्व में महात्मा गांधी जी की सेवा में बिरला हाउस पहुँचे और उन्होंने गांधी जी को मेव कौम का ऐतिहासिक फैसला सुनाया। "मेवात के लोग हिन्दुस्तान और पाकिस्तान की सरकारों के देश छोड़ने या जनसंख्या की अदला-बदली के खिलाफ हैं। हम सब लोग आपकी हिमायत हासिल करने के लिए यहाँ आए हैं।"

गांधी जी ने काफी देर तक मेव नेताओं के विचार सुने और मेवों की भावनाओं से प्रभावित होकर भर्राई हुई आवाज में कहा, "गांधी भी इन लोगों के साथ मेवात में मरना पसन्द करेगा, जहाँ लोग अपनी जन्मभूमि में रहने का निश्चय कर चुके हैं।"

महात्मा गांधी यह विश्वास दिलाने के पश्चात 19 दिसम्बर, 1947 को घासेड़ा आए, जहाँ उन्होंने मेवों की एक विशाल जनसभा को सम्बोधित करते हुए कहा कि मेव हिन्दुस्तान की रीढ़ की हड्डी है। इन्हें पाकिस्तान जाने पर मजबूर नहीं किया जा सकता है। इन्हें इनके घरों में दोबारा आबाद किया जाएगा।

इसके पश्चात् केन्द्रीय सरकार ने रेडियो पर घोषणा की कि जो मुसलमान खुशी से पाकिस्तान जाना चाहते हैं वो जा सकते हैं और जो मुसलमान हिन्दुस्तान में रहेंगे, सरकार उनके अधिकारों की सुरक्षा की जिम्मेदार होगी।

पंजाब राज्य के तत्कालीन मुख्यमंत्री डॉ. गोपीचन्द भार्गव ने, मुसलमानों को राहत देने और गांधी जी द्वारा उनकी सहायता करने का विरोध किया मगर वह खुलकर कहने की हिम्मत न कर सके। फिर भी गांधी जी की योजना को विफल करने के लिए वह जो भी कर सकते थे, उन्होंने किया। चौ. मुहम्मद यासीन खाँ ने

जनसभा में ही गांधी जी से उनके रवैये की शिकायत की तो गांधी जी ने गोपी चन्द को जनसभा में ही झिड़क दिया और निर्देश दिया कि वे मेवों के जान-माल की हर सम्भव सुरक्षा करें। हुमायूँ मकबरा कैम्प व पुराना किला कैम्पों में मेव शरणार्थियों की हालत देखकर गांधी जी अन्दर तक द्रवित हो गए। वे अत्यन्त दुखी थे और मेवों की सुरक्षा व सुधार के लिए चिन्तित थे। घासेड़ा आने और मेवों के अपनी मातृभूमि हिन्दुस्तान में रहने के दृढ़ निश्चय को सुनकर गांधी जी अत्यन्त प्रभावित हुए। उन्हें लगा कि मेव जैसी देशभक्त व संघर्षशील कौम को हिन्दुस्तान से निकाल बाहर करना न तो न्यायसंगत होगा और न ही समाज के हित में होगा। उन्होंने अपनी 'देहली डायरी' में लिखा, "मैं उन मेवों से मिलने गया जो बेघर हो गए थे, जिनकी एक बहुत बड़ी तादाद अलवल-भरतपुर से निकाल दी गई। कुछ लोग पाकिस्तान चले गए। बाकी डाँवाडोल थे और यह फैसला नहीं कर पाए कि वे पाकिस्तान जाएँ या अपने देश में ही रहें। डॉ. गोपीचन्द मेरे साथ थे और इन्होंने लोगों को विश्वास दिलाया कि जो मेव अपने देश में रहना चाहते हैं, इनका हक है कि वो यहाँ रहें। इनकी सरकार, इनके जान-माल की सुरक्षा करेगी। वो आबादी की अदला-बदली के पक्ष में नहीं थे। लाखों मर्दों, औरतों और बच्चों को उनके घर से निकालना बुरा काम था। ऐसे कठिन हालात में यह सोचना कि किसने ज्यादती की बेकार था। इस तरह की बातों से अमन कायम नहीं हो सकता। जो लोग खुशी से पाकिस्तान जाना चाहते थे, उन्हें जाने की आजादी थी और कोई इनको रोक नहीं सकता था। मेव एक लड़ाका कौम है। कुछ लोगों का कहना है कि मेव एक अपराधी प्रवृत्ति कबीले से मिलते-जुलते हैं। यदि यह आरोप सही भी है, तो फिर भी सरकार इन्हें देश से नहीं निकाल सकती। इन हालात में ठीक तरीका यही होगा कि इनकी इस्लाह की जाएँ और इन्हें एक अच्छा नागरिक बनने की प्रेरणा दी जाए।"

महात्मा गांधी की घासेड़ा यात्रा के पश्चात अनिश्चय के बादल 'छट गए और धीरे-धीरे स्थिति सामान्य होने लगी। मगर इसी समय गांधी जी की शहादत ने मेवातियों को अन्दर तक हिलाकर रख दिया। उनका आत्मविश्वास एक बार फिर डाँवाडोल था। अपनी मातृभूति पर डटे रहने का उनका निश्चय एक बार फिर कमजोर पड़ता नजर आ रहा था। लोग सोचने पर मजबूर थे कि उनका हमदर्द, इस दुनिया को अलविदा कह चुका है और अब इनकी दोबारा आबादकारी किस प्रकार हो पाएगी। कौन करेगा यह मुश्किल काम?

भरोसो उठगो मेवन को। गोली लग्गी-बापू के छाती बीच॥

लोग अत्यन्त निराश थे। मगर यह निराशा उस समय समाप्त हो गई, जब गांधी जी के प्रसिद्ध शिष्य आचार्य विनोबा भावे, नूँह आए और मेवात के लोगों को विश्वास दिलाया कि गांधी जी द्वारा किए गए वायदे को पूरा किया जाएगा। और

मेवों को दोबारा उनके घरों में आबाद किया जाएगा। इसके बाद उन्होंने अपने सबसे अच्छे कार्यकर्ताओं की एक टीम मेवात भेज दी। प्रसिद्ध गांधीवादी नेताओं, मृदुला साराभाई, पं. सुन्दरलाल, सुभद्रा जोशी, मिस आमना इस्लाम, जनरल शाहनवाज खाँ, महात्मा भगवानदीन, मिस्टर बनर्जी, मि. शेरजंग आदि ने पुनर्वास कार्यों की निगरानी की। ये लोग समय-समय पर मेवात में आकर पुनर्वास कार्यों को देखते और मेवात के विभिन्न गाँवों का दौरा करते तथा अलवर व भरतपुर के उजड़े हुए मेवों का हौसला बढ़ाते।

नूँह में यूनाइटेड काउन्सिल ऑफ रिलीफ एंड वैलफेयर के कार्यालय, पंजाब एवं राजस्थान की सरकारों द्वारा खोले गए। श्री सत्यम भाई रिलीफ के कार्यों के इंचार्ज थे। चौ. मुहम्मद यासीन खाँ भी उनके कन्धे-से-कन्धा मिलाकर कार्य कर रहे थे। मेवात के पढ़े-लिखे नौजवानों की टीमें उजड़े व बरबाद लोगों की देखभाल व सूचियाँ आदि बनाने के लिए तैनात की गईं। चौ. अब्दुल हई, मौलवी इब्राहिम (स्यामाका), चौ. मजलिस खाँ, चौ. दीन मुहम्मद (सबलाना), हुरमत खाँ (ढाना), अब्दुर्रहमान (बिलग), चौ. सईद अहमद (सीकरी), चौ. रसूल खाँ (घुडावली) आदि ने दिन-रात एक कर पुनर्वास कार्यों में सरकार और लोगों की मदद की और लोगों का आत्मविश्वास बढ़ाया। चौ. मुहम्मद यासीन खाँ ने स्वयं गुड़गाँव, अलवर, भरतपुर और मथुरा के मेव क्षेत्रों के दौरे किए और उजड़े व बदहाल लोगों को ले जाकर उनके घरों व गाँवों में आबाद किया।

मगर पुनर्वास का कार्य इतना आसान नहीं था। साम्प्रदायिक तत्व अब भी चुप नहीं बैठे थे और वे अनेक प्रकार से पुनर्वास कार्यों में रुकावटें डाल रहे थे। अब तक मेवों की ही तरह तबाह व बरबाद हिन्दू भी पश्चिमी पंजाब व सिन्ध पाकिस्तान से आ चुके थे, उन्होंने मेवों के मकानों, खेतों तथा कुओं पर कब्जा कर लिया था और वे किसी कीमत पर भी उन्हें छोड़ने को तैयार नहीं थे। मेवों के शिक्षण संस्थानों, सरायों व ताकियों पर भी कब्जा कर लिया गया, जो उन्हें कभी वापिस नहीं मिले।

मगर अन्त में सारी कठिनाईयों पर काबू पा लिया गया। भारत के पुनर्वास मंत्री जनरल भौंसले व पं. जीवन लाल, एम.एल.ए. ने मेवों के पुनर्वास में गहरी रुचि ली और उजड़े हुए लोगों को उनके घरों में पुनः आबाद कर गांधी जी के वचन को पूरा कर मेवातियों का आत्मविश्वास बढ़ाया। लाला भीमसेन सच्चर, [पूर्व मुख्यमंत्री, पंजाब] मौलवी अब्दुल गनी डार, केदारनाथ सहगल, बाबू बच्चन सिंह, सरदार सज्जन सिंह, मौलाना जैबुर्रहमान लुधियानवी आदि नेताओं ने भी समय-समय पर मेवात का दौरा कर लोगों का हौसला बढ़ाया और पुनर्वास के कार्य को अन्तिम परिणाम तक पहुँचाने में लोगों की मदद की।

मेवों के पुनर्वास की सूचना जब पाकिस्तान पहुँची तो मेवों ने पाकिस्तानी शरणार्थी कैम्पों को अलविदा कहकर वापिस अपने घरों की राह ली। लगभग एक लाख लोग पाकिस्तान से आकर अपने-अपने गाँवों व घरों में फिर आबाद होने पहुँच गए। लोगों ने भारी कठिनाईयों का सामना किया। कईयों को तो उनकी जमीनें व मकान भी वापिस नहीं मिले। मगर लोगों ने हिम्मत नहीं हारी और मातृभूमि के आँचल में ही पनाह लेकर दम लिया। इस प्रकार महात्मा गांधी की प्रेरणा और उनके उत्तराधिकारियों के प्रयासों से मेवात एक बार फिर आबाद हुआ। धरती के बेटों ने पुनः अपनी मातृभूमि के आँचल को गुले-गुलजार कर दिया। साम्प्रदायिक लोगों को अपने नापाक इरादों में मुँह की खानी पड़ी क्योंकि मेवातियों ने अपनी पुरानी परम्परा का निर्वाह करते हुए मेवात की गंगा-जमनी तहजीब को कायम रखने के प्रयास फिर शुरू कर दिए थे।

महात्मा गांधी के भाषण : मेवों की सभा में

19 दिसम्बर, 1947

अलवर (राजस्थान), नूँह (हरियाणा) के बीच मेवात क्षेत्र की एक सभा में, जिसमें ज्यादातर मेवाती थे, भाषण देते हुए गांधी जी ने कहा कि आज मेरे कहने में वह शक्ति नहीं रही जो पहले हुआ करती थी। एक जमाना था जब मेरी हर बात पर अमल किया जाता था। अगर मेरे कहने में पहले की ताकत और प्रभाव होता, तो आज एक भी मुसलमान को भारतीय संघ छोड़कर पाकिस्तान जाने की जरूरत न होती; न किसी हिन्दू या सिख को पाकिस्तान में अपना घर-बार छोड़कर भारतीय संघ में शरण लेने की जरूरत होती। यहाँ जो कुछ हुआ भयानक कत्लेआम, आगजनी, लूट-पाट, औरतों का अपहरण, जबर्दस्ती धर्म-परिवर्तन और इससे भी बदतर जो कुछ हमने देखा है—वह सब मेरी राय में सरासर बहुत बड़ा जंगलीपन है। यह सच है कि पहले भी ऐसी बातें हुई हैं लेकिन तब इतने बड़े पैमाने पर साम्प्रदायिक भेदभाव न था। ऐसी बर्बरतापूर्ण घटनाओं के किस्से सुनकर मेरा दिल रंज से भर जाता है और सिर शर्म से झुक जाता है। इससे भी अधिक शर्मनाक बात मन्दिरों, मस्जिदों और गुरुद्वारों का तोड़ने और बिगाड़ने की है। अगर इस तरह के पागलपन को रोका नहीं गया तो वह दोनों जातियों का सर्वनाश कर देगा। जब तक देश में इस तरह के पागलपन का राज रहेगा, तब तक हम आजादी से कोसों दूर रहेंगे।

गांधी जी ने आगे पूछा लेकिन इसका इलाज क्या है? संगीनों की ताकत में मेरा विश्वास नहीं है। मैं तो इसके इलाज के रूप में आपको अहिंसा का हथियार ही दे सका हूँ। वह हर प्रकार के संकट का सामना कर सकता है और अजेय है। हिन्दू, इस्लाम, ईसाई धर्म आदि सभी धर्मों में अहिंसा की वही सीख भरी है। लेकिन आज धर्म के पुजारियों ने उसे सिर्फ घिसा-पिटा सिद्धान्त—वाक्य बना रखा है, व्यवहार में जंगल के कानून को ही मानते हैं। सम्भव है आज मेरी आवाज अरण्य-रोदन जैसी साबित हो लेकिन मैं तो आपको अहिंसा के सन्देश के सिवा दूसरा कोई सन्देश नहीं दे सकता—मैं तो यही कहूँगा कि जंगली ताकत की चुनौती का मुकाबला आत्मा की ताकत से ही किया जा सकता है।

इसके बाद गांधी जी ने मेवों के प्रतिनिधि द्वारा उन्हें पढ़कर सुनाए गए अभिवेदन का जिक्र किया। जिसमें उनकी सारी शिकायतें दी गई थीं और उन्हें दूर करने के लिए कहा गया था। गांधी जी ने श्रोताओं से कहा कि मैंने वह पत्र आपके मुख्यमंत्री डॉ. गोपीचन्द के हाथ में दे दिया है। यह तो वे ही खुद बताएँगे कि पत्र में प्रस्तुत बहुत-सी शिकायतों के बारे में वह क्या करना चाहते हैं? मैं तो सिर्फ यही कह सकता हूँ कि अगर किसी सरकारी अधिकारी ने कोई बुरा काम किया होगा, तो मुझे पूरा भरोसा है कि सरकार उसके खिलाफ उचित कार्रवाई करने में नहीं हिचकिचाएगी। किसी एक आदमी को सरकार की सत्ता हड़पने नहीं दी जा सकती और न वह यह आशा कर सकता है कि उसके कहने से सरकारी अधिकारियों को एक स्थान से दूसरे स्थान पर बदल दिया जाए। मैं यह स्पष्ट रूप से जानता हूँ कि सहमति या राज-खुशी की दलील पर किसी के धर्म परिवर्तन या किसी स्त्री के दूसरी जाति के पुरुष के साथ विवाह को सही और कानूनी करार नहीं दिया जा सकता। जब चारों ओर आतंक का राज है तो 'अपनी मर्जी' की बात करना इन शब्दों का दुरुपयोग करना है।

गांधी जी ने आगे बोलते हुए कहा कि अगर मेरे शब्द आपके दुख में आपको थोड़ा ढाँढ़स बँधा सकें तो मुझे खुशी होगी। गांधी जी ने उन मेवों का, जिन्हें अलवर और भरतपुर रियासतों से निकाल दिया गया था, जिक्र करते हुए कहा कि मैं उस दिन की प्रतीक्षा कर रहा हूँ जब सारे बैर भुला दिए जाएँगे और सारी नफरत जमीन के अन्दर दफना दी जाएगी, और जिन्हें अपने घरों से निकाल दिया गया है वे सब अपने घर लौटेंगे और पूर्ण शान्ति एवं सुरक्षा के बीच पहले की तरह अपना कारोबार शुरू करेंगे। तब मेरा दिल खुशी से झूम उठेगा। मैं जब तक जीवित रहूँगा, यह आशा नहीं छोड़ूँगा। लेकिन मैं मुक्त रूप से यह स्वीकार करता हूँ कि आज की परिस्थितियों में ऐसा नहीं हो सकता। मुझे इस बात का भरोसा है कि संघ सरकार इस बारे में अपना कर्तव्य पालन करने में ढिलाई नहीं दिखाएँगे और रियासतों को संघ सरकार की सलाह माननी पड़ेगी। भारतीय संघ में शामिल हो जाने से रियासतों के शासकों को अपनी प्रजा को दबाने-कुचलने की आज़ादी नहीं मिल जाती। अगर राजाओं को अपना दर्जा कायम रखना है तो उन्हें अपनी प्रजा के ट्रस्टी और सेवक बनना होगा।

अन्त में गांधी जी ने मेवों को सलाह देते हुए दो शब्द कहे। उन्होंने कहा कि मुझसे यह कहा गया है कि मेव लोग करीब-करीब जरामय-पेशा जातियों की तरह हैं। अगर यह बात सही है तो आप लोगों को अपने आपको सुधारने की पूरी कोशिश करनी चाहिए। अपने सुधारने का काम आपको दूसरों पर नहीं छोड़ना चाहिए। मुझे आशा है कि आप मेरी इस सलाह पर नाराज नहीं होंगे। जिस अच्छी भावना से मैंने आपको यह सलाह दी है, उसे आप उसी भावना से ग्रहण करेंगे। संघ सरकार से मैं यह कहूँगा कि अगर मेवों के बारे में यह आरोप सही हो तो भी इस दलील पर उन्हें

निकालकर पाकिस्तान नहीं भेजा जा सकता। मेव भारतीय संघ की प्रजा हैं। इसलिए उसका यह कर्तव्य है कि वह मेवों को शिक्षा सुविधा देकर और उनके बसने के लिए बस्तियाँ बनाकर अपने आपको सुधारने में उनकी सहायता करे।

(अंग्रेजी से अनुवाद)

हरिजन, 28-12-1947; और हिन्दुस्तान टाइम्स, 20-12-1947

1. इसके बाद डॉ. गोपीचन्द भार्गव दो शब्द बोले। दिल्ली लौटते हुए गांधी जी ने मेवों के खुले शिविर में जाकर उन लोगों से बातचीत की।

नई दिल्ली, 19 दिसम्बर, 1947

भाइयो और बहनो,

आज दोपहर को 'एक जाति' मेवों को देखने के लिए गुड़गाँव चला गया था। वहाँ तीन तरह के मेव थे : एक तो अलवर से भागकर आए हुए, दूसरे भरतपुर से और तीसरे वहीं के। पूर्वी पंजाब के प्रधानमंत्री डॉ. गोपीचन्द भार्गव भी साथ थे। उन्होंने मेवों से कहा कि जो रहना चाहते हैं, उनको कोई हटा नहीं सकता। हुकूमत उनकी हिफाजत करेगी। लाखों आदमियों को अपने मकान छोड़कर वहाँ से भागना पड़ा, वह एक वहशियाना बात थी। यहाँ से जिनको भागना पड़ा वह भी वहशियाना बात थी। पीछे किसने ज्यादा किया, किसने कम किया और किसने शुरू किया, उसको छोड़ देना चाहिए; क्योंकि ऐसे हिसाब में अगर हम पड़ें तो दुश्मनी मिट नहीं सकती और कोई आराम से नहीं बैठ सकता। हमारे नसीब में एक-दूसरे की दुश्मनी रहे, वह नहीं रहनी चाहिए। वह अगर रही तो हमारा खात्मा हो जाएगा। मैंने तो कहा है कि मैं तो इसे बर्दाश्त कर नहीं सकता। हाँ, जिनको जाना है या जो बिदक गए हैं, उनको कोई रोकनेवाला नहीं है। लेकिन किसी को मजबूरी से न जाना पड़े। जो भी हो, वह आदमी की इच्छा से हो। उनको भागना पड़े, इस तरह उन्हें कोई मजबूर न करे, न हुकूमत, न हुकूमत के अफसर करें और न जनता करे। अगर कोई करता है तो वह पागलपन है। वहाँ बहनें भी सब थीं और पुरुष भी। सब परेशानी में पड़े हैं। कई तो ऐसे हैं कि तम्बू नहीं हैं और ये जाड़े के दिन! यह सब एक बहुत ही दुखद किस्सा है। इनको वापिस जाना चाहिए, अगर अलवर रियासत यह कहे कि गलती हो गई लेकिन अब आप आइए। इसी तरह से भरतपुर है। और पीछे यहाँ भी जिन्होंने गुनाह किया है और हलाक किया है, उनको निभा लेना चाहिए। ऐसा कहने से तो काम नहीं चलता कि मेव तो गुनाह करनेवाली कौम है। गुनाह करनेवाला कौन है और कौन नहीं, इसको कौन जानता है? जो लोग गुनाह करते भी हैं उनको क्या आप हिन्दुस्तान से जला-वतन करेंगे? यहाँ से निकाल देंगे या मार डालेंगे? तुम यहाँ से चले जाओ,

यह कहने से तो काम हो नहीं सकता। उनको तो सुधरना चाहिए और सच्ची तालीम देनी चाहिए। जो शराफत का रास्ता है वह उनको बताना चाहिए। यह तो एक बात हुई। दूसरी बात चीनी की है। चीनी हर जगह पर तो होती नहीं और शक्कर भी हर जगह नहीं होता। जहाँ होती है, उस जगह से उसको लाना है। माना कि यहाँ नहीं है, तो यू.पी. से उसको लाना है या कोयम्बटूर से आ सकती है। लेकिन आए कैसे? वह तो रेल से ही आ सकती है। लेकिन गाड़ियाँ तो आज हैं ही नहीं। डॉ. जॉन मथाई के हाथ में वह विभाग है। वह कहते हैं कि मैं कहाँ से दूँ। जितने डिब्बे हैं, रेलवे के, वे सब-के-सब तो निकाल दिए हैं। जितनी जल्दी वे माल ला सकते हैं, ला रहे हैं। इसके अलावा कोयला कम, लोहा कम और चलानेवाले कम, ये सब झंझट हैं। रेलवे स्टाफ जितना चाहिए उतना नहीं है। पीछे दूसरे-तीसरे काम में भी उनको लेना पड़ता है। वह तकलीफ तो जब रफा होगी तब हो जाएगी। लेकिन बीच-बीच में हम क्या करें, वह जो चीनी और शक्कर बनानेवाले हैं, वे बदमाश हैं और वे दाम बढ़ा देते हैं। आखिर हजारों और सैकड़ों मील से माल कोई सिर पर तो ला नहीं सकता। आज तो रेल और हवाई जहाज देखकर लोगों को ऐसा हो गया है कि उनके हाथ-पैर चलते ही नहीं। तब क्या करना चाहिए? एक तो मथाई साहब को लिख देना चाहिए। यह सही है कि हमको रेलवे वैगन नहीं मिलते या ऐसा कहो कि रेल यातायात नहीं मिलता। मगर हिन्दुस्तान में ऐसा ही तो बन गया है कि एक तरफ रेलवे चलती है तो साथ-साथ दूसरी ओर मोटर भी चलती है। जितनी तेज रफ्तार से रेल जाती है उतनी से ही मोटर जाती है। रेल के लिए तो लोहे की पटरी भी होनी चाहिए लेकिन मोटर के लिए तो कुछ भी नहीं। साफ रास्ता हो तो अच्छा है लेकिन रास्ता जैसा-तैसा हो तो भी जीप तो चली जाती है। काफी तादाद में मोटर हिन्दुस्तान में चलती हैं। लेकिन उनके लिए पेट्रोल चाहिए, और उस पर अभी तक कंट्रोल है। मैंने बताया कि अभी सब कंट्रोल तो छूटे नहीं हैं। अगर पेट्रोल पर से कंट्रोल हटा लें तो सब लारियाँ चलने लगें और माल लाएँ—और ले जाने लगें। उनमें तो पीछे नमक भी आ सकता है। यह कैसी भयानक बात है कि आज हमारे मुल्क में नमक बन सकता है, उस पर से कर भी चला गया है, तो भी वह महँगा है क्योंकि वह पूरा आता ही नहीं है। मेरी निगाह में तो कुछ लोगों को नमक बनाने और लाने की छूट होनी चाहिए। अगर पेट्रोल पर से कंट्रोल निकल जाए तो ये मोटर-लारियाँ नमक भी ला सकती हैं और दूसरी चीजें भी। एक चीज पर से कंट्रोल हटा लिया और दूसरी पर रखा तो वह ठीक नहीं बैठता। जब एक नीति हमने ग्रहण कर ली कि कंट्रोल हटाना है तो पीछे सबको ही हटा देना है और देखना है कि लोग क्या करते हैं, ऐसा आप नहीं कह सकते कि बाजार में पेट्रोल नहीं है। पेट्रोल का तो चोर-बाजार चलता है और जब तक उस पर कंट्रोल चलेगा तब तक यह चोर-बाजार चलता रहेगा। चोर-बाजार तो अँधेरे में

चलना चाहिए लेकिन वह तो साफ-साफ खुले में चलता है। तब उसे ब्लैक मार्केट कहें या सफेद कहें या उसको और कोई नाम दें। पीछे क्या होता है, सुना है उसके पीछे रिश्वत भी बहुत बढ़ गई है। जो पेट्रोल का अफसर है, थोड़ा पैसा उसके हाथ में रखना ही चाहिए। थोड़ा पैसा कोई रुपया, दो रुपया नहीं, बल्कि सैकड़ों की बात चलती है। जब एक चीज बुरी हो जाती है तो और भी बुराइयाँ उसके साथ चलती रहती हैं। जिन चीजों से कंट्रोल हट गया उससे लोग तो मानते हैं कि उनको राहत मिली है। फिर पेट्रोल तो कोई खाने की चीज भी नहीं और न हर एक आदमी के दरकार की चीज है। जो लोग मोटर ट्रांसपोर्ट चलाते हैं उनको पेट्रोल चाहिए। हुकूमत को जितना पेट्रोल चाहिए उतना ही वह अपने लिए रख ले और बाकी को खुले बाजार में रख दे। अगर माना कि बाजार में वह बिलकुल मिलता ही नहीं और रेलें भी सबकी-सब मिट गईं तो भी हिन्दुस्तान का कारोबार पेट्रोल के बिना बन्द नहीं होनेवाला है। सिर्फ इधर-उधर माल के जाने का तरीका जो आज है वह बदल जाएगा। तब हम पुराने जमाने के तरीके पर चले जाएँगे। पेट्रोल का जो कंट्रोल है वह निकल जाए तो मुझको उससे कुछ डर नहीं है।

एक बात यह भी है कि हमारे यहाँ पूरी खुराक तो पैदा नहीं होती है। तब लोगों को कहो कि वे जमीन को बो लें, उसमें से पैदा हो जाएगी। बात तो सच्ची है लेकिन उसके लिए बाहर से जो बनी-बनाई आती है, जिसको कि रसायन खाद बोलते हैं, उसमें हम चन्द करोड़ रुपए मुफ्त के दे देते हैं या ऐसा कहो कि जमीन को बिगाड़ने के लिए वह पैसे देते हैं। यह मेरा कहना नहीं है, मैं तो वह जानता ही नहीं लेकिन जो इतना ज्ञान रखते हैं वे ऐसा कहते हैं। मीरा बहन ने ही यह सब किया है और उसने ही इस चीज के जानकार लोगों को इकट्ठा किया। उसको शौक है और वह सचमुच किसान बन गई है।

और भी बड़े-बड़े आदमी इस काम में उसके साथ थे। राजेन्द्र बाबू तो हैं ही, सर दातार सिंह हैं और भी दूसरे अच्छे-अच्छे खेती को थोड़ा-बहुत जाननेवाले हैं, वे आ गए थे। वे मिले और जो किया वह अखबार में भी आ गया है। उन्होंने यह निकाला है कि खाद किस तरह बना सकते हैं। उसको जिन्दा या जैव खाद कहते हैं। हमारे यहाँ गोबर तो काफी होता है और जहाँ मनुष्य हैं वहाँ उनका विष्टा भी रहता है, उससे खासा अच्छा खाद बन जाता है। उसको मिश्रण करने के बाद यह कोई कह नहीं सकता कि वह कैसे बना है। अगर बनने के बाद उसको हाथ में ले लो तो सुगन्ध निकलती है, दुर्गन्ध नहीं। इस तरह से उसका परिवर्तन हो जाता है। जो भी घास-पत्ता और कूड़ा-कचरा होता है, वह सब मिला लिया जाता है और इस तरह वह मुफ्त में खाद बन जाता है। कचरे में करोड़ों रुपए कैसे निकल सकते हैं, यह इल्म लोगों को बताने के लिए दो-तीन रोज के लिए ये कुछ लोग बैठ गए थे।

नई दिल्ली, 20 दिसम्बर, 1947

बड़े दुख की बात है कि फिर थोड़े से पैमाने पर दंगा शुरू हो गया है। अगर हम चाहते हैं कि सब मुसलमानों को यहाँ से जाना है तो फिर हमको साफ कह देना चाहिए, वह शराफत होगी। या हुकूमत कहे कि आप लोगों का यहाँ रहना मुफीद नहीं हैं? हम आपको थोड़ा-थोड़ा हलाक करके नहीं निकालना चाहते लेकिन सचमुच तो आपको जाना ही है। मुझको तो इसका बड़ा दुख होता है।

क्या ही अच्छा हो अगर हम सब अच्छे हो जाएँ, शरीफ बन जाएँ और बहादुर हो जाएँ। वह तो एक डरपोक का काम हो जाता है कि जो यह कहे कि मुसलमान मेरे पास नहीं रह सकता। क्यों नहीं रह सकता? अगर वह खराब है तो उसको ठीक करना है–शराफत से, मार पीटकर नहीं। इसलिए मुझको तो यह बड़ा चुभता है कि हम क्यों ऐसे बन गए कि जिससे मुसलमान यहाँ डरें और हिन्दू तथा सिख पाकिस्तान में डरें। और पीछे बड़ी-बड़ी बातें हम कंरें कि यहाँ सब लोग आराम से रह सकते हैं वहाँ आराम से रह सकते हैं? मैं तो हमारी हुकूमत से भी कहता हूँ कि अगर वह सच्चा बनना चाहती है तो ऐसा होना नहीं चाहिए। अपने सारे अफसरों को साफ-साफ यह कह दे कि हमारे रहते हुए ऐसे नहीं बन सकता है। आखिर आप ही लोगों के तो हम नुमाइन्दे हैं क्योंकि सरकारी अफसर भी तो मतदाता होते हैं। इसलिए अफसरों को क्या, फौज को क्या और पुलिस को क्या, सबको शराफत से चलना है। अगर हम लोग शराफत से चलेंगे तो हमारी गाड़ी आगे चल सकती है, नहीं तो जो लगाम हमारे हाथ में आ गई है उसको हम छोड़ रहे हैं, इसका मुझको दुख होता है। लेकिन आज तो मैं वह बात नहीं करना चाहता था। मैं तो आपको वह सुनाना चाहता हूँ जो मैंने छोड़ रखी है।

चरखा-संघ की जो बैठक हुई थी उसमें ग्राम-उद्योग संघ की बात मैंने अभी तक छोड़ रखी थी। थोड़ा-सा इशारा जरूर किया था। चरखा तो ग्राम-उद्योग का केन्द्रबिन्दु है। अगर सात लाख गाँवों में चरखा न चले तो अन्य ग्रह हैं जो सूरज के इर्द-गिर्द फिरते रहते हैं। अगर सूरज डूब जाए तो दूसरे ग्रह चल नहीं सकते क्योंकि वे सब सूरज पर ही आश्रित हैं, ऐसा दुनिया में बन गया है। लेकिन देहात का सूरज किसको कहें? हिन्दुस्तान का सूरज तो वह चक्र है कि जो झंडे में मौजूद है, पीछे चाहे आप उसको सुदर्शन चक्र कहें, अशोक राजा का चक्र कहें। मेरी निगाह में तो वह चरखे की निशानी है। अगर वह देहातों में चलता रहे तो अन्य ग्राम-उद्योग भी रुक नहीं सकते लेकिन उसके चलते रहने पर भी दूसरों को देखना तो है। अगर उनको सँभालें ही नहीं और वे सब इर्द-गिर्द चलना छोड़ दें तो फिर जो सूरज है, वह भी बेहाल हो जाएगा। जितने हमारे खगोलशास्त्री कहे जाते हैं उन्होंने यह नहीं देखा है और उन्होंने

देखा होगा तो मैं मूर्ख हूँ, जानता नहीं हूँ। लेकिन मैं तो मानता हूँ कि अगर सब ग्रह डूब जाते हैं तो सूरज को भी डूबना है। यह मैं शास्त्रीय तरीके से तो सिद्ध नहीं कर सकता हूँ लेकिन यहाँ तो मैं सिद्ध कर सकता हूँ कि जो दूसरे इर्द-गिर्द के उद्योग न चलें तो चरखा बेचारा अकेला क्या कर सकता है? दिल्ली के इर्द-गिर्द क्या थोड़े ग्राम पड़े हैं। अगर वे सब दिल्ली को आश्रय दें और उनको दिल्ली का आश्रय लेना है तो पीछे वह बहुत खूबसूरत काम बन जाता है और आपस-आपस की लड़ाई का सारा झगड़ा भी मिट जाता है। आखिर देहातों में से सब चीजें हमको चाहिए। आज तो वे चीजें आ नहीं सकती हैं। आप अगर नहीं जानते हों तो जानना चाहिए कि दिल्ली में बहुत से कारीगर मुसलमान थे। वे चले गए। पानीपत में देखो, कितने मुसलमान कम्बल वगैरह बनाते थे। आज तो वह धन्धा अस्त-व्यस्त हो गया। पीछे अगर हिन्दू और सिख वहाँ गए तो देखा जाएगा। लेकिन वे क्यों वहाँ जाएँ? वे कोई भूखे थोड़े ही मरते हैं! हिन्दू के पास जो पेशा है उसमें से वह कमा लेता है और मुसलमानों के पास जो पेशा है उसमें वह कमा लेता है। अगर मुसलमान अपना काम छोड़कर यहाँ से चले जाते हैं तो उसमें हिन्दुस्तान का नुकसान ही होता है। इस लिहाज से तो पाकिस्तान और हिन्दुस्तान दोनों डूब रहे हैं। क्या वजह है कि हम कश्मीर में लड़ते हैं? वहाँ जो बागी लोग आ गए हैं, वे लड़ें और फिर हम यहाँ से उसके लिए लश्कर भेज दें, वह तो वहशियाना बात मैं समझता हूँ।

ग्राम-उद्योग की बात तो एक बड़ी बुलन्द है। कल मैंने आपको बताया था कि मीरा बहन उस काम को कर रही हैं और उसमें तो हमारी हुकूमत के लोगों का भी हाथ है। वह खाद हम सब अपने घरों में बना सकते हैं। हम लोग जो मैला करते हैं वह और गोबर तथा और भी जो कूड़ा-कचरा जमा हो जाता है, वह सब मिला लें। वह इस खूबी से मिल जाता है कि पीछे एक खूबसूरत और सुगन्धित खाद बन जाता है।

इसलिए ग्राम-उद्योग और चरखा-संघ का जो काम है वह तभी चल सकता है, जब करोड़ों आदमी उसमें मदद दें। अगर वे न दें तो वह काम बिलकुल चल नहीं सकता। चार चीजें, जहाँ तक मुझको याद है, चरखा-संघ, हरिजन-सेवक संघ, ग्राम-उद्योग संघ और तालीमी संघ—जो बनी हैं, चारों की चारों धनिकों के लिए नहीं, बल्कि गरीबों के लिए हैं। सब लोगों को इनके काम में हाथ बँटाना है। अगर हाथ न बटाएँ तो काम चल नहीं सकता। अगर हम हिन्दुस्तान में पंचायत-राज्य या लोगों का राज्य चाहते हैं, तो सब लोगों को उस काम में मदद देनी है। वह कोई हवा में से तो आता नहीं है और न हिमालय से चलकर आता है। वह तो यहाँ की जनता के द्वारा ही हो सकता है। जनता एक तरह की नींव है, जिस पर हम एक बहुत ऊँचा मकान बना सकते हैं। अगर उसमें सब हाथ दें, तब तो खैर है और अगर न दें तो

ठीक है। हम एक-दूसरे से लड़ तो रहे ही हैं और नतीजा भी उसका वही आकर रहेगा जो यादव लोगों का हुआ था। यदुवंशी तो कृष्ण भी हुए थे लेकिन पीछे क्या हुआ कि सब लड़ते थे और दूसरों को डराते थे। शराब पीना, व्यभिचार करना और आपस में लड़ना उनका काम रह गया था। नतीजा यह हुआ कि वह उस चीज में जो घास की थी, खत्म हो गए। हम उसको यादवस्थल कहते हैं। वह नतीजा या तो हिन्दुस्तान आने वाला है और अगर नहीं आने वाला है तो केवल इससे कि ये चार चीजें बनी हैं उनको हम करते रहें। तभी हम सब आराम से रह सकते हैं।

नई दिल्ली, 22 दिसम्बर, 1947

यहाँ से आठ-दस मील के फासले में महरौली में कुतुबुद्दीन बख्तियार चिश्ती की दरगाह है। वह पवित्रता में अजमेर की दरगाह से दूसरे नम्बर पर मानी जाती है। इन दरगाहों पर न सिर्फ मुसलमान जाते थे, बल्कि हजारों हिन्दू और दूसरे गैर-मुसलमान भी वहाँ पूजा भाव से जाया करते थे। पिछले सितम्बर में यह दरगाह हिन्दुओं के गुस्से का शिकार बनी। आस-पास में रहनेवाले मुसलमान अपने आठ सौ साल पुराने घरों को छोड़ने पर मजबूर हुए। इस किस्से का जिक्र करने का कारण इतना ही है कि दरगाह के प्रति प्रेम और वफादारी रखते हुए भी वहाँ आज कोई मुसलमान नहीं है। हिन्दुओं, सिखों, वहाँ के सरकारी अफसरों और हमारी सरकार का फर्ज है कि जल्दी-से-जल्दी पहले की तरह उस दरगाह को खोलकर यह कलंक का टीका धो डालें। यह चीज देहली में और देहली के इर्द-गिर्द के मुसलमानों की सब धार्मिक जगहों पर लागू होती है। वक्त आ गया है कि दोनों तरफ की सरकार सख्ती के साथ अपनी-अपनी अक्सरियत के सामने यह साफ कर दे कि अब धार्मिक स्थलों का अपमान बर्दाश्त नहीं किया जाएगा, चाहे वह स्थल छोटा हो और चाहे बड़ा। इन स्थलों का जो नुकसान किया गया है, उसकी मरम्मत होनी चाहिए। मुस्लिम लीग की सभा ने कराची में जो फैसला किया है उसे देखते हुए मुसलमान मुझसे पूछते हैं कि जो लीग के मेम्बर हैं वे जो सभा लखनऊ में मौलाना आजाद बुला रहे हैं, उसमें जाएँ या न जाएँ? हर हालत में यूनियन में रहनेवाले मुस्लिम लीग के मेम्बरों का क्या तरीका होना चाहिए? मेरे दिल में कोई शक नहीं कि अगर उन्हें व्यक्तिगत या जाहिर निमंत्रण मिले, तो उन्हें लखनऊ की मीटिंग में जाना चाहिए, और मद्रास की मीटिंग में भी। दोनों जगह उन्हें अपने विचार निर्भयता से और खुली तरह जाहिर करने चाहिए। अगर उन्होंने पिछले 30 साल में हिन्दुस्तान की अहिंसा की लड़ाई का अभ्यास किया है, तो उन्हें इस बात से घबराहट नहीं होनी चाहिए कि यूनियन में वे अकलियत [अल्पसंख्या] में हैं और पाकिस्तान अकसरियत

[बहुसंख्या] उनकी कोई मदद नहीं कर सकती। यह चीज समझने के लिए उन्हें अहिंसा में विश्वास रखने की जरूरत नहीं कि अकलियत को, चाहे वह कितनी ही छोटी क्यों न हो, अपनी इज्जत और इनसान को जो भी प्रिय और निकट लगता है, वह सबकुछ बचाने के लिए डर खाने का कभी कारण नहीं रहा। इनसान ऐसा बना है कि अगर वह अपने बनानेवाले को समझ ले और यह समझ ले कि मैं उसी भगवान का प्रतिबिम्ब हूँ तो दुनिया की कोई ताकत उसके स्वमान को छीन नहीं सकती। उसके स्वमान का हनन कोई कर सकता है तो वह खुद ही कर सकता। जिन दिनों मैं ट्रांसवाल की जबर्दस्त हुकूमत के साथ लड़ रहा था, मेरे एक प्रिय अंग्रेज मित्र ने मुझे जोहांसबर्ग में कहा, "मैं हमेशा अकलियत का साथ देना पसन्द करता हूँ क्योंकि अकलियत आमतौर पर कभी गलत नहीं करती है, और करती है तो उसे सुधारा जा सकता है। मगर अकसरियत को सत्ता का मद होता है, इसलिए उसे सुधारना कठिन रहता है"। अगर अकसरियत से हथियारों की एकतरफा ताकत का भी मतलब हो तो इस दोस्ती की बात सही थी। हम अपने कड़वे अनुभव पर से जानते हैं कि कैसे मुट्ठी भर अंग्रेज यहाँ हथियारों की ताकत से अकसरियत बने बैठे थे और सारे हिन्दुस्तान को दबाए हुए थे। हिन्दुस्तान के पास वे हथियार नहीं थे, और रहते भी तो हिन्दुस्तानी उनका इस्तेमाल नहीं जानते थे। यह दुख की बात है कि हमारे मुल्क में अंग्रेजों की हुकूमत से हिन्दुओं और सिखों ने पाठ नहीं सीखा। यूनियन के मुसलमानों को पश्चिम में और पूर्व में अपनी अकसरियत का झूठा घमंड था। आज उस बोझ से मुक्त हो गए हैं। अगर वे अकलियत में रहने के गुणों को समझेंगे तो वे अपने तरीके से इसलाम की खूबियों का प्रदर्शन कर सकेंगे। उन्हें याद रखना चाहिए कि इसलाम का अच्छे-से-अच्छा जमाना हजरत मुहम्मद के मक्का वाले दिनों में था। कौंस्टेटिनोपोल की शहंशाही के वक्त से मिस्र धर्म का अस्त होने लगा। मैं इस दलील को यहाँ लम्बा करना नहीं चाहता। मेरी सलाह का आधार मेरा पक्का अकीदा है, इसलिए अगर मुसलमान मित्रों के मन में इस चीज पर विश्वास नहीं है तो बेहतर होगा कि वे मेरी सलाह को ठुकरा दें।

मेरा राय में उन्हें कांग्रेस में आने के लिए तैयार रहना चाहिए। मगर जब तक कांग्रेस में उनको हार्दिक स्वागत न मिले, और समानता का बर्ताव न मिले, तब तक वे कांग्रेस में भर्ती होने की अर्जी न करें। सिद्धान्त के तौर पर तो कांग्रेस में अकसरियत और अकलियत का सवाल उठता ही नहीं। कांग्रेस का कोई धर्म नहीं, एकमात्र मानवता का धर्म है। उसमें हर एक स्त्री-पुरुष समान हैं। कांग्रेस एक शुद्ध, राजनीतिक संस्था है, जिसमें सिख, हिन्दू, मुसलमान, ईसाई, पारसी, यहूदी सब बराबर हैं। कांग्रेस हमेशा अपने कहने पर अमल नहीं कर सकी। इससे कभी मुसलमानों को लगा हो सकता है कि यह तो मुख्यतः सवर्ण हिन्दुओं की संस्था है। जो भी हो, जहाँ

तक खींचतान जारी है मुसलमान बाइज्जत अलग खड़े रहें। जब उनकी सेवाओं की कांग्रेस को जरूरत होगी वे कांग्रेस में आ जाएँगे। उस वक्त तक जिस तरह मैं कांग्रेस का हूँ, वे कांग्रेस के रहें। कांग्रेस का चार आने का मेम्बर न होते हुए भी कांग्रेस में मेरी हैसियत है, तो उसका कारण यह है कि जब से 1915 में मैं दक्षिण अफ्रीका से आया हूँ, मैंने वफादारी से कांग्रेस की सेवा की है। हर एक मुसलमान आज से ऐसा कर सके तो वे देखेंगे कि उनकी सेवाओं की भी उतनी ही कदर होती है जितनी कि मेरी सेवाओं की।

आज हर एक मुसलमान को लीगवाला और इसलिए कांग्रेस का दुश्मन समझा जाता है। बदकिस्मती से लीग का शिक्षण ही ऐसा रहा है। आज तो दुश्मनी का तनिक भी कारण रहा नहीं। लीग के कौमवाद के जहर से मुक्त होने के लिए चार महीने का अर्सा बहुत छोटा अर्सा है। दुखी देश का दुर्भाग्य देखिए कि हिन्दुओं और सिखों ने जहर को अमृत समझ लिया और लीगी मुसलमानों के दुमश्न बने। ईंट का जवाब पत्थर से देकर उन्होंने कलंक का टीका मोल लिया और मुसलमानों के बराबर हो गए। मेरा मुसलमान अकलियत से अनुरोध है कि वे अपने आदर्श बर्ताव से इस जहरीले वातावरण से ऊपर उठें, उनके इज्जत-आबरू से रहने का एक यही तरीका है कि वे मन में किसी तरह की चोरी न रखकर हिन्दुस्तान के नागरिक बनें।

इसमें से यह परिणाम निकलता है कि लीग राजनीतिक संस्था के रूप में नहीं रह सकती। इसी तरह हिन्दू-महासभा, सिख-सभा और पारसी-सभा भी नहीं रह सकती। धार्मिक संस्थाओं के रूप में वे भले रहें। तब उनका काम अन्दरूनी सुधार होगा, धर्म की अच्छी चीजें ढूँढ़ना और उन पर अमल करना होगा। तब वातावरण में से जहर निकल जाएगा और ये संस्थाएँ एक-दूसरे के साथ भलाई करने में मुकाबला करेंगी। वे एक-दूसरे के प्रति मित्रभाव रखेंगी और हुकूमती मदद करेंगी। उनकी राजनीतिक महत्त्वाकांक्षाएँ तो कांग्रेस के ही द्वारा पूर्ण हो सकती हैं, चाहे वे कांग्रेस में हों या न हों। जब कांग्रेस, जो कांग्रेस में हैं उन्हीं का विचार करेगी, तो क्षेत्र बहुत संकुचित हो जाएगा। कांग्रेस में तो आज भी बहुत कम लोग हैं। कांग्रेस की आज कोई बराबरी नहीं कर सकता तो उसका कारण यह है कि वह सारे हिन्दुस्तान की नुमाइन्दगी का प्रयत्न कर रही है। वह गरीब-से-गरीब, दलित-से-दलित की सेवा को अपना ध्येय बनाए हुए है।

नई दिल्ली, 29 दिसम्बर, 1947

कल हकीम अजमल खाँ साहब की बरसी थी। वे हिन्दुस्तान के हिन्दू, मुसलमान, सिख, क्रिस्टी, पारसी, यहूदी सबके प्रिय थे। वह पक्के मुसलमान थे मगर वह इस खूबसूरत

देश के रहनेवाले सब लोगों की समान सेवा करते थे। उनकी मेहनत की सबसे बढ़िया यादगार दिल्ली का मशहूर तिबिया कॉलेज और अस्पताल था। वहाँ पर हर श्रेणी के विद्यार्थी पढ़ते थे और वहाँ यूनानी, आयुर्वेदिक और पश्चिमी डॉक्टरी सब सिखाई जाती थी। साम्प्रदायिकता के जहर के कारण यह संस्था भी, जिसमें किसी तरह साम्प्रदायिकता को स्थान न था, बन्द हो गई है। मेरी समझ में इसका कारण इतना ही हो सकता है कि इस कॉलेज को बनानेवाले हकीम साहब मुसलमान थे, फिर वे चाहे कितने ही महान और भले क्यों न रहे हों, और भले उन्होंने सबका मान-सम्मान क्यों न किया हो। उस स्वर्गवासी देशभक्त की स्मृति, अगर व हिन्दू-मुस्लिम फसाद को दफन नहीं कर सकती, तो कम-से-कम कॉलेज को तो नया जीवन दे सके।

कल मैंने जिक्र किया था कि हमारी सभाएँ वगैरह खुले में, आकाश में मंडप के नीचे हों। यह बहुत अच्छी चीज है। अगर यह आम रिवाज हो जाए तो इस काम के लिए विचारपूर्वक जगह वगैरह का प्रबन्ध करना होगा। छोटे-बड़े शहरों में इस काम के लिए मैदान रखने होंगे; अपनी आदतें हमें बदलनी होंगी; शोर की जगह शान्ति और बेतरतीबी की जगह करीने से बैठना सीखना होगा। हमारी आदतें सुधरेंगी तो हम तभी बालेंगे जब हमें बोलना ही चाहिए और जब बोलेंगे तब हमारी आवाज उतनी ही सच्ची सेवा से मिलती है। सत्ता पाकर बहुत बार इनसान गिर जाता है। सत्ता पाने के लिए झगड़ा शोभा नहीं देता। उसके साथ-ही-साथ सरकार का यह फर्ज है कि जिन स्त्री-पुरुषों के पास कोई काम न हो, चाहे उनकी संख्या कितनी ही क्यों न हो, उनके लिए वह रोजी कमाने का साधन पैदा करे। अगर अक्सले यह काम किया जाए तो सरकार पर बोझ पड़ने के बदले इससे सरकार को फायदा होगा। मैं इतना मान लेता हूँ कि जिनके लिए काम ढूँढ़ना है वे शरीर से स्वस्थ होंगे, और कामचोर नहीं, बल्कि खुशी से काम करनेवाले होंगे।

नई दिल्ली, 3 जनवरी, 1948

मुझे खुशी है कि आज मैं अपना बहुत दिनों का वादा पूरा कर सका और इस कैम्प के शरणार्थियों से बातें कर सका। मुझे बड़ी खुशी है कि यहाँ जितने भाई हैं, उतनी ही बहनें हैं। मैं चाहता हूँ कि आप सब मेरे साथ इस प्रार्थना में शामिल हों कि हमारे मुल्क में और दुनिया में फिर से शान्ति और प्रेम कायम हो। शान्ति बाहर की किसी चीज से, जैसे दौलत से या महलों से, नहीं मिलती। शान्ति अपने अन्दर की चीज है। सब धर्मों ने इस सच्चाई का ऐलान किया है कि जब आदमी को इस तरह की शान्ति मिल जाती है तो उसकी आँखों, उसके शब्दों और उसके कामों—सबसे वह शान्ति टपकने लगती है। इस तरह का आदमी झोंपड़ी में रहकर भी सन्तुष्ट रहता

है और कल की चिन्ता नहीं करता। कल क्या होगा, यह भगवान ही जानते हैं। श्री रामचन्द्र को, जो हमारी तरह आदमी थे, यह पता नहीं था कि ठीक उस वक्त जब उनके गद्दी पर बैठने की आशा थी उन्हें वनवास दे दिया जाएगा। पर वह जानते थे कि सच्ची शान्ति बाहर की चीजों पर निर्भर नहीं है। इसीलिए वनवास के खयाल का उन पर कुछ भी असर न हुआ। अगर हिन्दू और सिख इस सच्चाई को जानते तो यह पागलपन की लहर उन पर से फिर जाती, और मुसलमान चाहे कुछ भी करते, वे खुद शान्त रहते। अगर ये शब्द हिन्दुओं और सिखों के दिलों में घर कर लें तो मुसलमानों पर तो अपने आप उसका असर जरूर होगा ही।

मैंने सुना है कि यह कैम्प कुछ अच्छी तरह चल रहा है। मैं यह बात तब तक पूरी तरह नहीं मान सकता, जब तक सब शरणार्थी मिलकर इस कैम्प में उससे ज्यादा सफाई और तरबीती न रखें जितनी दिल्ली शहर में दिखाई देती है। आपको जो मुसीबतें भोगनी पड़ी हैं वह मैं जानता हूँ। आप में से कुछ बड़े-बड़े घरों के लोग थे। पर आपके लिए उतने ही आराम की उम्मीद यहाँ करना फिजूल है। आप सबको सीखना चाहिए कि नई जरूरतों के मुताबिक अपने को कैसे ढाला जाए और जहाँ तक बन पड़े इस हालत को ज्यादा अच्छा बनाना चाहिए। मुझे याद है कि सन् 1899 की बोअर युद्ध से ठीक पहले अंग्रेज लोग ट्रांसवाल को छोड़कर वहाँ से नेपाल गए थे। वे जानते थे कि मुसीबत का कैसे सामना किया जाए। वे सब-के-सब बराबर की हैसियत से रहते थे। उनमें से एक इजींनियर था और मेरे साथ बढ़ई का काम करता था। हम सदियों से विदेशियों के गुलाम रहे हैं, इसलिए हमने यह बात नहीं सीखी। अब जब हम आजाद हुए हैं—और आजादी कैसी अनमोल बरकत है—मैं उम्मीद करता हूँ कि शरणार्थी भाई-बहन अपनी इस मुसीबत से भी पूरा फायदा उठाएँगे। वे अपने इस कैम्प को एक ऐसा आदर्श कैम्प बना देंगे कि अगर सारी दुनिया से नहीं तो सारे हिन्दुस्तान से लोग आ-आकर इस पर फख्र करें। प्रार्थना में जो मंत्र पढ़ा गया है उसका मतलब है कि हमारे पास जो कुछ है, हम सब भगवान को अर्पण कर दें और फिर जितने की हमें सचमुच जरूरत हो, उतना ही उसमें से लें। अगर हम इस मंत्र के अनुसार रहें तो इस कैम्प में ही नहीं, सारी दिल्ली में, जो हाल में बदनाम हो गई है, फिर से नई जान आ जाएगी और हमारे सबके जीवन अन्दर के सुख से भर जाएँगे।

प्रश्नोत्तर

प्रश्न : बोल-चाल की भाषा को चाहे हिन्दी कहिए या ''हिन्दुस्तानी'' यह कोई विवाद का प्रश्न नहीं है। हर हालत में वास्तविक प्रयोग की सामान्य भाषा हिन्दुस्तानी ही

रहेगी। इस बात से शायद ही कोई इनकार करेगा कि उच्च साहित्य और विज्ञान के लिए नए शब्दों की आवश्यकता होगी जो सिर्फ संस्कृत भाषा से ही तैयार किए जा सकते हैं। यह बात लोगों को स्पष्ट बता देने में क्या हर्ज है?

उत्तर : इस प्रश्न का पहला हिस्सा सही है। अगर स्वीकृत नाम का सब लोग एक ही अर्थ समझें तो विवाद नाम का नहीं बल्कि इस बात का है कि उसका किस अर्थ में प्रयोग किया जाता है। हमें उच्च साहित्य और विज्ञान के शब्द केवल संस्कृत से ही नहीं लेने चाहिए। प्रचलित शब्दों का एक कोश बनाने के लिए चाहे वे किसी मूल के हों, एक छोटी सी समिति नियुक्त की जा सकती है।

प्रश्न : लिपि के सम्बन्ध में दो लिपियों का प्रयोग राष्ट्र के कामकाज को चलाने में बेकार का बोझ साबित होगा। तब दो लिपियों के स्थान पर केवल नागरी लिपि ही जो सभी प्रान्तों में प्रचलित है, क्यों न अपनाई जाए। क्या दो लिपियों के प्रस्ताव का अर्थ यह होगा कि केन्द्रीय सरकार के सारे पत्र-व्यवहार और प्रकाशन दोनों लिपियों में छापे जाएँगे? क्या तारघर तथा अन्य कार्यालयों में भी दोनों लिपियों का इस्तेमाल होगा?

मैं यह मानने को तैयार नहीं हूँ, हालाँकि बहुधा ऐसा कहा जाता है कि दो लिपियों का प्रस्ताव मुसलमानों को खुश करने के लिए रखा गया है। हमें तो यह देखना चाहिए कि ऐसी लिपि चुनी जाए जिससे किसी पर अन्याय हुए बिना सारे राष्ट्र को लाभ पहुँचे। नागरी लिपि अपनाने से मुसलमानों को नुकसान होगा, यह मानना गलत होगा। जहाँ तक मैं समझा हूँ, दोनों लिपियों का चलन केवल थोड़े समय के लिए ही आवश्यक है। अन्त में सभी एक लिपि को ग्रहण करेंगे, इस बारे में कैसे सन्देह हो सकता है?

उत्तर : दो लिपियाँ अपनाने से आखिर में जो लिपि अधिक सरल होगी, वह चलेगी। बात सिर्फ इतनी है कि उर्दू का बहिष्कार न किया जाए। इस तरह बहिष्कार करने का अर्थ भेदमूलक होगा। ऐसे विभेद से ही झगड़ा पैदा हुआ था और आज वह बढ़ गया है। ऐसे मौके पर हम लोगों के लिए जो एकता में विश्वास रखते हैं और लोगों की आपसी लड़ाई के खिलाफ हैं, दोनों लिपियों को अपनाना आवश्यक है। हम यह भी न भूलें कि बहुत से हिन्दू और सिख नागरी लिपि जानते ही नहीं। सभी लोग दोनों लिपियाँ सीखें, यह बात नहीं है। जिन्हें अपने प्रान्त से बाहर काम करना है, उन्हें दोनों लिपियाँ सीखनी चाहिए। केन्द्रीय सरकार द्वारा सभी सूचनाएँ दोनों लिपियों में जारी किए जाने की बात भी नहीं है। जो सूचनाएँ सबके लिए हों, केवल वही दोनों लिपियों में हों।

मौजूदा साम्प्रदायिक वैमनस्य को देखते हुए उर्दू लिपि का बहिष्कार एक अलोकतांत्रिक कद माना जाएगा।

तार घर तथा अन्य कार्यालयों में दोनों लिपियों का प्रयोग जरूरी होगा अथवा नहीं, यह एक छोटा सा सवाल है। जब अंग्रेजी भाषा और रोमन लिपि का बुखार हम पर से उतर जाएगा, तो हमारा दिल और दिमाग ऐसा साफ हो जाएगा कि हम ऐसे झगड़ों को व्यर्थ की बात समझेंगे। दूसरों की तुष्टि के लिए हमें कोई गलत रास्ता नहीं अपनाना चाहिए। मगर यदि कोई रास्ता अपने-आप में सही है तो किसी को सन्तुष्ट करने में कोई नुकसान नहीं है। यदि सब लोग खुशी से हमारी लिपि स्वीकार करें तो बहुत अच्छी बात होगी लेकिन ऐसा होने के लिए दो लिपियों का चलन आज जरूरी है।

आजादी दिवस का भाषण प्रार्थना-सभा में कलकत्ता, 15 अगस्त, 1947

गांधी जी ने कलकत्ता के हिन्दुओं और मुसलमानों के फिर से मैत्रीपूर्ण ढंग से आपस में मिलने-जुलने पर उन्हें बधाई दी। खुशी के जो नारे हिन्दू लगाते हैं वही मुसलमान भी लगा रहे हैं। उन्होंने बिना किसी हिचकिचाहट के तिरंगा फहराया। और तो और, हिन्दुओं को मस्जिदों में और मुसलमानों को मन्दिरों में प्रवेश करने दिया गया। उन्होंने कहा कि इस समाचार से मुझे खिलाफत के दिनों की याद आती है जब हिन्दू और मुसलमान भाई-भाई की तरह बसते थे। यदि यह प्रदर्शन क्षणिक आवेश-मात्र न हो और दिल से किया गया हो, तो यह खिलाफत के दिनों से बढ़कर है। इसका सीधा-सादा कारण यह है कि दोनों ने दंगों के जहर का प्याला पिया है, इसलिए मित्रता के अमृत का स्वाद पहले से ज्यादा मीठा लगना चाहिए। तथापि मुझे यह सुनकर दुख होता है कि किसी एक इलाके में गरीब मुसलमानों को सताया जा रहा है। मैं आशा करता हूँ कि हावड़ा समेत सारा कलकत्ता साम्प्रदायिकता के जहर से हमेशा के लिए मुक्त हो जाएगा। तब हमें पूर्वी बंगाल अथवा शेष भारत की चिन्ता करने की कोई जरूरत नहीं रहेगी। इसलिए मुझे यह सुनकर दुख होता है कि लाहौर में अभी पागलपन छाया हुआ है। मैं आशा कर सकता हूँ और मुझे इस बात का पूरा यकीन है कि कलकत्ता के शानदार उदाहरण का यदि वह सच्चा है तो पंजाब और भारत के अन्य भागों पर असर पड़ेगा।

इसके बाद गांधी जी ने चटगाँव की चर्चा की और कहा कि बरसात लोगों का कोई लिहाज नहीं करती। वह हिन्दुओं और मुसलमानों दोनों को डुबो देती है। सारे बंगाल के लोगों का यह कर्तव्य है कि वे चटगाँव बाढ़-पीड़ितों के कष्ट को अपना कष्ट समझें। तब उन्होंने इस बात का जिक्र किया कि लोगों ने यह जानकर कि अब भारत स्वाधीन हो गया है, राजभवन पर कब्जा कर लिया और प्यार से अपने

नए गवर्नर राजा जी को घेर लिया। यदि यह केवल लोकसत्ता के प्रतीक-स्वरूप किया गया है तो मुझे खुशी होगी। लेकिन यदि लोग यह समझते हैं कि वे सरकारी और अन्य सम्पत्ति के साथ चाहे जो कुछ कर सकते हैं तो इससे मुझे दुख होगा। यह तो अपराधपूर्ण अराजकता होगी। इसलिए मुझे उम्मीद है कि लोगों ने स्वेच्छा से और उसी तत्परता के साथ गवर्नर निवास को खाली कर दिया होगा जिस तत्परता के साथ उन्होंने उस पर कब्जा कर लिया था। मैं आपको आगाह करना चाहूँगा कि अब जबकि आप स्वाधीन हो गए हैं तब आपको स्वाधीनता का विवेक और संयम से उपयोग करना है। आपको यह समझ लेना चाहिए कि भारत में रहनेवाले यूरोपीयों के साथ आपको वैसा ही व्यवहार करना है, जैसे व्यवहार की आप उनसे अपने लिए अपेक्षा करते हैं। आपको यह जान लेना चाहिए कि आप अपने अतिरिक्त और किसी के स्वामी नहीं हैं। आपको किसी को उसकी इच्छा के विरुद्ध कोई कार्य करने के लिए बाध्य नहीं करना चाहिए।

चमत्कार अथवा संयोग

शहीद साहब सुहरावर्दी और मैं बेलिया घाट में, कहा जाता है, जहाँ मुसलमान भाइयों का काफी नुकसान हुआ, बुधवार को अर्थात् 13 अगस्त को पहुँचे और 14 अगस्त को ऐसा लगा मानो हिन्दुओं और मुसलमानों में लड़ाई कभी हुई ही नहीं थी। दोनों हजारों की संख्या में परस्पर एक-दूसरे से गले मिलने लगे; जहाँ जाने में डर लगता था वहाँ निस्संकोच आने-जाने लगे, हिन्दुओं को मुसलमान मस्जिदों में ले गए और हिन्दू मुसलमानों को मन्दिरों में। दोनों "जय हिन्द" का उद्घोष करते हैं अथवा "हिन्दू-मुस्लिम एक हो" का नारा लगाते हैं। हम मुसलमान के घर में रह रहे हैं। मुसलमान सेवक और सेविकाएँ बहुत उत्साह के साथ काम करती हैं। मुसलमान स्वयंसेवक खाना बनाते हैं। खादी प्रतिष्ठान से बहुत लोग आने को आतुर थे लेकिन मैंने मना कर दिया। हमारा निश्चय था कि मुसलमान भाई-बहन जो देंगे उसी से सन्तोष करेंगे और अपने इस निश्चय के निर्वाह में कोई बाधा नहीं आई। इसके विपरीत, लाभ ही हुआ है। यहाँ दिन-भर में असंख्य हिन्दू-मुसलमान आते हैं और जयघोष करते हैं। हर घड़ी यह समाचार मिल रहा है कि दोनों का उत्साह बढ़ता जाता है।

इसे चमत्कार कहें अथवा संयोग? भाईचारे की इस भावना को किसी नाम से पुकारें लेकिन यह स्पष्ट है कि मुझे चारों ओर से यह जो यश मिल रहा है वह तनिक भी उचित नहीं है। तो फिर क्या इसके हकदार शहीद साहब हैं? यह भी ठीक नहीं लगता। यह कोई एक-दो व्यक्तियों का काम नहीं है। हम सब ईश्वर

के हाथों के खिलौने हैं। वह जैसा नाच नचाता है वैसा हम नाचते हैं। हम अधिक-से-अधिक इतना ही कर सकते हैं कि उसका विरोध न करें बल्कि उसके अधीन होकर रहें। इसके अनुसार तो इतना ही कहा जा सकता कि इस चमत्कार के लिए उसने हम दोनों का उपयोग किया है और कर रहा है। अपने बारे में तो मैं केवल इतना ही कह सकता हूँ कि मैं बचपन से जिस चीज का सपना देखता आया हूँ क्या वह अब मेरी उत्तरावस्था में साकार होगा। देखें, क्या होगा? यदि हम ईश्वर पर पूर्ण श्रद्धा रखें तो यह घटना न तो चमत्कार है और न संयोग। अनेक ऐसी घटनाएँ होती ही हैं जिनके फलस्वरूप हिन्दू-मुसलमान दोनों परस्पर एक हो जाने के लिए तैयार हो गए थे। इसी बीच हम दोनों यहाँ आ गए और यश के भागी बन गए। इस समय तो मुझे खिलाफत के आरम्भ के दिनों की याद आती है। तब तो यह नई-नई चीज थी और फिर हमारे समक्ष खिलाफत और स्वराज्य के आदर्श थे। आज तो ऐसा कुछ नहीं है। हमने जहर का प्याला पिया है, इसलिए अब यह भाईचारा रूपी अमृत का प्याला बहुत मीठा लगना चाहिए और इससे कभी अघाना नहीं चाहिए।

इस समय के जयघोष में दोनों के मुख से हिन्दुस्तान और पाकिस्तान के 'जिन्दाबाद' के स्वर भी निकलते हैं। मुझे ये दोनों उचित लगते हैं। कारण चाहे जो हो, पाकिस्तान दोनों की सम्मति से ही बना है। दोनों एक-दूसरे के दुश्मन न हों, और यहाँ तो यही लगता है कि नहीं हैं, तो फिर दोनों के लिए 'जिन्दाबाद' कहने में कोई भूल नहीं है। बल्कि यदि दोनों मित्र बनकर रहें तो दोनों के लिए 'जिन्दाबाद' न कहना विश्वासघात का द्योतक होगा।

बातचीत रेवरेंड जॉन केलास से कलकत्ता, 16 अगस्त, 1947

बातचीत में मुख्यतः शिक्षा, धर्म और राज्य के आपसी सम्बन्ध पर विचार किया गया। गांधी जी ने अपना मत अभिव्यक्त करते हुए कहा कि शासन को निश्चय ही धर्मनिरपेक्ष होना चाहिए। शासन जनता के धन से किसी धर्म पर आधारित शिक्षा को बढ़ावा नहीं दे सकता। मुल्क में रहनेवाले प्रत्येक व्यक्ति को, जब तक वह शासन के सामान्य कानून का पालन करता है, बिना किसी विघ्न-बाधा के अपना धर्म मानने का अधिकार होना चाहिए। धर्म-प्रचार के कार्य में कोई हस्तक्षेप नहीं किया जाना चाहिए। लेकिन विदेशी शासन में मिशन को जिस तरह राज्य का संरक्षण प्राप्त था, उस तरह उन्हें स्वाधीन भारत में राज्य की ओर से संरक्षण प्रदान नहीं किया जा सकता। प्रधानाचार्य केलास के साथ इन मामलों पर विचार-विमर्श करते हुए गांधी जी ने प्रसंगवश कहा कि हालाँकि हमने अंग्रेजों की राजनीतिक गुलामी का जुआ उतार

फेंका है लेकिन सांस्कृतिक गुलामी का जुआ हम अभी नहीं उतार पाए हैं। उन्होंने अपनी विशिष्ट शैली में कहा :

हमने विदेशी शक्ति को तो हटा दिया है, लेकिन हम अदृश्य विदेशी प्रभाव से मुक्त नहीं हुए हैं।

मैं जिस नवीन भारत का सपना देखता हूँ उससे मैं यह अपेक्षा करूँगा कि भारत में अपने नैसर्गिक परिवेश के अनुरूप एक नए जीवन का शिलान्यास करे। आज संसार के प्रत्येक राज्य में हिंसा को तथाकथित आत्मरक्षा प्रयोजन के लिए ही सही—वह दर्जा प्राप्त है जो जीवन के श्रेयस्कर तत्वों के प्रतिकूल है।

समाज श्रेष्ठतम तत्वों का पुनर्गठन ही नए भारत का उद्देश्य होना चाहिए और यह भी सम्भव हो सकेगा जब हम गुंडागर्दी को आज जो दर्जा प्राप्त है, उसे खत्म कर सकेंगे।

इसके बाद एक अध्यापक ने, जो वैज्ञानिक थे, गांधी जी से पूछा कि यदि स्वाधीन भारत की सरकार वैज्ञानिकों से युद्ध को बढ़ावा देने के साधनों और परमाणु बम के बारे में अनुसन्धान कार्य करने के लिए कहे तो उन्हें क्या करना चाहिए? गांधी जी ने तत्काल उत्तर दिया कि जो व्यक्ति सच्चे अर्थों में वैज्ञानिक है उसे मरते दम तक ऐसे शासन का प्रतिरोध करना चाहिए।

भाषण प्रार्थना सभा में कलकत्ता, 16 अगस्त, 1947

गांधी जी ने इस बात पर अपनी प्रसन्नता व्यक्त की कि चित्तरंजन सेवा सदन में एक हरिजन वृद्धा मेहतरानी ने, जो निष्ठापूर्वक संस्था की सेवा करती आई है, तिरंगा झंडा फहराया। इसी तरह एक जिला कांग्रेस कमेटी के लिए "जिसका नाम इस समय गांधी जी को याद नहीं रहा" एक हरिजन बालिका ने झंडा फहराया। ये सब कार्य सही दिशा में किए जा रहे हैं। और कलकत्ता के लोगों की मौजूदा भाईचारे की भावना के अनुरूप हैं। उन्होंने कहा कि मैं आशा करता हूँ कि यह भावना स्थायी सिद्ध होगी और हिन्दू धर्म में अस्पृश्यता अथवा असमानता का चिह्न भी नहीं रह जाएगा तथा एक ही ईश्वर की सन्तान हिन्दू व मुसलमान आपस में कभी नहीं लड़ेंगे। यदि यह भावना कायम रही तो यह सारे भारत में फैल जाएगी और तब नोआखली अथवा पंजाब में दंगों का कोई भय नहीं रहेगा।

इसके बाद गांधी जी ने भीड़ के गवर्नमेंट हाउस पर कब्जा कर लेने की घटना की चर्चा की। इतिहासकारों का कहना है कि प्राचीन भारत में लोगों को घरों में ताले बन्द करने की जरूरत नहीं पड़ती थी। राजराज्य में चोरी का नामोनिशान नहीं था। सच्चाई और ईमानदारी की हमारी ऐसी परम्परा रही है। यह शर्म की बात है कि गवर्नमेंट हाउस को खाली करवाने के लिए सेना बुलानी पड़ी। मुझे यह जानकर भी

दुख हुआ कि गवर्नमेंट हाउस से कोई पट्टिका चुरा ली गई। पट्टिका के वापस दिए जाने के समाचार से मुझे प्रसन्नता होगी। इसके बाद गांधी जी ने लोगों को बताया कि एक अमरीकी मित्र ने जो कायदे आजम के साथ थे, परसों मुझे बताया कि कायदे आजम ने कहा है कि अब भारत संसार को दिखा देगा कि हिन्दुओं और मुसलमानों में परस्पर कोई झगड़ा नहीं है और वहाँ कोई बहुसंख्यक या अल्पसंख्यक जाति नहीं है। आपके गवर्नर राजा जी ने भी इस बात की पुष्टि की है।

भाषण मुसलमान व्यापारियों की सभा में कलकत्ता, 31 अगस्त, 1947

धनवानों के समक्ष अपने भाषण में गांधी जी ने कहा कि मैं आपके सामने भिखारी के रूप में आया हूँ। पढ़ाई समाप्त करने के बाद जब मैंने अपना जीवन आरम्भ किया, तो मैंने पाया कि मुझमें गरीब और अमीर दोनों से भीख माँगने की योग्यता है। मुझे उम्मीद है कि मेरी अपील व्यर्थ नहीं जाएगी। पुनर्निर्माण और पुनर्वास के दो उपाय हैं या तो सरकार इसके लिए धन उपलब्ध कराएँ या कलकत्ता के धनी लोग। मेरी राय में यदि सरकार धन मुहैया करेगी, तो उसमें कोई विशेषता न होगी। अगर धनवान लोगों ने यह कर्तव्य पूरा किया तो इसकी विशेषता दुगुनी हो जाएगी। ऐसा करके वे नागरिक होने के नाते स्वेच्छा से अपना कर्तव्य निबाहेंगे और विभिन्न समुदायों के बीच सच्ची दोस्ती का यह एक अच्छा सबूत होगा।

महात्मा गांधी ने अपने भाषण में हिन्दू-मुस्लिम एकता को मजबूत बनाने के लिए आयोजित उस समारोह के आयोजकों को बधाई दी। उन्होंने उन लोगों से कहा कि आप धन इकट्ठा करने के लिए और पुनर्वास के कार्य पर उसे खर्च करने के लिए अपनी समितियाँ बनाएँ। जो लोग धन देने की स्थिति में हैं और जिनकी इस कार्य में रुचि है वे एक साथ बैठकर इसके लिए कार्यक्रम तैयार करें। ये बेचारे पीड़ित जिस तरह की बस्तियों में रहने को मजबूर रहे हैं, केवल उसी प्रकार की बस्तियों में इनके पुनर्वास के प्रबन्ध की बात आपको नहीं सोचनी चाहिए। आपको अधिक विचार इस पर करना चाहिए कि ये लोग किस तरह आराम से रह सकते हैं।

जिनके पास पैसा है, उन्हें यह नहीं सोचना चाहिए कि वह सिर्फ उन्हीं के लिए है। वास्तव में, उन्हें स्वयं को उस धन का न्यासी मानना चाहिए और उसे पीड़ित लोगों के हितार्थ खर्च करना चाहिए। आप जानते हैं कि आपके मुख्यमंत्री डॉ. प्र.च. घोष पुनर्वास कार्य के लिए एक करोड़ रुपया चाहते हैं। आपको उस कार्य में अपना सहयोग देना चाहिए। अगर हिन्दू और मुसलमान, धनी व गरीब मिलकर काम कर सकें तो इसका असर पूर्वी और पश्चिमी पंजाब के लोगों पर अवश्य पड़ेगा और आप जो कार्य यहाँ करेंगे वह सारे देश का कार्य होगा।

बड़ी-बड़ी सभाएँ बेशक जरूरी हैं किन्तु वे ही सब कुछ नहीं हैं। लोगों को सन्तोषजनक तरीके से फिर से बसाना ही स्थायी दोस्ती का रास्ता है। सभी दलों और समूहों को इस दिशा में कार्य करना है। दिलों की सफाई के लिए यह आवश्यक है कि सब लोग बीती बातों को भूल जाएँ। बीती बातों को भूल जाने की आदत ठीक तरह से डाली जाए तो वह एक बड़ी नियामत बन जाती है। यह मनुष्य के लिए ईश्वर का एक अमूल्य वरदान है। अगर आप लोगों में बीती बातों को भूल जाने की शक्ति नहीं है तो धनी लोग दान देने के लिए अपनी जेब में हाथ नहीं डाल पाएँगे। उन्होंने धनवानों से कहा कि मेरे और शहीद साहब के चले जाने के बाद आप लोग आपस में सलाह करें और जब तक समझदारी के किसी निर्णय पर न पहुँच जाएँ, तब तक होटल से न जाएँ।

पत्र वल्लभभाई पटेल को (कलकत्ता, 1 सितम्बर, 1947)

चि. वल्लभभाई,

तुम्हारा पत्र मिला। नवाब भोपाल का पत्र विचित्र है। मुझे पसन्द नहीं आया। तुम्हारा काम बहुत कठिन है। ईश्वर तुम्हें बल दे। यदि नवाब भोपाल सच्चा खेल खेलें तो हैदराबाद का मामला आसान हो जाएगा। यही बात पाकिस्तान समझो।

तुम्हें मैंने अपना कार्यक्रम भेजा तो है। किन्तु वह भी अब तो रद्द जैसा है। कल सुबह मुझे नोआखली जाना था। इस कारण शहीद साहब अपने घर चले गए। इस घर में मैं ही एक बुजुर्ग था। दिनशा मेहता अवश्य अभी यहीं है। पर क्या कर सकते हैं? भाषा उन्हें आती नहीं और भारी-भरकम शरीर काम नहीं आता।

मछुआ बाजार में एक आदमी को छुरे के घाव लगे। किसने मारा, यह पता नहीं चला। लोग प्रदर्शन के लिए उसको यहाँ ले आए। शायद शहीद सुहरावर्दी पर हमला करने का इरादा था, वे यहाँ नहीं मिले। इस कारण मुझ पर गुस्सा उतारा। आँगन में शोर मचने लगा। दोनों लड़कियाँ भीड़ के बीच चली गईं। मैं लेटा हुआ था किन्तु नींद नहीं आई थी, आने ही वाली थी। यह सोचकर कि मुझे कहीं कुछ न हो जाए, घर की मुसलमान मालकिन मेरे पास आई। मैं भी चेत कर उठ गया और मौन तोड़ दिया। ऐसे मौके पर तो मौन तोड़ना ही था। मैं भीड़ में घुस गया किन्तु दोनों लड़कियाँ मुझे छोड़ती ही नहीं थी। दूसरे लोगों ने भी मुझे घेर लिया। काँच धड़ाधड़ टूटने लगे, दरवाजे भी टूटने लगे। छत के पंखे के बिजली के तार तोड़ने का प्रयत्न भी हुआ मगर ज्यादा तार तोड़ नहीं पाए। मैं भीड़ को शान्त करने के लिए चिल्लाने लगा किन्तु कौन सुनता था? फिर मेरी भाषा तो हिन्दुस्तानी थी और वे थे बंगाली। कुछ मुसलमान भी मेरे पास ही थे। मैंने उन्हें पलटकर हमला करने की मनाही कर

दी। इस कारण वे सब मेरे आस-पास खड़े ही रहे। दो दल थे, एक रोष को शान्त करने वाला और दूसरा भड़कानेवाला। दो आदमी पुलिस के थे। उन्होंने भी हाथ नहीं उठाया। हाथ जोड़कर उन्होंने आवाज लगाई और मुझे रोका। कल्याण ''टाइपिस्ट'' ने कहा कि अब मैं अन्दर जा बैठूँ। बिसेन बीच में था, वह सिर्फ पाजामा पहने था, इस कारण मुसलमान लगता था। ईंट भी फेंकी गई; एक मुसलमानों को ईंट लगी किन्तु कोई घायल नहीं हुआ। वह ईंट मेरे ऊपर पड़ती। इतने में पुलिस का बड़ा अफसर आ गया। मकान को अच्छी तरह नुकसान पहुँचाने के बाद सब नौजवान तितर-बितर हो गए। प्रफुल्ल बाबू और अन्नदा आ गए। प्रफुल्ल ने और ज्यादा पहरा बिठाने का विचार रखा किन्तु मैंने मना कर दिया। सबका शक हिन्दू महासभा पर है। मैंने उनसे कहा कि दंगाइयों को पकड़ने से पहले श्यामा प्रसाद और चटर्जी से मिल लें और जल्दबाजी में कुछ न करें। यहाँ पर ऐसा हाल है। रात के साढ़े बारह बजे सो पाया। उठना तो नियत समय पर ही होता है।

तुम जवाहरलाल से मिलो तो यह सब बता देना।

यह संलग्न तार पढ़ना। मुझे कुछ सूझ नहीं पड़ता। मेरी आशाएँ तुम दोनों पर टिकी हुई हैं। तार के पीछे मेरे जवाब की नकल है। उपर्युक्त स्थिति में यहाँ मौजूद हूँ, यही समझो। ''कल किसने देखा है।''

वक्तव्य (समाचार पत्रों को, 1 सितम्बर, 1947)

मुझे खेद के साथ आपको बताना पड़ रहा है कि पिछली रात कुछ नौजवान हमारे अहाते में एक आदमी को लाये जिसको पट्टियाँ बाँधी हुई थीं। कहा गया कि उस पर कुछ मुसलमानों ने आक्रमण किया था। मुख्यमंत्री ने उसकी डॉक्टरी जाँच करवाई, जिसकी रिपोर्ट यह थी कि उसके शरीर पर छुरे का कोई घाव था ही नहीं, हालाँकि कहा गया था कि उसे छुरे के घाव लगे हैं। तथापि, मुख्य मुद्‌दा यही नहीं है कि चोटें गम्भीर थीं या नहीं। मैं तो इस बात पर जोर देना चाहता हूँ कि उन नौजवानों ने स्वयं जज और जल्लाद बनने की कोशिश की। यह सब कलकत्ता के समय के अनुसार रात दस बजे के लगभग हुआ। उन लोगों ने खूब जोर-से शोर मचाना शुरू कर दिया। मेरी नींद में खलल पड़ चुका था मगर मैंने शान्त लेटे रहने का यत्न किया क्योंकि मुझे मालूम नहीं था कि क्या हो रहा है। मैंने खिड़की के शीशे टूटने की आवाज सुनी। मेरी दोनों ओर दो बड़ी बहादुर लड़कियाँ लेटी हुई थीं। वे सो तो नहीं सकती थीं किन्तु मैंने आँखें मूँद रखी थीं, इस कारण मेरी जानकारी के बिना वे बाहर उस छोटी भीड़ में चली गईं और उन्हें शान्त करने का प्रयत्न करने लगीं। भगवान का शुक्र है कि उस भीड़ ने उनको कोई नुकसान नहीं पहुँचाया। घर की वृद्ध

मुसलमान महिला, जिन्हें प्यार से बी–अम्मा कहा जाता है, और एक मुसलमान नौजवान, दोनों मेरी चटाई के आस-पास मेरे खयाल से, मेरी रक्षा के लिए खड़े रहे।

शोर बढ़ता गया। कुछ लोग बीच वाले बड़े कमरे में घुस आए और वहाँ के बहुत से दरवाजे उन्होंने धक्के देकर खोलने शुरू कर दिए। मुझे लगा कि मुझे उठकर गुस्से से भरे समूह का सामना करना चाहिए। मैं एक दरवाजे की चौखट पर खड़ा था और मेरे चारों ओर हितैषियों के ही चेहरे दिखाई दे रहे थे, जो मुझे आगे बढ़ने से रोक रहे थे। ऐसे मौकों पर मौन तोड़ना मेरे मौनव्रत के अनुकूल है, इस कारण मैं मौन तोड़कर क्रुद्ध युवकों से शान्त हो जाने की विनती करने लगा। मैंने अपनी बंगाली पौत्र-वधू से कहा कि वह मेरी छोटी-सी बात का बंगला में अनुवाद कर दे। किन्तु कोई लाभ न हुआ। वे लोग समझदारी की बात सुनने के लिए तैयार ही नहीं थे।

मैंने हिन्दू रीति के अनुसार हाथ जोड़ दिए किन्तु कुछ न बना। खिड़कियों के और शीशे टूटने लगे। भीड़ में से भलमनसाहत से प्रेरित लोगों ने उन्हें शान्त करने की कोशिश की। वहाँ दो पुलिस अफसर थे। उनकी तारीफ में कहना होगा कि उन्होंने अपने अधिकार प्रयोग करने की कोशिश नहीं की। उन्होंने भी हाथ जोड़कर विनती की। एक लाठी का वार हुआ किन्तु मैं और मेरे आस-पासवाले उससे बच गए। मेरी ओर फेंकी गई ईंट से पास खड़े एक मुसलमान मित्र को चोट पहुँची। दोनों लड़कियाँ मेरे पास से नहीं हटीं और अन्त तक मुझे पकड़े खड़ी रहीं। इस बीच पुलिस अधीक्षक और उनके अफसरान अन्दर आ गए। उन्होंने भी कोई बल-प्रयोग नहीं किया और मुझसे हट जाने की प्रार्थना करते रहे क्योंकि तभी वे उन नौजवानों को शान्त कर पाते। कुछ समय के बाद भीड़ छँट गई।

अहाते के फाटक के बाहर क्या हुआ, वह मैं नहीं जानता, सिवाय इसके कि भीड़ को तितर-बितर करने के लिए पुलिस को आँसू गैस का उपयोग करना पड़ा। इस बीच डॉ. प्र.च. घोष, अन्नदा बाबू और डॉ. नृपेन भीतर आ पहुँचे और कुछ देर विचार-विमर्श करके चले गए, सौभाग्य से दूसरे दिन नोआखली के लिए रवाना होने की तैयारी करने के लिए शहीद साहब पहले ही घर जा चुके थे। ऐसी अशुभ घटना को देखते हुए, जिसके विषय में कोई नहीं कह सकता कि उसका अन्त कहाँ होगा, मैं कलकत्ता छोड़कर नोआखली जाने की नहीं सोच सकता।

इस घटना से हमें क्या सबक मिलता है? मेरे सामने यह बात स्पष्ट है कि इतनी कीमत चुकाकर भारत ने जो आजादी प्राप्त की है उसे कायम रखने के लिए सभी स्त्री-पुरुषों को भीड़-न्याय बिलकुल भुला देना है। जो कोशिश की गई थी, वह तो भीड़-न्याय की मामूली-सी नकल मात्र है। अगर मुसलमानों ने बुरा बरताव किया था और शिकायतकर्ता मंत्रियों के पास नहीं जाना चाहते थे तो वे मेरे पास या मेरे मित्र शहीद साहब के पास तो अवश्य आ सकते थे। यही बात मुसलमान शिकायतकर्ताओं

पर भी लागू होती है। यदि सभ्य समाज के बुनियादी नियमों का ही पालन न किया जाए तो कलकत्ता में या कहीं भी शान्ति बनाए रखने का कोई रास्ता सम्भव नहीं है। लोग पंजाब में या भारत से बाहर होनेवाले बर्बरतापूर्ण कृत्यों पर ध्यान न दें। कोई भी व्यक्ति कानून अपने हाथों में न ले...यह सुनहला नियम सब पर सर्वत्र समान रूप से लागू होता है।

पटना से मेरे सेक्रेटरी देवप्रकाश का तार आया : "पंजाब की घटनाओं से जनता उत्तेजित है। लगता है, यह जरूरी है कि आप एक वक्तव्य देकर जनता को और समाचार पत्रों को उनके कर्तव्य की याद दिलाएँ।" श्री देवप्रकाश अकारण उत्तेजित कभी नहीं होते। समाचार पत्रों में अवश्य कोई असावधानीपूर्ण बात की गई होगी। अगर ऐसी ही बात है तो इस समय जबकि हम बारूद के ढेर पर बैठे हैं, पत्रकार-वर्ग को विशेष रूप से विवेक और संयम से काम लेना है। अविवेक तो उसमें चिनगारी का काम करेगा। मैं आशा करता हूँ कि प्रत्येक सम्पादक और संवाददाता पूरी तरह अपने कर्तव्यों को समझेगा। मुझे एक चीज का उल्लेख अवश्य करना होगा। मुझे एक सन्देश मिला है जिसमें मुझसे तत्काल पंजाब आने को कहा गया है। कलकत्ता में फिर से दंगे भड़कने की अनेक प्रकार की अफवाहें सुनने में आ रही है। आशा है कि वे निराधार न सही पर अतिरंजित अवश्य होंगी। कलकत्ता के नागरिकों को मुझे फिर से आश्वस्त करना होगा कि यहाँ कोई गड़बड़ नहीं होगी और यहाँ जो शान्ति स्थापित हो चुकी है वह भंग नहीं होगी। शान्ति स्थापना के पहले दिन अर्थात् पिछली 14 अगस्त से ही मैं कहता आया हूँ कि यह शान्ति शायद अल्पकालिक शान्ति भर ही है। कोई चमत्कार तो हुआ नहीं था। क्या मेरी यह आशंका सच्ची सिद्ध होगी और कलकत्ता मे फिर से जंगल का कानून लागू हो जाएगा? हम यही आशा करें कि ऐसा नहीं होगा, हम सर्वशक्तिमान से प्रार्थना करें कि वह हमें सद्प्रेरणा दें और हम दुबारा पागलपन के शिकार न हों।

मेरे मौन काल में लगभग चार बजे यह सब लिख चुकने के बाद मुझे शहर के विभिन्न भागों में होनेवाली वारदातों की तफसीलें काफी अच्छी तरह मिल गई हैं। कल तक जो जगहें सुरक्षित थीं, अब अचानक वे असुरक्षित हो गई हैं। कई मौतें हो चुकी हैं। मैंने दो अत्यन्त दरिद्र मुसलमानों के शव देखे। कुछ दयनीय जैसे मुसलमान भी मैंने देखे, जिन्हें गाड़ी में सुरक्षित स्थान पर ले जाया जा रहा था। मैं साफ देखता हूँ कि पिछली रात की घटना, जिसका मैंने विस्तार से वर्णन किया है, इस नए उभरनेवाले उपद्रव के सामने बिलकुल फीकी पड़ जाती है। मेरे यहाँ-वहाँ आने-जाने से यह खुले तौर पर भड़क रही ज्वाला शायद ही थमे। शाम को मुझसे मिलने जो मित्र आए थे उन्हें मैंने उनका कर्तव्य बताया था। किन्तु इस सड़ांध को रोकने के लिए मुझे क्या करना होगा? सिख और हिन्दू यह न भूलें कि पिछले कुछ

दिनों में पूर्वी पंजाब (मेवात) में क्या हुआ है। अब पश्चिमी पंजाब के मुसलमानों ने पागलपन के कारनामे शुरू कर दिए हैं। कहा जाता है कि सिख और हिन्दू पंजाब की घटनाओं के कारण क्रुद्ध हो उठे हैं।

मैंने ऊपर उल्लेख किया है कि मुझे शीघ्र ही पंजाब आने का सन्देश मिला है। मगर अब तब कलकत्ता में यह बुलबुला फूट गया है तो मैं कौन सा मुँह लेकर पंजाब जा सकता हूँ? आज तक जो शस्त्र मेरे लिए अचूक सिद्ध होता आया है, वह है उपवास। चीखती-चिल्लाती भीड़ के सामने जाकर खड़े हो जाना हमेशा कारगर सिद्ध नहीं होता। पिछली रात को तो यह तरीका निसन्देह कामयाब नहीं हुआ। जो काम मेरे मुँह से निकले हुए शब्द नहीं कर पाते, उसे शायद मेरा उपवास कर दे। यदि कलकत्ता के लोगों के दिलों पर उसका असर हो जाए तो सम्भवतः पंजाब के दंगारत तत्वों पर भी उसका असर हो। अतः आज रात को सवा आठ बजे से मैं उपवास आरम्भ करूँगा, और वह सिर्फ उसी हालत में और तभी समाप्त होगा जब कलकत्ता के लोग अपना पागलपन छोड देंगे। जैसा कि उपवास के दौरान मैं करता हूँ जब भी मैं पानी चाहूँगा तब मैं उसमें नमक और सोडा बाइकार्ब डालने की छूट रखूँगा।

यदि कलकत्ता निवासियों की यह इच्छा है कि मैं पंजाब जाकर वहाँ लोगों की मदद करूँ तो वे शीघ्रप्रतिशीघ्र मुझे अपना उपवास तोड़ने में मदद करें।

भाषण (उपवास तोड़ने के पूर्व, कलकत्ता, 4 सितम्बर, 1947)

यह फाका तोड़ने के पहले आपको कुछ कहना चाहता हूँ। मैं यह उपवास तोड़ता हूँ क्योंकि मैं पंजाब के लिए कुछ कर सकूँ। यह फाका छूटता है सिर्फ आप लोगों के इतबार पर। और कुछ मैं नहीं जानता हूँ। अगर इसमें कोई भी ऐसी बात होगी जिससे मुझको पछताना पड़े तो बहुत बुरी बात होगी। मुझको जीना पसन्द है। बहुत लोग कहते हैं, जीना अच्छा है क्योंकि तुम और खिदमत कर सको। मेरे में जीने की शक्ति है, मुझको अच्छा लगेगा लेकिन जानबूझकर मैं धोखे में नहीं पड़ना चाहता हूँ। यहाँ जितने हिन्दू-मुस्लिम पड़े हैं उनसे आशा रखता हूँ कि मुझको दुबारा फाका नहीं करना पड़ेगा। मुझको पहले दिन राजा जी ने कहा था, क्या आप कोई आशा रखकर फाका करते हैं? मैंने कहा था, मुझको कोई ज्यादा फाका करने नहीं देंगे, तीन दिन हुआ, तीस दिन भी हो सकता था।

फिर भी आप लोगों को सावधान करना चाहता हूँ कि यह होने के बाद आप लोग सोना नहीं। इसका असर नोआखली, पंजाब में पड़ेगा। नोआखली में तूफानी मुसलमान पड़े हैं। अगर यहाँ कुछ गोलमाल हो जाए तो वहाँ मैं किस तरह रोक सकता हूँ? कलकत्ता ही सारे हिन्दुस्तान की शान्ति की चाबी है। कुछ कमाना है या

महल बनाना है तो बनाइए लेकिन सारी दुनिया जल जाए तो भी कलकत्ता को नहीं जलना चाहिए। ईश्वर सबको सन्मति दे। इन लड़कियों ने अभी ही सुनाया "ईश्वर अल्लाह तेरे नाम, सबको सन्मति दे भगवान"। बाकी आप और मेरे बीच में भगवान तो पड़ा ही है।

सिर्फ मुसलमानों के लिए

एक पत्र लिखनेवाले भाई ने इस बात की तरफ मेरा ध्यान खींचा है कि पहले मैंने रेलवे स्टेशनों पर हिन्दुओं और मुसलमानों के पानी के लिए अलग-अलग बरतनों के इस्तेमाल को बुरा बताया था लेकिन आज तो रेलगाड़ियों में सिर्फ मुसलमानों के लिए और गैर-मुसलमानों या हिन्दुओं के लिए अलग डिब्बे सुरक्षित किए जाते हैं। मैं नहीं जानता कि यह बुराई कहाँ तक फैली है लेकिन मैं यह जरूर जानता हूँ कि यह विभेद हिन्दुओं और सिखों के लिए बड़ी शर्म की बात है। मेरे खयाल में सिर्फ मुसलमानों की जान की हिफाजत करने के लिए ही रेलवेवालों को यह फर्क करना जरूरी मालूम हुआ है। अगर हिन्दू और सिख लोग मुसलमान मुसाफिरों के साथ बेजान माल-असबाब की तरह कभी बरताव न करने का निश्चय कर लें और रेलवे अधिकारियों को इस बात का विश्वास दिला दें कि ऐसा अपराध वे फिर कभी न करेंगे, तो यह फर्क किसी भी दिन "जितना जल्दी हो उतना अच्छा" बन्द किया जा सकता है। यह भी तभी हो सकता है, जब लोग अपने पापों को खुलेआम स्वीकार करें और समझदार बन जाएँ। यह बात मैं इस बात का विचार किए बिना कहता हूँ कि पाकिस्तान में आज तक क्या हुआ है या आगे क्या हो सकता है।

गांधी का सपना पूरा करें

आज बहुत सारे लोग कहते हैं कि बापू ने भारत का विभाजन होने दिया। यह कार्य उन्होंने पुत्र मोह में किया। नेहरू और जिन्ना दोनों प्रधानमंत्री बनना चाहते थे। दोनों को ही प्रधानमंत्री बनना तो अखंड भारत का विभाजन जरूरी था। वास्तव में बापू तो विभाजन को टालने के लिए जिन्ना को भी प्रधानमंत्री बना सकते थे। आखिरी दिनों में भारत के सभी नेताओं के साथ बातचीत करके विभाजन के दर्द को दूर करने के सभी तरीके खोज रहे थे। लेकिन वह ज्यादा दिन ज़िन्दा नहीं रह सके इसलिए विभाजन का दर्द नहीं मिटा।

बापू युगपुरुष और अद्‌भुत व्यक्ति तो थे लेकिन दिखने में साधारण इनसान लगते थे। उनके विषय में मेवात के एक कवि ताराचन्द्र प्रेमी लिखते हैं–

चरवाहे सी लाठी पकड़े, चिकनी पतली छोटी।
बप्पा जैसी घड़ी कमर में, ताउ जैसी धोती॥
मुंशी जी की तरह लगी है, ऐनक भी आँखों पर।
तेरे जैसी चप्पल पहने, नानी जैसी चादर॥
चेहरा तो लगता है मानो कई जन्म से मौन है।
अम्मा बतला तो सही यह बाबा जैसा कौन है॥

लेकिन उनकी वचन शक्ति का अद्‌भुत प्रभाव था।

19 दिसम्बर, 1947 को लाखों की संख्या में उजड़ते मेवों को रोकने का वचन जो घासेड़ा गाँव में उन्होंने मेवों को दिया था, उससे मेव उजड़ने के बाद भी दुबारा अपनी जगह पर बस गए। यह एक उनकी वाणी का जादुई करिश्मा था। पंजाब के मुख्यमंत्री डॉ. गोपीचन्द भार्गव भी उनके साथ थे। वे चाहते थे कि मेव यहाँ से उजड़कर चले जाएँ। तब अंग्रेजी हुकूमत ने मेवों को जरायमपेशा जातियों की सूची में रखा था।

उस दिन की मेवों की सभा में शामिल तारा चन्द्र प्रेमी ने मुझे 19 अप्रैल, 2009 को अपने मन की बात बापू के विषय में क़विता गाकर सुनाई–

"पतली लाठी छोटी धोती दो सूतों के तार की।
बापू की वाणी में ममता थी सारे संसार की॥

एक चदरिया में सिमटा सा विश्व भरा विश्वास था।
दुबला-पतला बापू लाखों जन-मन-गण की आश था॥
मानो मानव की सेवा में उनका तीर्थ धाम था।
उनके रोम-रोम में छाया रघुपति राघव राजा राम था॥
सूलों में भी फूल बिछाना गांधी जी का काम था॥''

उस दिन बापू ने कठोर शब्दों में कहा कि मेव यदि जरायमपेशा सूची में हैं तो भी उन्हें भारत देश छोड़कर नहीं जाना चाहिए। आप सब अपने आपको यहाँ रहकर सुधारें और समृद्ध बनें।

इस इतने वचन का मेवों ने जो आदर किया उसी का परिणाम है कि आज मेवात अपनी जगह सुखी और समृद्धि के रास्ते पर है। मेरे मन में बहुत गहरा सवाल है कि बापू के उक्त वचन का प्रभाव उजड़े हुए मेवों के मन पर कैसे हुआ। बापू के प्रति मेवों के मन में विश्वास होगा तभी तो बापू की बात मानकर ये पाँच लाख लोग अपनी धरती पर पुनः आकर बस गए।

मौलाना वहीदुद्दीन खान अपनी पुस्तक मेवात का सफर में लिखते हैं कि ''जो बात बापू ने 1947 में कही यही बात पिछले हजार बरस से मेव कौम के बारे में ज्यादा सही बात है। मगर बदकिस्मती से मेवों के इस राज को जाना नहीं जा सका। खुद मेव अपनी जहालत और बेशऊरी की वजह से समझता है कि अपने आपको आजाद कहलाना और शाहान देहली की हुकूमत को तसलीमन करना इनका सबसे बड़ा कारनामा है। दूसरी तरफ देहली के सलामतीन ने यह गलती की कि मेव कौम का जो रवैया महड़ा इनकी जहालत और जहजीब से इनकी दूरी की बिना पर था इसको इन्होंने ''बगावत'' पर महमूल किया। सलातीन अगर मेव कोम को जहालत का मसला समझते तो सोचते कि इस बहादुर कौम की तमद्दनी-इक्तिशादी और जेहनी हालात में तबदीली की कोशिश करनी चाहिए ताकि वह मुल्क कामुफीम अनुसार बन सके इसके बरअक्स सलातीन ने मेव कौम को बगावत का मसला समझा इसलिए यह कौम इनके लिए सरकूबी का मौजू बनी रही। पहली बार महात्मा गांधी ने चम्पारण और घासेड़ा में इस कौम को बहादुर और धरती के धनी कहकर इस कौम को सुधारने और बेहतर बनाने का संकल्प भारत के नए सलातीनों पं. जवाहरलाल नेहरू, डॉ. राजेन्द्र प्रसाद और सरदार पटेल के सामने 19 दिसम्बर, 1947 की शाम को बैठक में रखा था।''

19 दिसम्बर का दिन मेवों और मेवात के लिए इतिहास का शुभ दिवस है। इस दिन महात्मा गांधी डॉ. राजेन्द्रप्रसाद एवं जवाहरलाल नेहरू और सरदार पटेल के साथ प्रातः बिरला हाउस में बात करके जो निर्णय लिये थे, वही मेवात पहुँचकर मेवों की सभा में बोले। फिर वापस लौटकर शाम को मेवों को बसाए रखने व उनके पुनर्वास की बात की थी।

बापू ने मेवों की सभा में मेवों से कहा आपको अंग्रेज जरायमपेशा कहते हैं। अंग्रेज उन सब समुदायों को यह कहते थे जो उनके कानूनों को नहीं मानते थे या उनका विरोध करते थे। मेव तो बहादुर कौम थी। इन्होंने मुगल बादशाह की बादशाहत स्वीकार नहीं की थी। अंग्रेजों को कभी अपनाया ही नहीं। इसलिए इनके कानून जानना और मानना ये जरूरी नहीं समझते थे।

अंग्रेजों ने मेवों जैसे सभी समुदायों को जरायमपेशा कह दिया। इसी प्रकार ठगी का मामला भी है। ऐसे सब समुदाय अंग्रेज को अपना नहीं मानते थे, मध्यभारत (सी.पी. बरार क्षेत्र) में रहते थे। ये अंग्रेजों का कुछ उठा लेते थे। छिपकर ले लेते थे। उन्हें ढंग कहकर गोली मारने की घोषणा थी। कुछ ठगी करनेवाले मरते थे। ज्यादातर वैसा नहीं करनेवाले मरते थे। अंग्रेजों को उनकी औकात बतानेवालों का साहस करनेवालों को ही ठग कहकर गोली से मारा जाता था।

ठगी खत्म करने के विषय में एक व्यक्ति ने बापू से पूछा, अंग्रेजों ने ठगी खत्म कर दी। ऐसे अच्छे काम किए, इस पर बापू आपका क्या कहना है। बापू ने कहा, "अंग्रेज की गोली से ठगों की समाप्ति हुई यह कहना सत्य नहीं है। अंग्रेज सबसे बड़े ठग हैं। जिन्हें अंग्रेज ठग कह रहा है, वे जीवन को चलाने हेतु छोटी सी वस्तु बिना श्रम के लेते होंगे। अंग्रेज तो सभी कुछ बिना श्रम लेकर वही बड़ी ठगी कर रहे हैं। इसलिए जिन्हें ठग कहकर मारा गया है, उनके स्थान पर अंग्रेजों को ही बड़ा ठग कहना सत्य है। मेवों पर भी अंग्रेजों ने ऐसा ही अत्याचार किया था। मेव जो ठगी करते हैं वह गलत है लेकिन जो इन्हें ठग कहते हैं वे आज के बड़े ठग हैं। उन्हें ही सुधारने की जरूरत बनती है। यह घटना तो अंग्रेजों के जाने के बाद की है।

19 दिसम्बर के दिन एक ही दिन में भारत के राष्ट्रपिता, महात्मा गांधी ने डॉ. राजेन्द्र प्रसाद जो बाद में राष्ट्रपति बने, उस समय के प्रधानमंत्री और गृहमंत्री को बुलाकर दिन में दो बार बैठक की थी। इसका अर्थ यह है कि साम्प्रदायिक झगड़ों और भारत के विभाजन को रोकने के लिए राष्ट्रपिता महात्मा गांधी पुरजोर कोशिश कर रहे थे।

भारत के इतिहास और मेवात के इतिहास की बहुत ही अहम् बात है इसलिए यह कहना गलत है कि बापू ने भारत का विभाजन होने दिया। भारत के विभाजन को बापू अपने को निष्प्राण बनाकर भी नहीं देखना चाहते थे। उन्होंने कहा कि **भारत का विभाजन मेरी लाश पर होगा** इसलिए वह आजादी के दिन हिन्दू-मुस्लिम झगड़ों को शान्त करने व भारत को एक बनाए रखने के लिए कलकत्ता में मुसलमानों के बीच में मौजूद थे।

बापू ने कहा था कि **मैं हिन्दू हूँ, लेकिन जहाँ मुसलमान रहेंगे वहीं मैं रहूँगा।** वह भारत को एक राष्ट्र के रूप में देखना चाहते थे और एक राष्ट्र बनाए रखने के लिए

उन्होंने देश भर के मुस्लिमों के साथ जगह-जगह जाकर बातचीत करके भरोसा दिलाया और उनका विश्वास जगाए रखने की भरपूर कोशिश की थी। नौआखली, कलकत्ता, बिहार, पंजाब और मेवात सब जगह पूरे भारत में हिन्दू-मुस्लिम-सिख के बीच जाकर साम्प्रदायिक आग को बुझाने तथा साम्प्रदायिक समरसता पैदा करने में जुट रहे।

यदि वे कुछ और साल जिन्दा रहते तो बापू की कोशिश से भारत एक बन सकता था। भारत को तोड़नेवाले लोगों ने उनकी हत्या कर दी। जो भारत को एक नहीं देखना चाहते थे वे ही उनके हत्यारे बन गए। भारत को बाँटने वाली ताकतें आज बापू पर भारत को बाँटनेवाला आरोप लगाकर एक बड़ा अपराध कर रही हैं।

इस अपराध को रोकने की जरूरत है। इसलिए हम चाहते हैं कि हम धर्म के नाम पर न बटें। यही बात बापू ने राष्ट्र को समझाने की कोशिश की थी। इसलिए सर्वधर्म सम्भाव और सर्वधर्म प्रार्थनाएँ करके उन्होंने धर्म के नाम पर लगी आग को बुझाया था। इसका जीता जागता उदाहरण मेवात हैं। यहाँ के लोग 1947 में उजड़कर सोहना कैम्प में 5 लाख तादाद में इकट्ठे होकर पाकिस्तान जा रहे थे। बहुत से चले गए थे। मेवात के अच्छे पुनर्वास देखकर वापस आए।

बापू ने मेवों को भारत में बसे रहने और अपनी बुराइयों को सुधारने का सन्देश दिया था। यह प्रभावकारी सन्देश उस वक्त मेवात के लिए प्राणवायु बनकर तथा मेवों के **धरतीधर्म** को जगाकर अपनी धरती पर बसाए रखने में कामयाब हुआ।

इस पुस्तक में हमने आजादी से बापू के अन्तिम दिन तक की भारत को जोड़े रखने की कोशिशों को ढूँढ़कर एक साथ रखने की मामूली पहल की है। सत्ता के लिए देश तोड़नेवाले का सत्य सामने रखने की हमने तो बस बापू के मेवात में हुए करिश्माई काम को देखने की कोशिश से की है। बापू जैसी महान आत्मा को शत्-शत् नमन करते हुए भारत के विभाजन को रोकने की कोशिशों तथा मेवात के पुनर्वास को परोसने की हिम्मत जुटाई है।

बापू के बाद विनोबा भावे और उनके साथ चौ. यासीन खाँ, मौलाना इजाति ख़ाँ, हफीजुर्रहमान, अब्दुल हई, सत्यम भाई, खुशीराम भगवान दास सरीके जैसे लोगों की रचनात्मक कोशिशों को भी मेवात याद रखता है। मेव पुनर्वास के समय एक मेव को सरकार ने गलत तरीके से जेल भेज दिया था। उसके विषय में विनोबा ने नेहरू से उसको जेल से नहीं छूटने पर दुबारा एक माह के बाद कहा, तब नेहरू ने पलटकर कहा मैंने तो एक माह पहले ही उसे छोड़ने का आदेश दिया था। तब विनोबा बोले, **राजा बोले तो पूरा दल हिले, मियाँ बोले तो दाडी हिले। नेहरू बोले तो कुछ नहीं हिले।** इस प्रकार विनोबा नेहरू को मेवों के पुनर्वास की समस्याओं का ध्यान दिलाते थे। विभाजन का दर्द कम करने की कोशिश हुई।

विस्थापन–पुनर्वास कहलाने लगा। विभाजन नहीं रुका। दर्द भी गहराता गया। साम्प्रदायिक-धार्मिक आधार बनाकर समाज को बाँटते रहे। मेवात नहीं बँटा। मेवात के लिए बापू का बलिदान हुआ। सब कुछ मेवात से ही आया। हथियार भी, विचार भी। बापू का शरीर तो चला गया। लेकिन उनके प्राण हमारे बन गए। बापू जैसा काम तो नहीं बचा है लेकिन उनके सिद्धान्तों का सम्मान और विचार तो आज भी बचा है।

आइए महात्मा गांधी का सपना पूरा करने में जुटें

गांधी जी आज होते तो हमारे प्राकृतिक संसाधनों पर जो बहुराष्ट्रीय कम्पनियों का कब्जा बढ़ रहा है उसको रोकने की सबसे पहली कोशिश करते। बापू ने ईस्ट इंडिया कम्पनी के साम्राज्य के खिलाफ हथियार के रूप में चरखे को चुना था। समाज के मेहनत-पसीने की कमाई का एक बहुत बड़ा हिस्सा विदेशी कपड़ों के खरीद से मैनचेस्टर में जा रहा था।

आज से सौ साल पहले गांधी जी अन्याय के खिलाफ लड़ने और उसका प्रतिकार करने के लिए जन्मे थे। इसीलिए 19 दिसम्बर, 1947 को मेवात पहुँचकर मेवों को उनकी जगह ही बसे रहने का सन्देश देकर राजस्थान-हरियाणा में बसाकर रखा था। बापू के कारण मेवों ने आज मेवात बचाकर रखा। जानकार मेव महात्मा गांधी के प्रति बहुत आदर और कृतज्ञता प्रकट करते रहे हैं। उन्होंने साम्प्रदायिक सद्‌भावना बनाने हेतु मेवात के मुसलमानों को समझाया था। वे कलकत्ता और नोआखली के झगड़ों को शान्त करके पूर्वी पंजाब "मेवात" आए थे। बापू की लक्ष्य सिद्धी और सफलता के कुछ युवा बौखलाकर उन्हें शहीद बनाने में जुटे थे। यह बौखलाहट मेवात की सफलता के बाद ज्यादा बढ़ गई थी। मेवात में मिली महात्मा को सफलता चन्द लोगों को पच नहीं पाई। इसलिए मेव सभा के चालीसवें दिन ही उनका शरीर निष्प्राण बना दिया। वे युगपुरुष हैं। इसलिए सदैव हमारे साथ रहकर देश-दुनिया और मेवात को सत्य से साथ रहकर अहिंसा के रास्ते पर चलाते रहेंगे।

दक्षिण अफ्रीका में रंगभेद के अन्याय के खिलाफ सत्याग्रह की शुरुआत सबसे पहले दक्षिण अफ्रीका के डरबन रेलवे स्टेशन से की थी। यहाँ प्रथम श्रेणी का टिकट होते हुए भी वे उस डिब्बे से इसलिए उतार दिए गए क्योंकि उसमें गोरे लोग ही सफर कर सकते थे। रंगभेद के खिलाफ 20 वर्ष तक लड़कर और विजयी होकर जब वे भारत वापस लौटे तब भारतीय किसान का शोषण करनेवाली नील की खेती के खिलाफ उनका संघर्ष शुरू हो गया। लेकिन बापू इन सबका विरोध करते हुए भी बुनियादी बदलाव और गुलामी की संस्कृति से मुक्ति का रास्ता भी ढूँढ़ रहे थे।

आज़ादी की खोज में बापू को गुलामी से मुक्ति का सहज रास्ता चरखे में मिल गया। मेवात के मेवों की आज़ादी, उन्हें उनके स्थान पर बसाए रखकर प्रदान कराई थी। साम्प्रदायिक आग ने उनके 150 अन्तिम दिन बहुत ही चुनौतीपूर्ण बना दिए थे। ये दिन भारत की आज़ादी के शुरुआत के दिन हैं। आज़ादी ने बापू की पूछ कम कर दी थी।

भारत सरकार चलानेवाले नेता गांधी का बहुत सम्मान तो करते थे लेकिन उनके बताए रास्ते पर चलने को तैयार नहीं थे या कहते बापू का रास्ता कठिन है। भारत निर्माण के लिए सरल, सामाजिक, जो कुछ सूझा वही करना चाहते थे। रूस का विकास सेकुलर समाजवाद उनका आदर्श बना। बड़ी-बड़ी विकास योजनाएँ जिनमें विस्थापन, विकृति और विनाश सब ही कुछ निहित मानकर चलाई गई विकास का हिस्सा मानकर उस विस्थापन को स्वीकार कर लिया गया। इसीलिए मेवात भी विस्थापित होने के कगार पर था। इसे बापू ने ही रोका। मेवात का विस्थापन होना रुक गया।

बापू ने चरखे को अपनी आर्थिक सोच का प्रतीक माना था, उनका मानना था कि यांत्रिक और केन्द्रित मुनाफाखोर अर्थव्यवस्था का जवाब विकेन्द्रित तथा स्वावलम्बी उत्पादन पद्धति में ही हो सकता है। चरखा उस अर्थव्यवस्था का न केवल प्रतीक था, बल्कि साधन भी। इसलिए बापू ने चरखे को अपनी बुनियादी लड़ाई का हथियार बना लिया। चरखा श्रमनिष्ठ, हिंसा व शोषणरहित समाज-रचना का प्रतीक था। आज़ादी के बाद चरखे का महत्त्व घटने लगा। तभी तो 19 दिसम्बर, को बापू का मेवात की सभा का भाषण बापू की शक्ति कम बताता है। इस दिन बापू स्वयं अपनी शक्ति कम हुई कहते हैं।

कृतज्ञतापूर्ण मेव समाज आभारी है। इसीलिए मेवों ने अपनी जल, जंगल, 'जमीन बचाओ' जमात चलाकर, बापू के रास्ते पर चलकर ही प्रकृति संरक्षण शुरू किया है। इन साधनों के संरक्षण में अब मेव समाज को बहुत कठिनाई है। फिर भी मेव अपने देश और धरती को बचाने में लगे हैं। सरलता, समता, सादगी से श्रम करके मेवात को समृद्ध बनाने में जुटे हैं। मेव मुल्कपरस्त हैं। क्योंकि इनकी वतनपरस्ती धरमी को धर्म मानकर उसे बचाने से बनी है।

आज हमारे जीवन के आधार प्राकृतिक संसाधन—जल, जंगल और जमीन सभी समाज के हाथों से निकलता जा रहा है। सबसे अधिक पानी के जरिए पैसे की लूट बढ़ रही है। पाँच वर्षों में भारत की कमाई का एक बड़ा हिस्सा पानी के व्यापार से विदेश जाने की तैयारी कर रहा है। अगर बापू होते और उनको जैसे ही यह गम्भीर खतरनाक खेल समझ में आता तो वे तुरन्त इसे रोकने की मुहिम खड़ी करते। आज मेव स्वयं ही यह कर रहे हैं। इन्होंने 18 अप्रैल, 2007 को गांधी समाधि दिल्ली से

लेकर चोपानकी, टपूकड़ा राजस्थान तक शराब, कोक, पेप्सी, बन्द कराने की चेतना जगाई और उसमें सफलता भी पाई।

अन्याय, अत्याचार और हिंसा को रोकने की इस मुहिम का आधार उन्हें केवल भाषण नहीं सूझता बल्कि वे चरखे की तरह कोई रचनात्मक उपाय ढूँढ़ने में लगे रहे हैं। उनका रचनात्मक उपाय तो "तालाब" ही है। तालाब जल सहेजता है। सभी को समान रूप से जल प्राप्त करने का सत्याग्रह भी बनाए रखता है। कांग्रेस सरकार भी विकेन्द्रित जल व्यवस्था को सरंक्षण दे रही है। अशोक गहलोत की राजस्थान सरकार ने बेपानी जगह पानी की अति खपतवाले उद्योगों पर 6.6.2000 को रोक लगा दी थी। जबकि 16 जनवरी, 2004 में वसुन्धरा राजे सरकार ने मेवात में 43 शराब कारखानों को शराब लाइसेन्स दे दिए। इन फैसलों के विरुद्ध तरुण भारत संघ और जल बिरादरी लड़ी और 40 को रद्द करा दिया। एक स्वयं शुरू नहीं हुई। यूनाइटेड ब्रेवरीज चोपान की 2 साउथ ब्रेवरीज, मत्स्य उद्योग क्षेत्र, अलवर शराब कारखानों के विरुद्ध लड़ाई जारी रही। अब राजस्थान उच्च न्यायालय ने तरुण भारत संघ बनाम राजस्थान सरकार के मामले में राजस्थान सरकार को इस फैसले पर पुनर्विचार करने को कहा है। अब वही पुरानी सरकार आई है। यही निर्णय लेगी कि शराब कारखाने बन्द करने हैं या चलाने हैं? राजस्थान सरकार अब इसे नए सन्दर्भ में देखें कि मेवात में शराब कारखाने नहीं लगें। ये जल शोषण प्रदूषण के साथ-साथ यहाँ की संस्कृति के विरुद्ध हैं। यहाँ का मेव समाज भी शराब कारखानों का विरोध कर रहा है लेकिन राजस्थान सरकार इसे कब रोकेगी इस बात का इन्तजार है। पानी बचाने हेतु सरकार संकल्पित है। यह वर्षा जल किसका है? भूजल किसका है? इसका कब, कितना, कैसे उपयोग करें? और जल अधिकार आदि सवालों को तय करना चाहिए।

उच्च न्यायालय ने सरकार को जिम्मेदार मानते हुए जो कहा है उसके बाद अब राजस्थान सरकार का दायित्व है कि वह मेवात में लग रहे शराब के कारखानों को रोक दे। मेवात का जल, जीवन, जीविका और जमीर बचाएँ। आज राजस्थान को चलानेवाला महात्मा गांधी में आस्था और निष्ठा रखनेवाले राजनेता ही मुख्यमंत्री है। इसलिए इन्हें भी राजस्थान के स्वावलम्बन की दिशा में ज़्यादा ध्यान देना अच्छा होगा। इनके पास पिछला बहुत अच्छा अनुभव है। राहत के कामों से इन्होंने अच्छे जल संरक्षण की अच्छी ईमानदारी से जुम्बिश चलाकर तलाब बनवाए थे। अब भी समय है। इन्हें महात्मा गांधी की तर्ज पर ही समाज को जल-जंगल-जमीन संरक्षण में लगाना चाहिए। तालाब निर्माण से जल, जमीन की बरबादी रुकती है। नमी और हरियाली बढ़ती है।

राजस्थान सरकार महात्मा गांधी रोजगार गारन्टी अधिनियम (मनरेगा) अब नरेगा के अन्तर्गत जल-संरक्षण को भी ले। इससे रोजगार बढ़ेगा। लाचारी, बेकारी, बीमारी मिटेगी। जल संकट का समाधान होगा। बापू के चरखे की तरह मनरेगा में

तालाब निर्माण एक बड़ा समाधान बनेगा। इस काम से सामुदायिक विकास एक आन्दोलन का रूप ले सकता है।

तालाब के निर्माण में कोई भी पैसा किसी कम्पनी को देने की जरूरत नहीं होती। समाज के लोग अपने श्रम और समझ से मिलकर तालाब का निर्माण कर सकते हैं। तालाब के निर्माण की प्रक्रिया समाज को जोड़ने से शुरू होती है। समाज मिलकर संगठित होकर ही तालाब का काम शुरू करते हैं। पहले महाजन, सेठ, जमींदार तालाब बनाने हेतु पैसा और जमीन देता था। अब राज्य सरकार पैसा और जमीन पानी के लिए देने का दायित्व ले।

इसमें जो वर्षा का पानी रुकता है। वह धरती का कटाव रोककर, प्रकृति के शोषण को समाप्त करता है। गाँव के गरीब-से-गरीब इनसान और पशुओं को बिन पैसे पानी मुहैया कराता है। धरती का पेट भरता है। कुओं का पुनर्भरण होता है। और यह काम पूरे समाज को पानीदार यानी "जल सम्पन्न" और स्वाभिमानी बनाता है। जैसे चरखा समाज को श्रमनिष्ठ, निर्भय और समृद्ध बनाता है। तालाब विश्व के गरीबों को बिन पैसे जिन्दा रखता है। जल पर समान सबका हक कायम रखता है।

तालाब से ही बोतल बन्द पानी के व्यापार में हो रहा शोषण रुक सकता है। जब गाँव में एक निर्मल जल का तालाब होगा तो रास्तों पर प्याऊ बनेंगी। क्योंकि तालाब ही प्याऊ का जन्मदाता है। जब जगह-जगह पर बस स्टैंड और रेलवे स्टेशन पर प्याऊ होंगे तो कोई भी पानी खरीदकर नहीं पीएगा। तालाब सबको पानी पिलाता है। जीवन देता है। आगे बढ़ता है। बिना किसी से कुछ लिये, केवल उसकी मेहनत और समाज-भावना के बदले। साझा-समान जल हक कायम रखता है। मेवात में अपनी लड़की का निकाह तय करने से पहले पानी का साधन 'तालाब' को देखता है। तालाब निकाह करने में मदद करता था। गाँव को इज्जत भी देता है।

हम जीवन में तालाब बनाने की प्रेरणा गांधी के चरखे से ले सकते हैं। गांधी जी को चरखा ढूँढ़ने में बहुत समय लगा और मेहनत करनी पड़ी थी। तब तक विदेशी कपड़ा हमारे चरखे को निगल चुका था। आज बड़े बाँध, सुरंग, तालाबों को निगलना शुरू कर रहे हैं। इसलिए तालाब खत्म हो रहे हैं। परन्तु कन्याकुमारी से कश्मीर तक और गुवाहाटी से गुजरात तक आज भी हजारों तालाब बचे हुए हैं। मेवात, छत्तीसगढ़, उड़ीसा, राजस्थान और गुजरात के गाँवों में तो आज भी तालाब खरे हैं। तालाब के बिना दूसरा सहारा समाज को जिन्दा रखने के लिए मौजूद नहीं है। बहुत से गाँव केवल तालाब के पानी पर जिन्दा है। इन गाँवों की जिन्दगी बिन पैसे भी तालाब के किनारे बची रहेगी। पेयजल से लेकर खेती उद्योग, घर की जरूरत सब ही में तालाब का उपयोग होता है।

गांधी जी ने जब चरखा चुना तब कुछ चरखे की भी भूमिका आज के तालाब की तरह थी। किन्तु सौ साल पहले पानी की लूट के बादल लोगों के सिर पर नहीं मँडरा रहे थे। पानी सब जगह सहजता से उपलब्ध था। कहीं दूर कठिनाइयों से मिलता था। पर बिन पैसे मिलता था। मेवात में भी अभी तक बिन पैसे ही पानी तालाब में मिल जाता है। मेवात में तालाब के चारों तरफ आज भी जीवित जीवन मौजूद है। ऐसे में मेवात को तालाब ठीक रखने से पानीदार बनाकर रखा जा सकता है।

19 दिसम्बर, 1947 के दिन बापू ने मेवात में आकर मेवों को उनके जीवन के सत्य का सन्देश देकर हिन्दुस्तान में रहने हेतु पक्का सन्देश-आदेश देकर अपना गाँव अपना देश मानकर जीने की सलाह दिया था। बापू की उस सलाह ने बहुत अच्छा काम किया था। उनके उसी सन्देश का प्रभाव आज तक मेवात वैसा का वैसा ही बचा रहा है। यहाँ के तालाब आज भी यहाँ के जीवन हैं। सारे गाँव की महिलाएँ तलाब के चारों तरफ अपने-अपने कच्चे घाट मानकर कपड़े धोने से लेकर नहाने तक के सब काम तालाब में ही करती हैं।

तालाब के पानी में ही कपड़े अच्छे साफ होते हैं। धरती के अन्दर तो फ्लोराइडवाला पानी है। इसलिए वह किसी भी काम में नहीं आता है। तालाब ही मेवात के जल साधन हैं। यहाँ के तालाब आज भी उतने ही खरे हैं जितने आजादी से पहले थे। तालाब बाँधों के पानी से ही अब शराब की फैक्टरी मेवात में चलती है। इन्हें रोकना जरूरी है। राजस्थान और हरियाणा दोनों ही। राज्य मेवात में उद्योगों द्वारा होनेवाले जल शोषण को रोके। प्रदूषण पर पाबन्दी लगाए। फरीदाबाद—गुड़गाँव का सारा प्रदूषण मेवात को बीमार बना रहा है। इसे रोकना तत्काल जरूरी है।

मेवात का मेव जो हिन्दुस्तानी है, यह आबे जम-जम और गंगा जल दोनों को ही प्यार करता है। आबे जम-जम की बिक्री नहीं होती। इसलिए मेवात का वर्षा जल मेवात जन के लिए आबे जम-जम जैसा ही पवित्र है। इसको सभी तरह से मेवात में ही संरक्षण और सुरक्षा सरकार द्वारा प्रदान की जाए। यही महात्मा गांधी जी का सपना था। 'मेवात का जन-जन सुरक्षित और निडर बनकर अपनी जगह पर रहे। मेवों की शिक्षा और बसने की सुविधा देकर मेवों को सुधारने की सरकार सहायता करें।'

अब मेवात बेपानी नहीं बने यह जिम्मेदारी सरकार की है। मेवात की पहाड़ियाँ नंगी हो रही हैं। मेवात की अरावली पहाड़ियों का खनन और नंगापन रोकने हेतु उच्चतम न्यायालय में तरुण भारत संघ ने लड़ाई लड़कर रुकवा दिया था। लेकिन अब फिर से वह लूट शुरू हो चुकी है। इसे रोकना है। अब मेवात के भाई-बहिन स्वयं पहाड़ों के मालिक बनकर इन्हें बचाएँ और हरे-भरे बनाएँ।

इस सपने को पूरा करने में मेवात के समाज को मिलकर काम करना चाहिए। तभी बापू का मेवात में सपना पूरा होगा। आज़ादी चरखे ने दिलाई। मेवात को अहिंसा के सूत्र और सत्याग्रह शस्त्र ने बचाया। अब मेवात की समृद्धि हेतु प्रदूषण-शोषण मुक्त विकेन्द्रित जल व्यवस्था चाहिए। मेवात सामुदायिक जल संरक्षण और अनुशासित जल उपयोग को बढ़ावा मिले। संजीव-स्वावलम्बी खेती को बढ़ावा मिले। शोषण मुक्त, वर्गविहीन मेव समाज बने। ब्याजमुक्त लेन-देन, आपस का भाईचारा बढ़े। चोरी-उच्चकापन रुके। मेवात की सृजनात्मकता बढ़े। वस्त्रविहीन सभ्यता रुके। सामाजिक लज्जा बढ़े। मेवात प्यार और प्रेम की तकरीरवाली सभ्यता का नाम है। यहाँ समता-सादगी-सरलता है। इसके साथ धोखाधड़ी नहीं हो। इन्हें कोई गुमराह नहीं कर सके। ऐसी मेवात समाज को स्वयं अपनी व्यवस्था बनानी पड़ेगी। भारत में अब मेवात को कहना चाहिए।

मेवात के हम रहनेवाले, मेवात बनेगा, देश बनेगा।
मेवात बनेगा, देश बनेगा, यह समझे, समझाएँ हम।

मेवात आज भी गांधी के रास्ते चलनेवाला समाज और क्षेत्र है। यहाँ की सरलता और सादगी जीवन के व्यवहार में दिखती है। झूठ-फरेब भी यहाँ है लेकिन वह सब बाजार और व्यापार में ही है। कुछ चन्द लोग ही पूरे मेवात को बदनाम करते हैं। ज्यादातर तो समाज कुदरत के सहारे ही जीता है। ये कुदरत से उतना ही लेते हैं, जितना जीवन हेतु जरूरी है। वैसे इन भोले-भाले मेवों को कुदरत को लूटने में कुछ बाहरी लुटेरे ही माहिर बनाते जाते हैं। इनकी श्रमशक्ति का दुरुपयोग करके इन्हें भी लूटते हैं। कुदरत को भी लूटते हैं। अब मेवात कुदरत के लुटेरों से बचने के लिए तैयार हो रहा है।

हमें कुदरत को हिसाब देना है। हम जितना लेते हैं उतना ही जीते जी कुदरत को वापस देते हैं तो ही हम पाक बचे रहते हैं। जितना लिया उतना ही कुदरत को वापस नहीं लौटाया तो हम नापाक (चोर) बन जाते हैं। महात्मा ने कहा था 'कुदरत हम सब की जरूरत पूरी करता है। लालच हो तो एक का भी पूरा नहीं कर सकता।' अतः हम लालच छोड़कर कुदरत के साथ जीएँ। कुदरत के काम में दखल नहीं दें। हम पहाड़ खोदकर कुदरत पर हमला करते हैं। पेड़ काटकर कुदरत को मारते हैं। पानी बरबाद करके हम कुदरत के कार्य में बाधा पैदा कर रहे हैं।

आओ, मेवात में गांधी के सपने को साकार करें। सत्य-अहिंसा के रास्ते पर चलें कुदरत के काम में मदद करें। मेवात में प्यार मोहब्बत बढ़े। यहाँ सब पानीदार बने। यहाँ पर राष्ट्र प्रेम, सद्भावना और शान्ति बढ़े। खेती बागवानी, पशुपालन से समृद्धि आए। मेवात भारत का अनोखा, प्यारा-सा समाज है। यहाँ की सभ्यता और संस्कृति अद्वितीय और अनोखी है। यहाँ विनोबा, जे.पी. और गांधी आएँ। इन्होंने इस समाज को अपनाया और साम्प्रदायिक सद्भावना को बढ़ाया।

मेवात में महात्मा के जोहर, जोहड़ (तालाब)

किसी भी देश की उन्नति या अवनति में वहाँ की जल-सम्पदा का काफी महत्त्व होता है। जल की उपलब्धि या प्रभाव के कारण ही बहुत सी सभ्यताएँ एवं संस्कृतियाँ बनती और बिगड़ती हैं। इसलिए हमारे देश की सांस्कृतिक चेतना में जल का काफी ऊँचा स्थान रहा है। हमारे पूर्वज जानते थे कि तालाबों से जंगल व जमीन का पोषण होता है। भूमि के कटाव एवं नदियों के तल में मिट्टी के जमाव को रोकने में भी तालाब मददगार होते हैं।

इसलिए वे वर्षा के जल को उसी स्थान पर रोक लेते थे। उनकी जल के प्रति एक विशेष प्रकार की चेतना और उपयोग करने की समझ थी। इस चेतना के कारण ही गाँव के संगठन की सूझ-बूझ से गाँव के सारे पानी को विधिवत् उपयोग में लेने के लिए तालाब बनाए जाते थे। इन तालाबों से अकाल के समय भी पानी मिल जाता था। इनकी निर्माण रख-रखाव, मरम्मत आदि के कामों से गाँव के संगठन को मजबूत बनाने में मदद मिलती थी। मेवात आज भी तालाबों को खरा मानता है। उन्हें बनाता-सँभालता है। उनके घरेलू सभी काम तालाब से पूरे होते हैं, और सभी ग्रामवासी मिलकर मेहनत (जोहर) करके जोहड़ बनाते थे।

गँवई दस्तूर

जैसाकि गाँवों की व्यवस्था से सम्बन्धित अन्य बातों में होता था, उसी तरह तालाब के निर्माण व रखरखाव के लिए भी गाँववासी अपनी ग्राम सभा में सर्वसम्मति से कुछ कानून बनाते थे। ये कानून 'गँवई दस्तूर' कहलाते थे। ये दस्तूर 'गँवई बही' में भी लिखे जाते थे या मौखिक परम्परा के जरिए पीढ़ी-दर-पीढ़ी चलते-चले जाते थे। गाँव में आने वाले बाहरी व्यक्ति को भी इन गँवई दस्तूर का पालन करना पड़ता था। ये गँवई दस्तूर चूँकि सामान्य बुद्धि के अनुसार कायम होते थे, इसलिए करीब-करीब हर गाँव में एक से ही होते थे। अतः सामान्य तौर से तो लोग इससे परिचित होते ही थे, और बाहर से आनेवाला व्यक्ति भी सहज ही उन्हें समझ लेता था।

अलवर जिले के इस मेवात क्षेत्र में तालाब सम्बन्धी कुछ पुराने गँवई दस्तूरों से ज्ञान हुआ है कि तालाब की 'आगोर' में कोई जूता लेकर प्रवेश नहीं करता था। शौचादि के हाथ अलग से पानी लेकर आगोर के बाहर ही धोए जाते थे। आगोर में किसी गाँव सभा की अनुमति के बिना मिट्टी खोदना मना होता था। हर वर्ष जेष्ठ माह में पूरा गाँव ही मिलकर आगोर से मिट्टी निकालता था। आगोर से ही नहीं, बल्कि तालाब के जलग्रहण क्षेत्र तक में शौचादि के लिए जाना मना था। किसी प्रकार

गन्दगी फैलानेवाले को तालाब की सफाई करके प्रायश्चित करने का सुझाव दिया जाता था। प्रायश्चित के लिए तालाब की पाल पर पेड़ लगाने तथा उसके बड़ा होने तक उसकी देख-भाल करने की परम्परा थी।

तालाब के जलग्रहण क्षेत्र से मिट्टी कटकर नहीं आए और तालाब में जमा नहीं हो, इसकी व्यवस्था तालाब बनाते समय ही कर दी जाती थी। इससे लम्बे समय तक तालाब उथले नहीं हो पाते थे। जब तालाब की मरम्मत करने की आवश्यकता होती थी, तो पूरा गाँव मिल-बैठकर, तय करके इस काम को करता था। तालाब से निकलनेवाली मिट्टी खेतों में डालने या कुम्हारों के काम में आती थी।

तालाब को गाँव की सार्वजनिक सम्पत्ति माना जाता था। गाँव के लोग जब किसी दूसरे गाँव को जाते थे, तो सबसे पहले वह तालाब को अपने गाँव की सम्पत्ति में गिनाया करते थे। गाँव का जैसा तालाब होता था, वैसा ही उस गाँव को माना जाता था। गाँव का तालाब अच्छा है, तो उस गाँव को समृद्ध, संगठित, शक्तिशाली माना जाता था। यह भी कि वह गाँव अपने महत्त्वपूर्ण निर्णय लेने में ही सक्षम है, यह मान लिया जाता था।

तथाकथित शिक्षित लोगों की समझ

यह परम्परा 1860 तक तो बराबर चली। इसके बाद अंग्रेजों का ध्यान हमारे गँवई संगठनों, स्वैच्छिक संस्थाओं तथा लोगों के अभिक्रम को खत्म करने की तरफ गया। उन्होंने सहज रूप से चलनेवाली इन सब गँवई व्यवस्थाओं को खत्म करने की विभिन्न प्रकार की योजनाएँ बनाईं। कहीं नहरी सिंचाई योजना के जरिए तो कहीं बड़े बाँध आदि के स्वप्न दिखाकर, कहीं हमारी उच्च सांस्कृतिक धरोहर तालाब के जल की निन्दा और कहीं हमारी पुरातन शिक्षापद्धति को प्रदूषित करने में वह ज्यादा सक्रिय रहे हैं। यही नहीं हमारे ही देशवासी और तथाकथित शिक्षित कहे जानेवाले लोग भी हमारी संस्कृति की बुराई करने में पीछे नहीं रहे। लेकिन समृद्ध तालाबों की सम्पन्न परम्परा फिर भी चालू रही। इन तालाबों से सिंचाई भी होती थी। इस तरह हमारे ये तालाब गाँव की विकेन्द्रित अर्थव्यवस्था के जीते-जागते उदाहरण थे। राजस्थान के जिन क्षेत्रों में केवल दो-चार सेंटीमीटर ही वर्षा होती थी, वहाँ भी इनके सहारे लोग व पशु-धन जीवित रहता था। जोधपुर, बाड़मेर, जैसलमेर के महा मरूस्थलीय क्षेत्र कम वर्षा के बावजूद आज की अपेक्षा तब ज्यादा विकसित थे। पानी कम होते हुए भी इस क्षेत्र की पुरानी हवेलियाँ, महल, बड़े-बड़े बाजार, अन्तर्राष्ट्रीय व्यापार केन्द्र यहाँ की तालाब व्यवस्था के कारण ही सम्पन्न हुए थे और ये ही उसकी उपयोगिता के प्रमाण भी थे।

1890 तक अंग्रेजी शिक्षा का प्रभाव देश में काफी बढ़ गया था और अंग्रेजों का पूर्व नियोजित षडयंत्र सफल भी होने लगा था। ध्यान देने की बात है कि सबसे पहले अंग्रेजी शिक्षा का प्रभाव हमारे यहाँ के राजाओं, सामन्तों, जागीरदारों आदि पर पड़ा। नतीजतन जो पहले अकाल के समय तालाबों के निर्माण पर अधिक ध्यान देते थे, वे तब अपनी राजधानी और शहरों की चारदीवारी बनाने आदि कामों को ज्यादा महत्त्व देने लगे। उनके पूर्वजों के बनाए तालाब बिना देख-रेख के टूटने लगे, और जो एक बार टूट गया उसका पुनःनिर्माण नहीं हो सका। उनको समय ने और मिट्टी की गाद ने पूरा कर दिया। इस प्रकार पुराने तालाब धीरे-धीरे खत्म होते चले गए।

मेवात में भी यह कहावत है कि ''जैसा राजा, वैसी प्रजा'' चरितार्थ हुई और ग्रामवासियों में भी तालाबों के प्रति उदासीनता दिनोदिन बढ़ती गई। इसी प्रकार गाँवों के तालाब नष्ट हुए और अंग्रेजों की नीति गाँवों में भी अपना रंग दिखाने लगी। ग्राम समाज के टूट जाने के कारण तालाबों का निर्माण, रखरखाव और मरम्मत बन्द हो गई। तालाबों के साथ-साथ गाँव के संगठन भी बिखरने लगे। इसके बावजूद आज भी मेवात का सामुदायिक संगठन देश के दूसरे हिस्सों से इस मामले में काफी अच्छा है।

पश्चिमी सभ्यता से प्रभावित नेता

स्वतंत्रता की लड़ाई में केवल बापू ने अपनी बातचीत और भाषणों में अवश्य गाँव के तालाब को प्रतिष्ठित किया था लेकिन अन्य लोगों का इस तरफ कोई विशेष ध्यान केन्द्रित नहीं हुआ। अंग्रेजी शिक्षा और अंग्रेजियत में पले-बढ़े हमारे दूसरे नेता हमारी समाज व्यवस्था की खूबी को समझ नहीं पाए और उसे हीन मानकर उसकी निन्दा करते रहे। उस समय बापू ने चरखे के साथ-साथ यदि गाँव के तालाब-चारागाह के रख-रखाव को भी रचनात्मक कार्यक्रमों में जोड़ा होता तो अच्छा होता, हालाँकि उन्हें खुद इन सभी बातों का ध्यान था। आजादी मिलने के समय ही बापू ने तत्कालीन प्रधानमंत्री जवाहरलाल नेहरू का ध्यान ग्राम-व्यवस्था को पुनर्जीवित करने की ओर दिलाया था लेकिन नेहरू पश्चिमी सभ्यता से प्रभावित थे, उनकी प्राथमिकता भाखड़ा जैसे बाँध बनाने की थी। इसका देशी-विदेशी और निहित-स्वार्थी तत्वों ने खूब फायदा उठाया। इन बड़ी-बड़ी सिंचाई योजनाओं से यदि सबसे अधिक प्रहार किसी पर हुआ तो वह तालाब ही रहे।

बड़े बाँध बनाने पर भारत सरकार 2008 तक अरबों-खरबों रुपए खर्च कर चुकी है। इन योजनाओं से दो करोड़ हैक्टेयर जमीन सिंचित होने का सरकारी दावा किया गया था। लेकिन वास्तव में आज कितनी जमीन की सिंचाई ये योजनाएँ कर रही हैं, इसके बारे में कुछ कहा नहीं जा सकता। कारण जिस प्रकार इनके आँकड़े इकट्ठे

किए जाते हैं, वे शंका जाहिर करते हैं। इस अर्से में 246 बड़ी योजनाएँ शुरू की गई थीं, उनमें सिर्फ 65 ही योजनाएँ अभी तक पूरी हुई हैं। इन बड़ी योजनाओं में अब जो घाटे की धारा बह रही है, वह चौंकाने वाली है। एक वर्ष में हुआ हजारों करोड़ का घाटा कहाँ से और कैसे पूरा होगा? यही बात निश्चित ही हरेक जागरुक व्यक्ति को चिन्तित करती रहती है। लेकिन असल में इन योजनाओं से बड़े-बड़े ठेकेदारों, इंजीनियरों, नौकरीपेशा लोगों और नेताओं को ही लाभ हुआ है, और इसका लाभ गाँव-देहातों में रहनेवालों को क्या मिला। बड़े-बड़े उद्योगपतियों को सस्ती बिजली मिली है। बड़े कारखानों, बड़ी योजनाओं में जमीन जाती है लेकिन सारा लाभ चन्द बड़े घराने हड़प जाते हैं। यही हमारे नीति-निर्धारकों की "विकास" की परिभाषा है। दिल्ली के पास होने के कारण आधुनिक विनाश का मेवात और अधिक शिकार हुआ जिसके चलते विस्थापन, विकृति और विनाश बढ़ा है।

मेवात में बड़े बाँधों के निर्माण का असली उद्‌देश्य

बड़े बाँधों से "सिंचाई" का बहाना तो सिर्फ लोगों की आँखों में धूल झोंकने के लिए था। अगर सही तथ्य सामने आते जाएँ तो वास्तव में बड़े बाँधों के कारण कुल-मिलाकर सिंचाई पहले की अपेक्षा कम ही हुई है। इन बाँधों से नदियों के प्रवाह रुक जाने के कारण इन प्रवाहों के दोनों ओर की लाखों एकड़ जमीन और उसमें स्थित कुएँ सूख गए हैं तथा भूजल का स्तर पिछले दस-बीस बरसों में पचास से एक सौ फीट तक नीचे चला गया है। इन बड़े बाँधों के निर्माण का असली उद्‌देश्य तो किसान की स्वावलम्बी व्यवस्था को तोड़कर उसे केन्द्रित करने और बड़े-बड़े घरानों या बहुराष्ट्रीय कम्पनियों को लाभ पहुँचाने का था। असल में गाँव-गाँव में सिंचाई की जो परम्परागत स्वावलम्बी व्यवस्था थी, उसे समाप्त करके किसान का भाग्य इन लोगों के हाथों में सौंप देने की यह एक सोची-समझी साजिश थी।

दुख इस बात का है कि इन तालाबों की उपेक्षा करने की भूल आज भी की जा रही है। 1950 में भारत के कुल सिंचित क्षेत्र की 17 प्रतिशत सिंचाई तालाबों से की जाती थी। ये तालाब सिंचाई के साथ-साथ भू-गर्भ के जलस्तर को भी बनाए रखते थे। इस बात के तो ठोस प्रमाण भी उपलब्ध हैं। 1950 से पहले तो हमारे तालाब ही सिंचाई के प्रभावी साधन थे। काफी पहले ज्यादातर सिंचाई तो तालाबों से ही होती थी। तालाबों में पाए गए शिला-लेख इसके जीते-जागते प्रमाण हैं। ये तालाब हिन्दुस्तान के हर कोने में रहे हैं। सबसे अधिक समुद्रतटीय जिलों में तथा पूर्वी उत्तर प्रदेश, बिहार और राजस्थान में तालाबों से होनेवाली सिंचाई का क्षेत्रफल 1890 तक निरन्तर बढ़ता रहा था। इस स्वावलम्बी सिंचाई योजना का अंग्रेजों ने

जान-बूझकर खत्म करने का जो षडयंत्र रचा था, उसे स्वतंत्र भारत के योजनाकारों ने बरकरार रखा इधर भी जनविरोधी व ग्राम-गुलामी की सिंचाई योजना को तेजी से लागू करने का काम किया गया है।

गत वर्षों के भयंकर अकाल ने एक बार फिर तालाबों की याद दिलाई है। इस पर जगह-जगह कुछ लोगों ने अध्ययन भी किए हैं। इन अध्ययन-कर्त्ताओं में **श्री वान ओप्पन तथा सुब्बाराव** का मानना है कि तालाबों से सिंचित जमीन असिंचित भूमि की अपेक्षा तीन गुनी अधिक उपज देती है। सूखे इलाकों में खासतौर से तालाब से की गई सिंचाई काफी लाभदायक सिद्ध हुई है। अब देश के कोने-कोने में तालाबों के महत्त्व को समझनेवाले अनेक स्वैच्छिक समूह प्रकाश में आए हैं जो इनकी दुर्दशा से काफी चिन्तित हैं और इस दिशा में कुछ-न-कुछ कर भी रहे हैं। मेवात में पानी निकालने हेतु गोवर्धन डैम, एवं दर्जनों बड़े बाँध बने। पाँच करोड़ की लागत से बने खानपुर डैम, जैसे तो मेवात में सैकड़ों बाँध बने लेकिन कारगर नहीं रहे। ये मेवात की मिट्टी और संस्कृति को समझे बिना बनाए गए, जो उपयोगी नहीं रहे। हालात यह है कि यहाँ आजादी से पहले जितना अच्छा उत्पादन होता था, वैसा आज नहीं होता। सिंचाई घटने के साथ लोगों में रुझान भी कम होता जा रहा है।

छोटे तालाबों का प्रत्यक्ष अनुभव

कुल मिलाकर हमने गत वर्षों में छोटे-बड़े लगभग दस हजार से ऊपर तालाब जोहड़ छोटे बाँध देश भर में बनाए या उनकी मरम्मत कराई है। इनमें लगभग कुल 15 करोड़ रुपया ही लगा है लेकिन इनके लाभ देखे जाएँ तो हमें स्वयं को आश्चर्य होता है। उदाहरण के लिए गोपालपुरा गाँव को लें, जहाँ 1986 में सिंचाई तथा पीने के पानी वाले कुएँ सूख गए थे। गाँव के जवान लोग मजदूरी के लिए दिल्ली तथा अहमदबाद चले गए थे। जमीन में कुछ पैदा नहीं हो रहा था। तभी इस गाँव में तालाबों के निर्माण का कार्य शुरू किया गया और सन् 1987 के जून तक गोपालपुरा गाँव में तीन बड़े तालाब बनाए गए। गाँववाले इन्हें बाँध कहते हैं। इनके निर्माण कार्य में दस हजार रुपए की कीमत का गेहूँ दिया गया। जुलाई 1987 में इस इलाके में कुल 13 सेंटीमीटर वर्षा हुई। यह सारी वर्षा एक साथ ही 48 घंटे के अन्दर हो चुकी थी। इनके पानी से जमीन "रिचार्ज" यानी पुनः सजल हुई और गाँव के आस-पास के 20 कुओं का जलस्तर बढ़कर ऊपर आ गया।

वर्षा का पानी जो तालाबों में इकट्ठा हुआ था, वह अपने साथ जंगल व पहाड़ियों से पत्ते, गोबर आदि भी बहाकर ले आया था, जो तालाबों की तली में बैठ गया। बड़े तालाब खेतों की जमीन पर बने हुए थे। इसलिए नवम्बर तक पहुँचते-पहुँचते

तालाबों का पानी तो नीचे की जमीन की सिंचाई करने के काम में ले लिया गया और तालाब के पेटे की जमीन में गेहूँ की फसल बो दी गई। एक फसल में केवल इन तालाबों की जमीन से ही 300 (तीन सौ) क्विंटल अनाज पैदा हुआ जिसकी कीमत बाजार भाव से करीब पौन लाख होती है। इसके अलावा तालाब में पूरे वर्ष भर पानी भरा रहा। इसे पशुओं के पीने के पानी के लिए बनाया गया था। इस प्रकार गाँव के पशुओं को पूरे वर्ष पीने का पानी सहज उपलब्ध होता रहा। गाँव का पीने के पानी वाला कुआँ जो तब सूख गया था, वह अब भरा रहता है। कुओं का जल सतर अब 90 फीट नीचे से उठकर 20 फीट तक पहुँच गया है।

तालाबों के चारों तरफ हरी घास उगने लगी है। पेड़ हरे-भरे होकर तेजी से बढ़ने लगे हैं। तालाबों का पानी जंगली पशुओं तथा पक्षियों को अपनी तरफ आकर्षित करता है, जिससे एक उजड़े हुए गाँव का वातावरण सुहावना बन गया है। पक्षियों द्वारा फसल को नुकसान पहुँचानेवाले कीड़े खाए जाने से तथा पक्षियों की बीट से जमीन के पानी के उपयोग की व्यवस्था की सामुदायिक भावना और परस्पर सहयोग का वातावरण फिर से बन चुका है। पहले पीने का पानी लेने के लिए दूर जाना पड़ता था, जिसमें गाँव की महिलाओं की बहुत सी समय शक्ति नष्ट होती थी, वह परेशानी अब खत्म हुई है। इसी तरह हर वर्ष गाँव से मजदूरी करने लोगों को बाहर जाना पड़ता था पर अब इन्हें अपने ही गाँव में काम मिलने लगा है। नीमी जैसे कई गाँव जिनके लोग पहले मजदूरी करने जयपुर जाते थे, अब वे जयपुर के सेठों को रोजगार देनेवाले बन गए हैं। आज सेठों के ट्रक इन गाँवों की सब्जियाँ शहरों में ढोने का काम करते हैं। इस प्रकार तालाबों के कारण अनेक लाभ हुए हैं।

यह क्षेत्र पहाड़ की तलहटी में और ढालू है। इसके कारण तेज वर्षा का पानी जमीन को काटकर बहा ले जाता था। इससे जमीन का उपजाऊपन वर्षा के पानी के साथ बह जाता था, इसलिए जमीन में नमी की कमी रहती थी तथा फसल का बीज ही क्या, घास तक नहीं उगती थी। वहाँ वर्षा कम होती है, और जो होती भी है, वह भी एक साथ और तेज होती है, फिर पूरा साल सूखा रहता है। इसलिए इस क्षेत्र में तालाब अत्यन्त आवश्यक तो हैं ही, वे खासतौर से उपयोगी हैं। वहाँ पर इन तालाबों से भूमि का कटाव रुक गया है।

इसी प्रकार जाट मालियर गाँव में एक ''जोहड़'' बना है, जिसे बड़ा तालाब कह सकते हैं। यह भी जुलाई 1997 में पूरा तैयार हो चुका था। इसके निर्माण में कुल लागत पचास हजार रुपए आई, जिसमें आधी लागत ग्राम के श्रमदान से जुटाई गई। इस तालाब के भराव क्षेत्र में ही उस वर्ष 250 क्विंटल अनाज पैदा हुआ। यह तालाब एक ऐसी तेज धारा को रोकता है, जिसने गत वर्षों में एक सौ एकड़ से अधिक भूमि को बंजर (खेती के अयोग्य) बना दिया था। जमीन में बड़े-बडे नाले व खड्डे हो गए थे। **आज**

वह जमीन स्वतः ही समतल होने लगी है। अब वह खेती योग्य हो गई है। कहा जा सकता है कि इस तालाब ने पूरी एक सौ बीघा जमीन खेती के योग्य बना दी है। कुओं का जलस्तर ऊपर आ गया है। इस तालाब में रुकनेवाला पानी जो पहले नीचे जाता और जो सैकड़ों बीघा भूमि को बिगाड़ता था, वह बिगाड़ा भी अब रुक गया है।

गाँवो में जो नौजवान अराजक कार्यों में संलिप्त थे, जब उन्होंने बन्दूक छोड़कर फावड़े हाथ में लेकर तालाब बनाने शुरू किए, तो उनके काम से करौली जिले की सपोटरा तहसील के गाँवों के जीवन में सुख-समृद्धि-शान्ति आ गई। वे लोग भाई और देवता बन गए। उनके काम का परिणाम यह हुआ कि महेश्वरा नदी शुद्ध-सदानीरा बनकर बहने लगी। आज खिजुरा गाँव बहुतों को दूध-अनाज देनेवाला बन गया है। इन्होंने हजारों लोगों को अपने गाँव में बुलाकर तालाब का काम आगे बढ़ाने का आयोजन किया। बेपानी से वे पानीदार बन गए।

अब तक 6500 वर्ग किमी क्षेत्रफल में एक हजार अट्ठावन गाँवों ने अपने हाथों से दस हजार से ज्यादा तालाब बनाकर सात छोटी-छोटी नदियाँ अरवरी, सरसा, रूपारेल, भगाणी, जहाजवाली, साबी और महेश्वरा पुनर्जीवित की हैं। अब भू-जल का स्तर ऊपर आकर नदियों को सदानीरा बना रहा है। बढ़ते ताप और बिगड़ते मौसम के मिजाज को भी तालाबों की नमी हरियाली बनाकर ठीक कर रही है। वातावरण के कॉर्बन को पेड़ अपने पत्तों, तनों और जड़ों में जमा कर लेते हैं। अतः तालाब जैसा छोटा स्थानीय काम वैश्विक समस्या बिगड़ते मौसम के मिजाज और धधकते ब्रह्मांड को सन्तुलित करने का उपचार साबित हो रहा है।

मेवात में न्याणा, बाजोट, ईस्माइलपुर (किशनगढ़) हसनपुर, मिर्जापुर, जाटमालियर, बाघोर, आदिपुर-सादिपुर, सरेटा (तिजारा) सेवल, तेसिंग (भरतपुर) डीलमकी, नीलमकी, (तावडु), डौला (बागपत) के बहुत से गाँवों ने अपनी वर्षा की बूँदों को सहेजकर पानीदार बना लिया है। मेवात का समाज मेहनत करने जब भी खड़ा हुआ है, तभी उसने विजय हासिल की है, यह सच है। अब यदि ये पानी बचाने में जुट जाएँ तो ये भी पानीदार बन जाएँगे।

आर्थिक लाभ के साथ-साथ आनन्दानुभूति

हमने अब तक जो दस हजार तालाब बनाए हैं, उनके अनुभव से हम पूरे अधिकार के साथ कह सकते हैं कि किसी भी तालाब के निर्माण में जितनी रकम खर्च होती है, उसकी पूर्ति, यदि सामान्य वर्षा हो जाए, तो एक वर्ष में हो जाती है। हम आँकड़ों की भाषा नहीं जानते लेकिन इस काम में लगे श्रम से अधिक आर्थिक लाभ के साथ-साथ गाँव की एकता का सुखी आनन्दमय वातावरण तथा बेसहारा पशु-पक्षियों

को तालाब पर किलोलें करते देखकर मन बाग-बाग हो जाता है। इस आनन्दानुभूति के कारण आगे से और हजारों से लाखों तालाबों के निर्माण की शक्ति हममें आ गई हैं। अमेरिका के साथी पैट्रिक मेकौली ने हमारे तालाबों का अध्ययन करके लिखा है। तालाब में हजार लीटर पानी पकड़ने में तीन रुपए खर्च हुआ है। बड़े बाँधों में इस पानी को पकड़कर उपयोग करना हजारों गुणा महँगा है। तालाबों से ही सबसे सस्ता और स्थायी उपाय है।

तालाब व्यवस्था आज अभिजात वर्ग में आँख की किरकरी!

इस भौतिक और भावनात्मक लाभ के साथ-साथ इस काम ने आज की शोषणकारी और विकृत व्यवस्था का नंगा चित्र भी सामने ला दिया है। दरअसल राजनेताओं को गाँववासियों की बन रही शक्ति पता नहीं क्यों नहीं सुहाती है? प्रशासनिक अधिकारियों तथा तकनीकी लोगों को तो गाँववासियों की शक्ति और परम्परागत स्वावलम्बन की पद्धति अखरती ही रही है। जब ये तालाब बनने आरम्भ हुए थे, तो एक बार राजस्थान सरकार के सिंचाई विभाग के अधीक्षक अभियन्ता से इन्हें अवैध कहकर तोड़ने का नोटिस दिया था। जिलाधीश ने भी इस बात की पैरवी की थी। इन्हें तोड़ने के लिए राज्य-सचिवालय में काफी सरगर्मी रही पर गाँववालों के डटे रहने के कारण फिर जाँच हुई और छः माह बाद विकास आयुक्त का पत्र आया कि यह अच्छा कार्य है, इसमें सरकार का सहयोग है।

देखने और समझने में आया है कि जब सरकार को मजबूरी हो जाती है, तो जिस काम को पहले बुरा, अहितकर, यहाँ तक की कभी-कभी 'देशद्रोही' बतलाया गया हो वह भी उपयोगी बन जाता है। ठीक यही इस तालाब-प्रकरण में हुआ। जब मुख्यमंत्री को यह बात मालूम हुई कि तालाब लोगों ने मिलकर बनाए हैं और तालाब तोड़े गए तो तालाब टूटने से पहले वहाँ के लोग मरने को तैयार हैं, तो ये 'अवैध' तालाब वैध होने के साथ-साथ बहुत अच्छे हो गए। यहाँ इस अच्छे कार्य में सरकार का सहयोग प्राप्त करने की सलाह भी हमें साथ में मिली। संयुक्त राष्ट्र संघ जिन जोहड़ों को नारू रोग का जनक मानकर जोहड़ों को बुरा कहता रहा था, उन्हें ही उसने अब 'बेस्ट प्रैक्टिस' कहना शुरू किया है। सवाल यह उठता है कि आज हर अच्छे रचनात्मक काम के लिए पहले संघर्ष क्यों करना पड़ता है।

क्या हम आशा करें?

बड़े बाँध और नहरों से होनेवाली सिंचाई का खर्च चालीस हजार रुपए प्रति हैक्टेयर पहुँच गया है। इसके अलावा तवा, नर्मदा, भाँखड़ा आदि से निकलनेवाली नहरों का

दुष्परिणाम भी लोगों ने देख लिया है। इसे समझकर जगह-जगह इन बाँधों का विरोध भी हो रहा है। विरोध करनेवाले छोटे बाँध या सिंचाई के तालाबों की बात भी सुझा रहे हैं। आशा है जब हमारे योजनाकार ही इस बात को मान जाएँगे और तालाब बनाने को अच्छा काम कहेंगे, तथा जो पैसा अभी बड़े बाँधों पर खर्च हो रहा है उससे बहुत कम खर्च में तालाबों के जरिए उतना ही काम करने की संस्तुति करेंगे। लेकिन वह दिन तभी आएगा जबकि हम सरकार की कोई मजबूरी बनेंगे। अब हमें बड़े बाँधों पर रोक लगाने के लिए सरकार की मजबूरी ही खोजनी पड़ेगी। तभी तालाबों को भी संरक्षण मिलेगा। मेवात को सिंचित बनाने हेतु वर्षा की एक-एक बूँद हम ठीक से संरक्षित करें। जहाँ भी हम खेती करना चाहें वहाँ वर्षा जल से अच्छी खेती कर सकते हैं। कमी रहे तो यमुना का पानी लाएँ।

तेन त्यक्तेन भुञ्जीथाः

'यह सारी सृष्टि मेरे लिए बनी है, मैं जितना और जिस प्रकार चाहूँ उसके उपयोग का मेरा अधिकार है'—यह गलत धारणा ही आज की कई आर्थिक समस्याओं की जड़ में है। वास्तव में सृष्टि मनुष्य के लिए नहीं है, सृष्टि का अपना स्वतंत्र प्रयोजन है। मनुष्य उसका एक अंग है, अतः सृष्टि का आदर करके जीना है। कुल मिलाकर सारी सृष्टि एक है, उसके विभिन्न अंश परस्पर सम्बन्धित ही नहीं परस्पर अवलम्बित हैं। सृष्टि 'मेरे लिए' नहीं है। वास्तव में वह 'किसी के लिए' नहीं है। सब मिलकर सबके लिए है। इसलिए मनुष्य को प्रकृति से उतना ही लेना चाहिए जितना उसकी जीवन-धारणा के लिए आवश्यक हो। और 'जो लिया जाए वह भी सेवा करके, त्याग करके, बदले में अपनी ओर से कुछ-न-कुछ करके अर्थात् यज्ञ करके।

ईशावास्यमिद्म सर्वभ् यत्किच जगत्यां जगत।
तेन त्यक्तेन भुञ्जीथाः मागृधः कस्यमिद्धनम्॥

जितना हम अपने जीवन में जल का उपयोग करें उतना ही हम अपने श्रम से पसीना बहाकर, तालाब बनाकर, प्रकृति के कार्य में सहयोग देवें। जितना लें उतना ही, वैसा ही प्रकृति को तालाब बनाकर हम लौटाते हैं। इसलिए तालाबों की परम्परा समयसिद्ध और आज भी खरी है। जहाँ समाज लगता है। तालाब बनाकर अपने को पानीदार बना लेता है। तालाब तोड़ने वालों का सामना करके भी अपने तालाब बचा लेता है।

हमारे तालाब दुनिया के सबसे बड़े बाँध से सैकड़ों गुणा ज्यादा पानी रोकते हैं। लेकिन इसके टूटने से कोई बेघर नहीं होता है। जबकि कोसी जैसे छोटे नदी

बाँध टूटने से 32 लाख लोग बेघर होते हैं। हजारों तालाब बेघरों कोघर-बार, पेड़-पौधे, रोटी-पानी देकर आबाद बनाते हैं, बाढ़-सुखाड़ रोकते हैं, मौसम का मिजाज सुधारते हैं, ब्रह्मांड का ताप सन्तुलित बनाते हैं। मेवातवासी जल बचाना और जल का अनुशासित और बहुउद्देशीय उपयोग जानते हैं। ये जल बचाना कुदरत की हिफाजत का कार्य और जल बचानेवाले को पैगम्बर का फरिश्ता तक माननेवाले हैं। वतनपरस्त मेवात का समाज धरती को ही अपना धर्म मानकर इससे जुड़ा रहता है। इसलिए आजादी के वक्त आया इन पर बुरा वक्त भी इन्हें अपनी धरती से नहीं हटा सका। व्यापारी और भिखारी दोनों धरती को प्यार नहीं करते। मेवाती तो धरती को प्यार करता है। इसलिए हिन्दुस्तान छोड़कर नहीं गया। यह अपने ऊपर आए संकट से बचना जानता है। इसलिए अब इनके लूट करनेवाला बाजार इन्हें नहीं लूटेगा। ये अपनी खेती और पानी अपने पसीने से बचाकर अपने को समृद्ध और सुखी-शान्तिमय बनाकर मेवात को पानीदार भी बना लेंगे। इनकी जल, जंगल, जमात मेवात के तालाबों को पुनरुद्धार करने का अभियान सरकार की मनरेगा योजना से साधन लेकर मेवात का प्रत्येक शहर पुराने तालाबों को ठीक करेगा। जहाँ जरूरत होगी वहाँ नए तालाब बनाएगा। अभी तो दिल्ली में भी पुराने तालाब ठीक होने लगे हैं। आनेवाला समय पूरे मेवात के पुराने तालाब ठीक करने और नए बनाने का है। तभी तो मेवात पैगम्बर के फरिश्तों का स्थान बनेगा।

मेवात में पानी के तीन स्रोत–सरकार और समाज

विकासशील देशों में जनसंख्या का दबाव इतना अधिक है कि शहरों की धारण शक्ति चरमरा रही है। चीन के बीजिंग, शंघाई तथा भरत के मुम्बई, कोलकसता, दिल्ली और मद्रास जैसे घनी जनसंख्यावाले शहरों में अनियंत्रित नगरीकरण के चलते स्थानीय प्राकृतिक संसाधन नष्ट हो रहे हैं और अब ये शहर स्थायी जल संकट की चपेट में हैं। अमूल्य स्थानीय जल संसाधन को इन शहरों में सुरक्षित नहीं किया जा रहा है। यही हाल हमारे मेवात का है।

विकासशील दुनिया के इन महानगरों के पास जल्दी ही जल जैसा आवश्यक संसाधन खत्म होता दिखता है। दूसरी ओर विकसित देशों के पास अभी बहुत से प्राकृतिक संसाधन सुरक्षित हैं, जिनका प्रयोग वे जल के लिए कर सकते हैं। उदाहरण के लिए न्यूयॉर्क 150 कि.मी. दूर स्थित कैटस्किल के जंगलों से जल प्राप्त करता है। लेकिन मेवात के पास ऐसा कोई विकल्प नहीं है। मेवात का अपना जल होना चाहिए।

ब्रज यमुना और अरावली पहाड़ियों से बना है और मेवात इसी का भाग है। ये दोनों महत्त्वपूर्ण जल संसाधन हैं। इसीलिए सभी प्राचीन और मध्यकालीन बस्तियाँ तो अरावली पर या यमुना के किनारे बसी थीं। ऐसे अमूल्य प्राकृतिक संसाधनों और स्थानीय जल संसाधनों को अल्कालीन लाभ के लिए नष्ट किया जा रहा है। जब संसाधन स्थानीय है तो अपनी जल समस्याओं के लिए हमें स्थानीय हल ही खोजने होंगे।

मेवात में मेरा दरद ना जाने कोय : अरावली

दुनिया की प्राचीनतम पर्वत श्रृंखलाओं में एक अरावली भारत के चार राज्यों में फैली है। राजस्थान के 16 जिलों में 43,315 वर्ग किलोमीटर, गुजरात के 2 जिलों में 5,455 वर्ग किलोमीटर, हरियाणा के तीन जिलों की 8 तहसीलों में तथा दिल्ली के महरौली क्षेत्र में फैली अरावली में कुल लगभग 27 हजार वर्ग किलोमीटर घोषित वनक्षेत्र हैं। इस क्षेत्र में 5 राष्ट्रीय उद्यान, 4 बाघ परियोजनाएँ, 17 वन्य जीव अभ्यारण्य हैं। इनके बावजूद अरावली पर्वत श्रृंखला नंगी होती जा रही है।

इसके बिगड़ते पर्यावरण को देखते हुए उच्चतम न्यायालय के नियमों की पालना में भारत सरकार ने 7 मई, 1992 को पर्यावरण संरक्षण अधिनियम 1986 की धारा 3(1) और धारा 3(2) (फ) और पर्यावरण संरक्षण नियम 5(3) (घ) के अधीन अन्तिम अधिसूचना जारी की थी। इस अधिसूचना द्वारा अरावली में पर्यावरण-विरोधी सभी गतिविधियों पर रोक लगाकर उन्हें गैर-कानूनी करार कर दिया। वन्यजीव अभ्यारण्यों, राष्ट्रीय पार्कों तथा बाघ परियोजनाओं के अन्तर्गत आनेवाले क्षेत्रों में चल रहे खनन को भी रोक दिया गया था लेकिन आज तक भी इस कानून को अरावली क्षेत्र में लागू नहीं किया गया है।

उच्चतम न्यायालय के आदेश से सरिस्का बाघ परियोजना में चल रही खदानों में से 262 खदानें बन्द कर दी गई थीं पर कुछ खदानें आज भी रात में चोरी-छिपे चल रही हैं। शेष 208 खदानों के मालिक अपनी खदानों को चलाए रखने के रास्ते खोज रहे हैं। सबसे पहले तो इन्होंने भारत के पर्यावरण मंत्री पर दबाव डालकर 15 जुलाई, 1996 को एक उच्च स्तरीय समिति का गठन करा लिया है। यह समिति खान चलाए रखने के रास्ते खोजकर 15 दिन में पर्यावरण मंत्री को रिपोर्ट देगी। यह सरकारी प्रक्रिया निश्चित ही खान-मालिकों को खुश करने के लिए आरम्भ की गई है।

राजस्थान की राजनीति के अधिसंख्य नेता यहाँ के गरीबों के प्राकृतिक संसाधन, जंगल व पहाड़ों को लुटवाने पर आमादा हैं। इस कार्य में शासन के लोग न्यायतंत्र को भी अपने हित में उपयोग करने से नहीं चूक रहे हैं।

अरावली के मेवात क्षेत्र के लोगों की पर्यावरण-चेतना के कारण 22 दिन तक सत्याग्रह चला, जिसके परिणामस्वरूप इस क्षेत्र में खनन और स्टोन केशर पूर्णरूपेण बन्द रहा। लेकिन यहाँ के प्रशासन पर सत्याग्रह का तनिक भी प्रभाव नहीं पड़ा है। यहाँ के क्रेशर से ही बीमारी बढ़ी थी। उसका इलाज नहीं हुआ।

हमारे देश की पर्यावरण नीति स्पष्ट उल्लेख है कि भारत के पहाड़ी क्षेत्रों में 66 प्रतिशत भूमि पर वन होने चाहिए तथा मैदानी क्षेत्रों में 33 प्रतिशत भूमि पर जंगलों का होना अनिवार्य है। इस नीति को बने दो दशक बीत चुका है लेकिन आज भी वन क्षेत्र बड़ी तेजी से घटते जा रहे हैं। इसमें राजस्थान की स्थिति तो और भी भयावह है। यहाँ पर अरावली के पहाड़ी क्षेत्र में कुल 6 प्रतिशत भूमि पर ज़ंगल शेष हैं।

उक्त आँकड़ों से यह बात सिद्ध होती है कि हमारी सरकार की नीति देखने में बहुत अच्छी लगती है लेकिन इसका व्यावहारिक रुख उतना ही उलटा है। इसका सारा दोष केवल सरकार पर ही मढ़ना ठीक नहीं है। हम भी सुख-भोग-दिखावे में फँसकर राज्य के प्रलोभन में आ रहे हैं और अपने हाथों से अपने संसाधनों को लुटवा रहे हैं। आज के राज्य ने 'मत्स्यबकुलीकरण' की कहावत को चरितार्थ कर दिया है। यह कहानी अरावली के सन्दर्भ में और भी खरा उतरती है।

अरावली के पेड़ लूट गए हैं। अब केवल कुछ पहाड़ शेष रहे हैं। उन्हें भी गरीबों को रोजगार देने के नाम पर उन्हीं से खुदवा-खुदवाकर लूट रहे हैं। बेशकीमती वनस्पतियों की जड़ों की इस खुदाई से हम प्रलय को करीब बुला रहे हैं। विकास की जगह विनाश की ओर धकेल रहे हैं—जंगल, जमीन और जीवन को। अरावली को अभी प्रलय से बचाने का समय है, बशर्ते कि हम वर्तमान सरकार को कहे दें कि हमें हंस नहीं बनना है। हम जैसे हैं, हमें वैसे ही हमारे हाल पर छोड़ दो, हमारे संसाधनों को लूटना बन्द करो, हम स्वयं ही अपने पहाड़ व जंगलों को बचाकर अपना जीवन जी लेंगे। खनन ने अरावली को बेपानी बनाया। आज पानी बचाना है तो खनन और क्रेशर को रोकना भी जरूरी है।

अरावली क्षेत्र महत्त्वपूर्ण जल संसाधन है। मेवात का यह प्राचीनतम प्राकृतिक संसाधन "क्वार्टझाइट" के जमावों से बना है और 200 करोड़ वर्ष का प्राकृतिक इतिहास अपने में समेटे हैं। दो तिहाई से अधिक वर्षा के जल को सोख लेता है। पूरे अरावली क्षेत्र में वर्षा के जल से भरे ये अकूत भंडार हैं जिनमें विशुद्ध जल संरक्षित है। अतः इन क्षेत्रों को संरक्षित किया जाना आवश्यक है। हम पहले भी प्रधानमंत्री और दिल्ली हाई कोर्ट से हस्तक्षेप करने और अरावली का विनाश रुकवाकर इसे जल अभ्यारण्य और सामूहिक भूमिगत जल संसाधन के रूप में घोषित करवाने की माँग कर चुके हैं। सम्पूर्ण अरावली क्षेत्र का संरक्षण बहुत ही

आवश्यक है। जैसाकि अध्ययन दर्शाते हैं कि भूमिगत जल केवल अरावली क्षेत्रों में है। अरावली का आधे से भी अधिक क्षेत्र 2700 वर्ग कि.मी. संरक्षित जंगल के रूप में चिह्नित किया गया है।

मेवात में प्रति वर्ष औसतन 60 सेमी वर्षा होती है जिससे प्रति वर्ष 120 करोड़ घन मीटर जल प्राप्त किया जा सकता है। मेवात में अरावली इसलिए भी अधिक महत्त्वपूर्ण है क्योंकि इसके द्वारा संरक्षित जल किसी भी अन्य कृत्रिम या प्राकृतिक स्रोत के मुकाबले कम नहीं है। एक लीटर मिनरल वाटर के वास्तविक मूल्य के पाँचवें हिस्से के हिसाब से यदि 2 रुपए प्रति लीटर इस जल को बचाया जाए तो इससे प्रति वर्ष 57 हजार करोड़ कमाए जा सकते हैं।

मेवात का भूगोल

बाढ़ क्षेत्र भी मेवात में ही पड़ता है। राजस्थान का अलवर-भरतपुर (रामगढ़, किशनगढ़, खैरपल, तिजारा, कामा, कुम्हेर, डीग, पहाड़ी) हरियाणा में मेवात (फिरोजपुर झिरका, नूँह, पलवल, सोता, फरीदाबाद, गुड़गाँव), और उत्तर प्रदेश का आगरा-मथुरा में यमुना का किनारेवाला हिस्सा मिला कर मेवात बना है। यहाँ सूखा रहता था। 1996 में यहाँ बाढ़ आई थी। वैसे तो पहले भी यहाँ बाढ़ आती थी।

राजस्थान के भरतपुर, अलवर जिलों में प्रायः ग्रीष्मकालीन जल संकट तथा सूखे जैसी स्थिति बनी रहती है। राजस्थान के भूजल विभाग द्वारा किए गए अध्ययन के आधार पर पिछले दशक में (1984 से 1994 के बीच) राज्य के मानसून पूर्व भूजल-स्तर में 4 से 5 मीटर कमी आई है। अलवर जिले में भूजल-स्तर में गिरावट की दर सर्वाधिक (0.5 मीटर वर्ष) मापी गई है।

कभी-कभी तूफानी वर्षा से इस क्षेत्र की बरसाती नदियाँ अपने जलागम क्षेत्र को जल-प्लावित कर नुकसान पहुँचाती है। वर्ष 1996 के जून महीने के अन्तिम सप्ताह में (23 से 26 जून के बीच) अलवर-भरतपुर क्षेत्र (साहिबी, रूपारेल, बाणगंगा के जलागम क्षेत्र) में हुई तूफानी वृष्टि से जो प्रलयंकारी बाढ़ आई उसने पिछली एक शताब्दी में आई बाढ़ों से क्षति से सभी मानकों को तोड़ दिया। इस क्षेत्र में अतिवृष्टि होने से दक्षिण हरियाणा का सीमान्त क्षेत्र (नारनोल, अटेली, रेवाड़ी तथा गुड़गाँव जिले की पश्चिमी सीमा) भी प्रभावित होता है।

यहाँ की बरसाती नदियाँ—साहिबी, दोहान तथा कृष्णावती राजस्थान से हरियाणा (दक्षिण-पश्चिम से उत्तर-पूर्व) की ओर बहती हैं। साहिबी के समानान्तर ही उत्तर-पूर्वी राजस्थान के अलवर-भरतपुर जिलों में रूपारेल नदी अरावली पर्वत शृंखलाओं से निकलकर 104 कि.मी. से अधिक बहने के बाद भरतपुर जिले के उत्तर पश्चिमी मैदान में फैल जाती है। इसके अन्तिम छोर पर बने सीकरी पट्टी बाँध से 28 नहरें निकाली गई हैं, जो कामां तहसील के पश्चिम में जल को फैलाकर सिंचाई करती है।

हरियाणा मेवात क्षेत्र में भूजल-स्तर 300 से 350 फुट नीचे चले जाने से ग्रीष्मकालीन पेयजल संकट ने एक दुरूह स्थिति पैदा कर दी है। कुछ अटूट पातालतोड़

कुएँ भी अत्यधिक जल-दोहन से सूख चुके हैं विगत वर्षों में इसमें कई बार तबाही हुई है। वस्तुतः इन दो प्रान्तों के सीमावर्ती मेवात क्षेत्र में सूखे तथा बाढ़ की स्थिति एक अन्तर्राज्यीय समस्या है, जिसका समुचित हल निकालना अत्यावश्यक है। राजस्थान के भरतपुर क्षेत्र की तरह दक्षिण हरियाणा के लोग भी रोजी-रोटी की तलाश में दूर-दराज के शहर तथा दिल्ली के शहरी इलाकों की ओर पलायन करने को मजबूर हुए हैं।

महाभारत काल से ही यह क्षेत्र सूखी नदियों, पहाड़ियोंवाला 'खांडवप्रस्थ' के नाम से जाना जाता रहा है। यहाँ वार्षिक 500 से 600 मि.मी. वर्षा होती थी। इसमें से 4/5 वर्षा तो दो-तीन दिन में होती रही है। इसलिए इस क्षेत्र की सभी नदियाँ रूपारेल, बाणगंगा और उनकी सहायक धाराएँ पूर्णतया बरसाती हैं। कुछ दिनों में जलहीन होने के कारण भू-जल अति सीमित है और उसकी पुनः पूर्ति बाहर से नहीं होती है। मात्र स्थानीय वर्षा से ही होती थी। सब मिलकर इस क्षेत्र में जल संसाधन स्वल्प और कृषि के लिए पूर्णतया अपर्याप्त थे।

250 वर्ष पूर्व तक यह क्षेत्र पूर्णतया वनों पर और पशुपालन पर निर्भर था। यहाँ खेती नगण्य थी। लोगों की जरूरत बढ़ती देख भरतपुर-अलवर के राजाओं ने यहाँ जल प्रबन्धन और खेती के विकास के लिए सिंचाई पद्धति विकसित करने का गौरवपूर्ण इतिहास रचा। उन्होंने प्रजा के सहयोग से इस क्षेत्र की एक-एक बूँद वर्षा जल को खेती में उपयोग करने की व्यवस्था कर दी। इसे देखकर आज के बड़े-बड़े इंजीनियर भी मुँह में उँगली दबाते हैं और नतमस्तक हो जाते हैं। इसी के बल पर इस क्षेत्र में समृद्ध कृषि का विकास हुआ। जल का खारापन भी कम हुआ। इसीलिए भरतपुर के किसान 1995 से पूर्व बाढ़ (अधिक जल) को आमंत्रित करते थे। जल आता था तो दो-चार दिन में उतर जाता था, शेष बन्धें में भरा रहता था। लेकिन 1995 की वर्षा से इस क्षेत्र के बाँध, डेन टूटी और उनकी जून 1996 तक मरम्मत नहीं हुई। वर्षा शुरू होते ही ऊपर से नीचे की तरफ के सब बाँध टूटते ही चले गए। सबसे पहला बम्बोरा का बाँध टूटा।

बम्बोरा का बाँध एक सौ मीटर ऊँची दो पहाड़ियों को जोड़नेवाला पक्की दीवारों का बना हुआ 300 वर्ष पुराना बाँध था। टूटते ही इसके नीचे के थेकरा ही पाल, मूँहरवा की पाल, कन्नू का नाका, खानपुर (भगाड़ा) का बाँध, अन्तरिया का बाँध, फिर रावली का बाँध को तोड़ता हुआ कामां की तरफ आगे बढ़ा। इसी प्रकार दूसरी जलधारा ने ईस्माइलपुर, ईचाका, झरिन्डा, टोहरी, भंगेरी, करवड, भठकोल, भीगनहेड़ी, तिजारा जेरोली के बाँधों को तोड़ते हुए जलधारा में गुड़गाँव के पास जाकर मिल गई।

तीसरी जलधारा पर राता खुर्द, पड़ीसल, शाहपुर, घाटाला, चान्दोली, बरवाड़ा, विजय मन्दिर, डहरा, शाहपुरा, बनजीरका, बगड़, नाहरका, पिपरोली को तोड़ती हुई

नसवारी के पास जाकर मुख्य धारा में मिल जाती है। चौथी जलधारा कारौली, किथूर, बहादरपुर, चिकानी, भजेड़ा, सोदका, ऊँटवाल, कोटाखुर्द, मुकुन्दवाल, दोहली, खिलौरा, सारेश चौकी, बाध पालों को तोड़ती मुख्य धारा में मिल जाती हैं।

पाँचवीं जलधारा भादल, शीतल चिडवई होते हुए नसवारी में जाकर दूसरी धाराओं में मिलती है। इस धारा को बारां (रूपारेल) के नाम से जाना जाता है। उक्त सभी बाँध सिंचाई विभाग के हैं। इसलिए इन्हें बचाने के कोई प्रयास नहीं किए। सब टूटते हुए उस क्षेत्र का जल भी अपने में मिलाकर और विशाल दानव का रूप लेता हुआ आगे बढ़ता गया। इसे रोक पाने या सँभल पाने का सामर्थ्य मार्ग में कहीं नहीं मिला। रैगूलेटर पर उत्तर प्रदेश द्वारा नियंत्रण कर देने से ऊपर राजस्थान में कामां पहाड़ी क्षेत्र की त्रासदी और भी बढ़ गई।

मेवात जल के अन्तर्राज्यीय विवाद भी झेल रहा था। राजनैतिक सीमाओं में बँटा मेवात कई तरह की समस्या झेल कर भी सद्भावना और शान्ति से जी रहा है। मेवात जल संकट समाधान और बाढ़ से बचने और इसके साथ जीने के तरीके भी खोजने लगा।

स्वतंत्रता के बाद बने या ऊँचे किए गए नहर, खालों, सड़क रेल आदि के भरावों ने प्रवाह में बाधा डालकर और निचले क्षेत्रों में पानी निकालने के लिए लगाए गए सरकारी पम्प स्टेशनों के न चलने से निचले क्षेत्रों में त्रासदी पैदा कर दी।

इस त्रासदी में सैकड़ों लोगों की पानी से बहकर अकाल मृत्यु हो गई। बाढ़ के बाद संक्रामक रोगों से तथा मलेरिया, डेंगू, फल्सीफेरम मलेरिया आदि से हजारों लोग मरे। पूरे के पूरे गाँव [जैसे, बान्धोली का बास] बह गए। सप्ताह तक गाँव में पानी भरा रहा, घर ढह गए। कुओं में वर्षा का पानी-मिट्टी भर गई। अनाज सड़ गया। इस त्रासदी से हुई हानि की व्यापकता अनुमान आँकड़ों से परे हैं। इस त्रासदी के लिए लोक निर्माण/सड़क विभाग, रेल, सिंचाई, प्रशासन व मौसम विभाग दोषी है।

लोक निर्माण, सड़क विभाग की अक्षमता, अयोग्यता व लापरवाही से बम्बोरा बाँध के पास बिना बाँध की सुरक्षा का ध्यान रखे सड़क सुधार के लिए कटाई व ब्लास्टिंग कर दी और सड़कों में वर्षा जल निकासी के लिए उपयुक्त स्थान, समुचित आकार के द्वारा नहीं बनवाए। इसका उदाहरण अलवर-रामगढ़, नौगांवा-दिल्ली मार्ग पर बनी पुलियों के पास तो पानी फटका भी नहीं। इधर-उधर दसियों जगह से सड़क काट दी व तोड़ दी। इस विभाग ने पुलियों और पास के नालों के नख-रखाव और सफाई पर समुचित ध्यान नहीं दिया। इसलिए ही बाँध टूटे और बाढ़ की त्रासदी शुरू हुई।

रेल विभाग ने रेलवे लाइन बिछाने से पहले पर्यावरण एवं परिस्थितियों का मूल्यांकन नहीं किया। बिना सोच-समझे रेलवे ने ऊँची-ऊँची लाइनें बनवा दीं। जिनसे

पानी रुक गया और समुचित निकासी के बिना यह रेलवे विभाग की सीधी लापरवाही है व गैर जिम्मेदारी है।

सिंचाई विभाग ने बाँधों के देखभाल करने में लापरवाही की। इन्होंने रियासती काल में बने बाँधों, नहरों, नालों के रख-रखाव पर पूरा ध्यान नहीं दिया। 1995 की बाढ़ में क्षतिग्रस्त बाँधों, नहरों, नालों की समय से मरम्मत नहीं हुई। इसी प्रकार बाढ़ निकासी के लिए लगाए पम्प स्टेशन चालू नहीं किए गए, जिससे बाढ़ की त्रासदी बढ़ती चली गई।

प्रशासन ने अपना दायित्व नहीं निभाया। बाढ़ की पूर्व चेतावनी समय पर नहीं दी। इसी प्रकार बाढ़ क्षेत्र से लोगों व पशुओं, सम्पत्ति को खाली करने का प्रबन्ध नहीं हुआ। पूर्व सूचना देनेवाले स्टेशनों पर व्यक्ति नहीं रहे। बाढ़ राहत कार्य में कोताही बरती गई। मौसम विभाग ने भी ठीक से समय पर जानकारी नहीं दी।

मेवात सुखाड़-बाढ़ प्रभावित है। इस क्षेत्र को बाढ़ और सुखाड़ से बचाने हेतु वर्षा जल का सामुदायिक विकेन्द्रित प्रबन्धन से किया जाना जरूरी है। जिन गाँवों ने बाढ़-सुखाड़ से बचने की कोशिश की है वे गाँव बाढ़-सुखाड़ से बच गए हैं। मेवात में सरकार और समाज मिलकर बाढ़-सुखाड़ से बचने के उपाय तत्काल प्रभाव से शुरू करें।

मेवात में बाढ़ के मैदान, ब्रज क्षेत्र (यमुना किनारे उत्तर प्रदेश-दिल्ली-हरियाणा)

बाढ़ के मैदान भी मेवात के अदृश्य जल भंडार हैं, बिल्कुल उपेक्षित हैं और नष्ट किए जा रहे हैं। नदियों का बहाव वर्ष भर बदलता रहता है और मानसून के दौरान यह अपने चरम पर होता है। इस दौरान नदियों किनारे तक बहती है और काफी चौड़ी हो जाती है। इस प्रक्रिया में नदी के बाढ़ क्षेत्रों में काफी मात्रा में गाद और जल का जमाव हो जाता है। बाढ़ क्षेत्रों में गाद और रेत से बनी मिट्‌टी होती है जो अपने भीतर पानी सोख पाने की क्षमता रखती है। हम एक छोटा सा प्रयोग कर सकते हैं। गिलास में बाढ़ क्षेत्रों की मिट्‌टी डालकर यदि उसमें पानी डाले तो हम पाएँगे कि इसने 60 फीसदी जल सोख लिया है। दूसरे शब्दों में बाढ़ क्षेत्र रेत के भीतर एक अदृश्य झील जैसे हैं। एक खुली झील से जहाँ वाष्पीकरण के जरिए जल वाष्पीकृत हो जाता है वहीं बाढ़ क्षेत्रों की इन झीलों में जल ज्यों-का-त्यों संरक्षित रहता है। यह क्षेत्र स्पन्ज की तरह है।

एक छोटी सी गणना से हम इस जल भंडार का महत्त्व समझ सकते हैं। मेवात में लगभग 300 वर्ग कि.मी. बाढ़ क्षेत्र है जिसकी औसत गहराई 40 मीटर है जिसका तिहाई हिस्सा अभी अनछुआ है। यदि हम इसकी जल ग्रहण क्षमता कहीं अधिक

सीमित केवल आधी भी माने तो इतने ही क्षेत्र से हमें एक अरब फार्म मीटर जल प्राप्त हो सकता है। लगभग इतना ही जल प्रति वर्ष मेवात को चाहिए। नदी का बाढ़ क्षेत्र हर साल पानी अपने भीतर सोख लेता है और जल भंडारों को पुनः भर देता है। लेकिन यह तभी सम्भव है जब नदी को अपनी मर्जी से बहने दिया जाए। नदी के पानी को नहरों की ओर मोड़ देना और बाढ़ क्षेत्रों में निर्माण कार्य करना इन जल भंडारों के लिए खतरा है। इस पानी के आर्थिक मूल्य की गणना करना उचित होगा। मेवात में 10,000 लीटर [10 घन मीटर] के जल टैंकर का मूल्य 1,000 रुपए हैं। इस हिसाब से बाढ़ क्षेत्रों का पुनर्भंडारण मूल्य 10,000 करोड़ प्रति वर्ष है। मेवात का कुछ बाढ़ क्षेत्र फ्लोराइड प्रभावित भी है। वहाँ इस भूजल पुनर्भरण का लाभ नहीं है। वहाँ प्राकृतिक पुनर्भरण नहीं होता है।

नदी और बाढ़ क्षेत्रों के साथ छेड़छाड़ विनाशकारी है। यमुना के साथ छेड़छाड़ का अर्थ है विश्वसनीय जल स्रोतों का विनाश। मेवात को बेपानी बनाकर उजाड़ना। बेपानी होकर मेवात का उजड़ना अच्छा नहीं है। लेकिन दुर्भाग्य से सरकार मेवात को उजड़ना ही तय कर चुकी है।

भूमिगत जल भंडार

भारत की राजधानी मेवात में ही फतेहपुर सीकरी में रही थी। आज पानी के कमी के कारण फिर मेवात दिल्ली में ही आ गया है। लेकिन अब बेपानी होकर कहाँ जाएगी? क्योंकि मेवात में हम जल संरक्षण हेतु जिम्मेदारी के साथ काम नहीं कर रहे हैं। हमारे भूमिगत जल भंडारों में आपातकाल के समय मेवात के लिए जल संरक्षित है। अधिकांश उथला भूमिगत जल भूमि के पहले स्तर में पाया जाता है जहाँ वर्षा के कारण जल भंडारण होता है। मेवात में वर्षा के जल से समृद्ध होनेवाले ये भूमिगत जल भंडार लगभग 40 मीटर तक हैं। इनके नीचे आमतौर पर पत्थर जैसे सख्त स्तर हैं। उसके नीचे वे जल भंडार हैं जो मौसमानुसार वर्षा से समृद्ध नहीं होते, बल्कि नदी या अन्य भूमिगत स्रोतों से संचित होते हैं। यह जल भंडारण प्रक्रिया बहुत धीमी होती है और इस प्रक्रिया में 50 वर्ष तक लग सकते हैं।

इस प्रकार के जल भंडारों को आपातकाल के लिए सुरक्षित रखना चाहिए। लेकिन मेवात के लैंड डेवलपर्स द्वारा इनका भी इस्तेमाल किया जा रहा है। उदाहरण के लिए गुड़गाँव में इनका भरपूर शोषण किया गया है। एक बार इन जल भंडारणों के सूख जाने पर इनका दोबारा समृद्ध होना मुश्किल है।

हम कितना अमूल्य जीवन जल को बरबाद करते जा रहे हैं। हमने उसका मूल्य-निर्धारित करने का भी प्रयत्न नहीं किया है। क्योंकि जीवन का मूल्य

निर्धारित नहीं करते इसलिए जल-जीवन को समान मानकर इनका मूल्य निर्धारित नहीं किया। आज कम्पनियाँ पानी का मूल्य तय करके हमारा पानी हमें ही बेच रही हैं।

मेवात में भी हम अपना ही पानी दूसरों की बोतल में बन्द होने पर मोटी रकम देकर खरीद रहे हैं। अभी तो दूध के भाव मिल रहा है लेकिन आनेवाले कल में घी के भाव भी नहीं मिलेगा। जिन्हें आज खाने के लिए रोटी नहीं है, वे क्या मेवात के गाँवों में रहकर दुकान से दूध और घी के भाव पानी खरीदकर पी सकेंगे? नहीं। इसका अर्थ मेवात से पहले गरीब उजड़ें। फिर अमीर भी उजड़ेंगे। जब पानी खत्म होगा तो गरीब-अमीर सभी का उजाड़ निश्चित है।

कम्पनियाँ लोगों को उजाड़ने में जुटी हैं। मेवात के पानी का संकट मेवात के अधिकारी, व्यापारी और नेता मिलकर कर रहे हैं। समाज बिखरे और उजड़ेगा। उक्त तीनों भी आखिर में उजड़ेगी। पानी के बिना जीवन नहीं है। सरकार मेवात को बेपानी बनाने का तय कर चुकी है।

मेवात 1995 के जल स्रोतों को बचाने और जंगल पहाड़ों पर हो रहे अतिक्रमण रोकने हेतु जल संरक्षण आन्दोलन चल रहा है। इसका विवाद उच्चतम न्यायालय में चल रहा है। हमें उम्मीद है कि न्यायपालिका हमें न्याय देगी।

यमुना के भूजल स्रोतों को सुरक्षित करने की व्यवस्था बनाने का कार्य मेवात हेतु महत्त्वपूर्ण है। हमारा देश भयानक भ्रष्टाचार के बावजूद भी न्याय देनेवाला देश है। यहाँ आज भी सत्य की जीत होती है। भ्रष्टाचार सत्य को दबाने हेतु बहुत रेत मिट्टी उस पर डालता है। फिर भी भारत में अहिंसा के रास्ते सत्य की जीत होती है। मेवात इसका जीता जागता उदाहरण है।

यहाँ के मेवाती अहिंसा से ही अपनी भूमि पर बसे रहे। अब अपनी भूमि को पानीदार बनाकर रखना मेवात के लिए जरूरी है। मेवात में अरावली का पानी, खादर की बाढ़ क्षेत्र का पानी और मैदानी क्षेत्र का भूजल पानी है। इसको बचाकर ही मेवात पानीदार रह सकता है।

मेवात की एक अलग जल नीति महात्मा गांधी के सिद्धान्त के आधार पर यहीं बननी चाहिए। जल मेवात के जन की समझ से ही बचेगा। मेवात का सम्मान करके मेवात को पानीदार बनाए। लोकतंत्र में जल जैसे साधन पर सरकारी हमला करना और करवाना अच्छा नहीं है। जल तो जीवन का मौलिक अधिकार है। लोकतंत्र में मौलिक अधिकार सुरक्षित और सुनिश्चित करना समाज के लिए सरकार की जिम्मेदारी है। आज सरकार ही पानी पर हमला करे तो? मेवात समाज को ही अपनी खादर-बांगर पहाड़ नदी का पानी स्वयं समझकर सहेजने हेतु बड़ा सत्याग्रह करना होगा।

मेवात समाज : सरकार के जल विवाद में पिसता ही रहा

सरकार सभी जगह जल संरक्षण में जन भागीदारी की बातें करती रहती हैं। जल बचाने में समाज श्रम करें। सरकार अपनी जलसत्ता चलाएँ, सरकारी अधिकारी, राजनेता सभी राज्यों में निरापद रूप से जल कार्यों में जन भागीदारी का आह्वान करते हैं। उनके बुलावे पर लोग पहुँच भी जाते हैं। अधिकारी, व्यापारी, नेता और इंजीनियर सभी मिलकर अपने निर्णय समाज पर थोपते ही रहते हैं। जहाँ-तहाँ समाज इन्हें झेलता हुआ दिखता है।

समाज का मतलब क्या निकला? यह जमात यह भी भूल जाती है कि समाज भी जानता है। नेता को वोट, अधिकारी को नोट, व्यापारी को व्यापार, समाज को पानी की जरूरत है। इसलिए आज सबको जल उपलब्धि के नाम पर जो भी योजनाएँ मेवात विकास बोर्ड और योजना-आयोग से पारित होकर धरती तक पहुँचती हैं, तब तक सब ही पक्ष अपना हिस्सा तय कर लेते हैं। जिनको पानी मिलता है, वे सब बेखबर ही रहते हैं इसीलिए मेवात में आज पानी के विवाद जन्म ले रहे हैं।

बेखबर समाज जहाँ कहीं अपनी समझ-शक्ति और निर्णय से अपनी जरूरत पूरी करने लगता है, तो उस पर नेता, अधिकारी और व्यापारी का त्रिगुट हमला बोल देता है। मैं पिछले 25 वर्षों से इन्हीं हमलों को झेलता आ रहा हूँ। सबसे पहले न्याणा गाँववासियों ने अपना जल सहेजा तो यहाँ जो नेता और अधिकारियों ने मिलकर उन्हें फँसाने की कोशिश की थी। वह बहुत ही दुखद है। ग्रामीण समाज ने संगठित होकर अपने न्याणागाँव को पानीदार बना दिया।

1986 गोपालपुरा में पहला जोहड़ बनकर तैयार हुआ, सिंचाई विभाग ने सिंचाई व निकासी अधिनियम 1954 के तहत केस बनाया। जोहड़ को तोड़ने का नोटिस दिया। अदालती कार्यवाही शुरू कर दी। 1988 में भी इसी गाँव के गोचर की नंगी गैर-मुमकिन पहाड़ियों पर समाज ने मिलकर वृक्षारोपण कर दिया, तो राजस्व विभाग से 5,960/- रुपए का दंड तरुण भारत संघ पर थोप दिया। जल-जंगल बचाने का काम तो इस डर से हमने तो नहीं रोका।

गाँव में तनाव पैदा हुआ। समाज के जल संरक्षणवाले काम में बहुत-सी रुकावटें आईं। लेकिन सतत प्रयास से गाड़ी निकल चली। आज समाज ने तरुण भारत संघ की मदद व स्वयं के श्रम से 18 जिलों में सात हजार से ज़्यादा जोहड़, चैक-डैम, खेत तलाई कुंड आदि बनाएँ। सरिस्का के जंगल में भी बहुत-सी जल संरक्षण संरचनाओं का निर्माण हुआ। इसका जंगली जीवों, जंगल और जंगलवासियों को बहुत लाभ हुआ। इसी जंगल के किनारे लावा का बास प्यासा गाँव था।

सरिस्का के जंगली जीव भी जंगल से निकलकर थानागाजी व लावा का बास गाँव तक प्यासे पहुँचते थे। लावा का बास ग्रामीणों ने अपनी प्यास मिटाने वास्ते लावा का बास का जोहड़ बनाया। इसे शुरू कराने में नेता-अधिकारी सब शामिल करके देखें। तहसीलदार ने इसकी शुरुआत की थी। विधायक भी मौजूद रहे। सिंचाई विभाग के अधिकारी बुलाए लेकिन यहाँ सिंचाई विभाग से कोई नहीं आया। सिंचाई विभाग ने यहाँ अलग तरह से लड़ाई शुरू करवाई। और कहा कि "यह बाँध रूपारेल नदी को रोकता है।" मेरे खिलाफ सिंचाई जल निकासी अधिनियम 1954 के तहत धारा 55 व 58 लगाकर मुकदमा दायर किया।

लावा का बास को पानी की जरूरत थी। उनके खेतों पर बरसनेवाले पानी को रोकने हेतु उन्होंने जोहड़ बनाने की जगह तय करके जोहड़ बनाना शुरू कर दिया। इसे सिंचाई विभाग ने बीच में ही रोक दिया। इसी वर्ष 2003 में सिंचाई विभाग ने इसके ऊपर की तरफ और बहुत से जोहड़, बाँध बना दिए। अतिवृष्टि में सरकार के उक्त सभी जोहड़ टूटकर एकदम से इसमें उनका पानी आया और उससे लावा का बास जोहड़ भी टूट गया। फिर एक दूसरे विधायक ने मेरे विरुद्ध एफ.आई.आर. दायर करने की अपील अखबारों में छपवाई।

अखबारों ने भी विधायक और सिंचाई विभाग की बातें पहले पेज पर छापकर जितनी बदनामी कर सकते थे; वह सब बदनामी कर दी। बाँध सरकार के टूटे, बदनामी समाज और किसी दूसरे की। यह सब सरकारी इंजीनियर, अधिकारी, नेताओं की मंशा समझ में आती हैं।

सिंचाई विभाग और सरकार तो केवल नाममात्र जन सहभागिता चाहती है। जो केवल नामी सहभागिता नहीं, वास्तविक सहभागिता करानेवाले हैं; उन्हीं को सजा मिलती हैं। समाज को अपना काम स्वयं कराके उनका आत्मविश्वास और आत्मगौरव बढ़ानेवालों को दबाना ही आज के नेताओं ने अपना लक्ष्य बना लिया है। बुनियादी काम समाज को खड़ा करते हैं, एवं सरकारी परियोजनाओंवाले काम समाज को दबाते हैं। कामचोर बनाते हैं। इनका अन्तर सबको दिखता है।

आज की सरकारी परियोजनाएँ, नेता, अधिकारी, व्यापारी को पुष्ठ करती हैं। समाज द्वारा सम्पादित कार्य सबको चुनौती देते हैं। अधिक खर्च कम लाभ-लाभ भी किसी खास को ही देनेवाला काम अलग होता है। जरूरतमन्द गरीब को लाभ पहुँचाना अलग है। यह सब अलगाव और दूरियाँ गरीब को मौन बनाती हैं। नेता अधिकारी, व्यापारी को पुष्ट करती हैं।

हमने समाज को पुष्ट बनानेवाली प्रक्रिया अपनाई हैं। सबसे पहले समाज को संगठित करके उन्हीं का काम, वे ही करनेवाले, वे ही लाभ का बँटवारा बराबर विधि से बाँटनेवाले। इसीलिए कहीं भी काम शुरू करने से पहले उसका परिचालन,

देख-भाल, पूरा होने पर लाभ का बँटवारा सब वही करते हैं। वे ही टूट-फूट की मरम्मत करते हैं। इस प्रकार के स्पष्ट निर्णयों से हम समाज को काम करने हेतु आगे बढ़ने की प्रेरणा देते हैं।

हमारी भूमिका मेवात समाज में आगे बढ़ने का अहसास कराना है। समाज अपने कार्य स्वयं कर सकता है, वैसा आभास स्वयं करके दिखाना भी हमारा काम रहा है। इस प्रक्रिया से समाज में अत्यन्त बदलाव आया। पानी से परिवर्तन-प्रक्रिया चली हैं। इसे ही आज सरकारें, नेता, अधिकारी सब रोकने में लगे हैं। हर समय समाज के आत्मगौरव और आत्मविश्वास को तोड़नेवाले हमले हम पर हुए हैं। इन हमलों से हम भी कई बार ठिठक गए हैं। लेकिन रुके नहीं।

जिस व्यक्ति और समाज में कुदरत से प्यार होता है, वह अपने पसीने से सामाजिक कृतज्ञता पूरी करता जाता है। इसके बदले पानी की मैंने कभी कोई प्रतीक्षा नहीं की। बल्कि अपने समाज से सीखकर ही उन्हें जोड़ने की कोशिश में ही लगा रहा। इसीलिए समाज भी देखकर जुड़ता चला गया। जहाँ समाज जुड़ा वहाँ कुछ अच्छा हुआ। वहीं सरकारी कोशिश उसे तोड़ने में लगी रही। आज भी लगी हुई है। मैं भी अपने काम में लगा हुआ हूँ।

आज समाज की निन्दा छोड़कर उसकी कुछ अच्छाई और क्षमताओं पर ध्यान देकर उसकी ताकत बढ़ाएँ। इससे सामाजिक सत्ता के समीकरण बदल सकते हैं। केवल इतना ही नहीं सम्पूर्ण बदलाव की दिशा में प्रक्रिया चालू होगी। हमें केवल समाजोन्मुखी राजनेता नहीं चाहिए बल्कि आज समाजोत्कर्षी बनानेवाली प्रक्रिया चलानेवाले ऐसे सामाजिक कार्यकर्ता भी चाहिए जो समाज को खड़ा करके काम में लगाएँ।

समाज में बन्दरबाँट करनेवाले नेता ही अधिकारियों को नोट बनाने के अवसर देते हैं। अधिकारियों की लूट-फूट से समाज को बचाना आज आवश्यक है। इस हेतु समाज का निडर और अनुशासित बनना जरूरी है। ऐसा केवल श्रमनिष्ठा से ही बन सकता है। श्रम निष्ठा से जल सहेजना सबसे बड़ा पुण्यकर्म है। इसे ही बढ़ाने हेतु हमने जल सहेजने के अभिक्रम को चलाया है। इससे लाखों महिलाओं में आत्मगौरव एवं आत्मविश्वास पनपा। इन्होंने और कई काम ऐसे ही शुरू किए। जंगल-गोचर जैसे संसाधन पुनर्जीवित करने में जुटे हैं। किन्तु सभी क्षेत्रों, जिलों में एक जैसी ही समस्याएँ राजनेताओं, अधिकारियों ने पैदा कीं। दौसा में तो हमारे कार्यकर्ताओं को पुलिस द्वारा उठवा दिया। हमीरपुर गाँव में अरवरी नदी का अरवरी भवन जो ग्रामीण बना रहे थे, उसको तोड़ दिया, आगे बनाने नहीं दिया। जबकि ग्रामीण अपनी गाँव की जमीन पर बना रहे थे। गाँववासियों को अपनी समृद्ध पानी परम्परा को पुनर्जीवित करने पर भी रोक तो सरकार ही लगा सकती है?

अरवरी नदी पुनर्जीवित होने, सदानीरा बनने पर यहाँ के ग्रामीणों ने अपने पुरखों की शान्ति हेतु नदी के किनारे अरवरी देवी का मन्दिर बनाया। अब तक वे अपने पुरखों के फूल लेकर हरिद्वार जाते थे। अब गाँव में ही अरवरी नदी को गंगा मानकर यहीं पर सब संस्कार शुरू कर दिए हैं। इस समृद्ध विचार के भवन को जिलाधीश, अलवर ने तुड़ाव दिया था। लेकिन ग्रामीणों ने इसे पुनः बना लिया। मैं बस, यह अनुभव करता हूँ। जहाँ भी स्वयं समाज प्रयास करे उसे हमारा बौद्धिक वर्ग, सरकारी अधिकारी, नेता अपना विरोध ही मानने लगते हैं। इसमें उन्हें अपना काम, अपनी जिम्मेदारी, अपनी भूमिका तलाश कर अच्छे काम सम्पादित करने में जुटना चाहिए। तभी तो हमारा समाज खड़ा होगा। सब की भूमिका समाज को खड़ा करना है। समाज खड़ा होगा तभी हमारी सरकार और हमारा राष्ट्र समृद्ध बनेगा।

आज़ादी से पूर्व मीडिया और सामाजिक कार्यकर्ता में कोई अन्तर नहीं दिखता था। ज़्यादातर स्वदेशी समाचार पत्र समाज के प्रयासों को प्रतिष्ठित करते थे। आज भी इस काम की आवश्यकता है। ऐसा होने से ही जन साधारण परिवर्तन और विकास की प्रक्रिया में जुड़ेगा। इसे जोड़ना आज सबका सबसे पहला व जरूरी काम है।

हमारे प्रकृति के साथ सौम्य रिश्ते तथा प्रकृति के लेन-देन का सन्तुलित व्यवहार ही हमें दुनिया में जगतगुरू के रूप में मान्यता देता रहा है। आज यह प्रकृति से लेन-देन का व्यवहार बिगड़ रहा है। इसे पुनःसुधारना जरूरी है। हम जितना प्रकृति से लें उतना ही उसे लौटाने का प्रयास करें।

हमारी राष्ट्रीय जलयात्रा में भी जगह-जगह लोगों ने ऐसा करके आज भी यह दिखा दिया कि समाज पानी के काम को पुण्य कर्म मानता है। इससे वह अपना व्यवहार बदल सकता है। लेकिन सरकार अपना व्यवहार बदले तभी यह सम्भव होगा। सरकार आज भी पानी को अपनी सम्पत्ति मानकर समाज को जल प्रबन्धन से अलग करना चाहती है। इसीलिए जहाँ समाज खड़ा होकर कुछ जागृति हेतु करने लगा है; वही विवाद खड़े हुए हैं। लोकतंत्र में भी सब कुछ सरकार के सामने समर्पित है, वहाँ कोई विवाद नहीं है।

जलनीति का केवल उन्हीं स्थानों पर विरोध हुआ, जहाँ समाज स्वयं पानी बचाने का काम कर रहा है। इसे पानीदार समाज ने ही 1 अप्रैल, 2003 को सेवाग्राम, वर्धा में, 5 जून व 26 जून, 2003 को देशभर में जगह-जगह पर जलनीति 2002 के दस्तावेज की होली जलाई। सरकार ने इसे भी केवल अपना विरोध मानकर मौन साध लिया। लेकिन यह सब देखकर भी नीति को लोक जरूरतों के अनुरूप बदला नहीं। इस सरकारी चरित्र में केवल विरोध का भाव नजर आता है। इसे सकारात्मक मानकर सरकार जन-कल्याण का प्रयास बना सकती है।

इस नई जलनीति से गरीब, जिसके पास खाने के लिए रोटी नहीं, वह भी दूध के भाव पानी खरीदकर पीने के लिए मजबूर हैं। 'रोटी, कपड़ा सबको देंगे', इस नारे ने पानी भी छीन लिया है। एक गिलास पानी हेतु मोहताज कैसे लड़े सरकार से? इन सब परिस्थितियों को बनानेवाले तो हमारे राजनेता ही हैं। उनके दिए गए नारे हैं। आज नारे तो बदले।

"सबको देंगे शुद्ध पानी", इस पर जोर है। यह खूब सुनने को मिलता है। लेकिन इस नारे का परिणाम वही है। नेता नारों में दाता बनने की चाह रखते हैं। व्यवहार में दाता की जगह ग्राहता है। जहाँ समाज यह समझ गया वहाँ वह भी कुछ बोल के जग गया है। कथनी-करनी का भेद दुखी करता है। इसी से अब समाज में सत्य का विश्वास भी खत्म हो गया है। हर समय प्राथमिकताओं के बदलने से कामों के अधूरा रहने से सबको अब उन्हीं की तरह के व्यवहार की आदत पड़ गई हैं।

अधिकारियों की सोच भी अब ऐसी ही है। ये केवल नेताओं को तथा अपने आपको बचाने एवं साफ छवि वाले बनने की चाह में रहते हैं। इसीलिए दूसरों की छवि बिगाड़ना इनका जरूरी काम बनता है। इससे मुक्ति पाना जरूरी है। तभी विवाद खत्म होंगे।

जल बिरादरी का काम करने हेतु सबसे पहले जरूरी है पुरानी परम्परागत जल संरचनाओं को कारगर बनाना। टूटे हुए सभी बाँधों-जोहड़ों को दुरुस्त कराना। लावा का बास के जोहड़ को नेता अधिकारी शुरू करने तो आए। शुरू करने के बाद फिर कभी मुड़कर नहीं देखा। अगर इस काम में नेता अपनी घोषणानुसार पूरी मदद कर देते तथा अधिकारी इस काम में साथ जुड़कर समाज की जरूरत व निर्णयानुसार मदद करते तो कोई विवाद नहीं होता। इसी को तोड़नेवाले सरकारी कार्यों पर पुनः आज तक मरम्मत कार्य शुरू नहीं हुआ। लावा का बास के जोहड़ की मरम्मत नहीं करवाई। लगता है, अब दुबारा भी गाँववाले ही इसे ठीक करेंगे।

सरकार जो कह रही है उसे समाज के साथ मिलकर पूरा करने में जुटने की कोई प्रतिबद्धता नहीं दिखती है। "खेत का पानी खेत में"–फिर लावा का बास जोहड़ के काम पर रोक क्यों? समाज मिलकर जहाँ जल संगठन बनाए और जल सहेजने का काम पूरा करेगा। बस वहाँ सरकार विरोध करने पहुँचेगी। यह सब कब तक चलेगा?

मेवात की जल स्थितिः समाधान के रास्ते

मेवात के समाज व कुदरत का जल साझा है, यह विचार अब मेवात के मन से हटता जा रहा है। मेवात में पीने का पानी अब नहीं मिलेगा। लाभ कमानेवाली कम्पनियाँ

हमारे पानी की मालिक बन जाएँगी। समाज के हाथों से निकलकर बाकी बहुराष्ट्रीय कम्पनियों के हाथों में चला जा रहा है। वर्ष 2025 में मेवात की जल की अधिकतर पानी कुछ ताकतवर व्यक्तियों तथा बहुराष्ट्रीय कम्पनियों के हाथों में चला जाएगा।

मेवात में पेड़ पानी का बाप है, जंगल और पहाड़ियाँ माँ है। ये सब खतरे में हैं। खनन से पहाड़ियाँ नष्ट हो रही हैं। पेड़ कटने से धरती वीरान हो रही है। इसके कारण गर्मी बढ़ रही है। मानसून बिगड़ रहा है। सूखा और बादलों का फटना जारी है। वर्षा और मानसून का सन्तुलन गड़बड़ा गया है। जीन पूल, जैव विविधता सभी का सन्तुलन खतरे में है। इसी कारण मेवात के मौसम-मिजाज बिगड़ गया है। कुदरत धधकने लगा है। इसी से बाढ़ व सुखाड़ बढ़ रहा है। मेवात अब बाढ़ और सुखाड़ग्रस्त ही बना रहता है।

पिछले 20 वर्षों में हम कहाँ तक पहुँचे हैं, जब यह देखने पर 2025 का स्वप्न डरावना लगता है। 1985 में देशभर के भूजल भंडार भरे थे अब खाली हो गए हैं। 20 वर्ष पहले 15 प्रतिशत भूजल भंडार समस्याग्रस्त थे। आज 70 प्रतिशत भूजल भंडारों की समस्या बन गई है। शेष 30 प्रतिशत भूजल भंडार बाढ़ क्षेत्रों के बीचवाले हैं। वहाँ भी पानी पीनेयोग्य नहीं है–जैसे फ्लोराइड की समस्या है। हरियाणा में नाइट्रोजन जैसे प्रदूषण हैं। पानी की कमी और प्रदूषण दोनों ही मेवात में बढ़ रहे हैं। यह गति और पानी की दिशा और दशा हमारे लिए भयावह है। हमारे उद्योग और खेती में पानी की खपत और प्रदूषण का कम होना सुनिश्चित नहीं है। हमारी जीवन पद्धति में अधिक भोग-विलास बढ़ाने का रास्ता हमें लालायित करनेवाला है। इसी जीवन-रास्ते पर हम चल रहे हैं। हमारी जनसंख्या पर नियंत्रण हुआ नहीं। मानवीय जीवन तो पानी की लूट के रास्ते पर है। पानी की लूट करनेवाले बढ़ते ही जा रहे हैं।

भारत की जल नीति पानी का मालिकाना निजी कम्पनियों तथा व्यक्तियों को दे रही है और पानी का व्यापार करनेवाली कम्पनियों को बढ़ावा मिल रहा है। भारत सरकार ने 1991 में मोरक्को विश्व जल सम्मेलन में पानी के निजीकरण का विरोध किया था। हेग, नीदरलैंड में विश्व जल सम्मेलन में भारत सरकार ने निजीकरण का विरोध नहीं किया। 2003 में जापान में क्योटो में हुए विश्व जल सम्मेलन में जल-निजीकरण को न केवल स्वीकृति ही दी, बल्कि भारत ने अपनी जलनीति प्रस्तुत करते हुए बताया कि हमने जल का मालिकाना व्यक्तियों और निजी बहुराष्ट्रीय कम्पनियों को देना तय किया है। बस! अब पानी समाज, सरकार और सृष्टि का नहीं रहा, बल्कि व्यक्तियों और कम्पनियों का बन गया है। वे हमारी नदियों को खरीद या लीज पर ले सकते हैं। पानी का बाजार होगा। अभी तो बाजार में पानी बिकना शुरू हुआ है। 20 वर्ष बाद तो देश की सरकार, राज्य की सरकार पानी के बाजार से संचालित होगी। 20 साल बाद मेवात में भी पानी की राजनीति होगी। आज़ादी के समय पानी

की कमी नहीं थी। हमारे संविधान में पानी प्रकृति प्रदत्त मानकर उस पर सबका हक समान है, जैसी नीति निर्धारक बातें हमारे संविधान में हैं। लेकिन हमारी संसद और विधान सभा में आज तक यह नहीं तय किया कि जल पर किसका, कितना और कैसा उपयोग है, कैसा हक है? बस! जिसकी लाठी, उसकी भैस है, इसी सिद्धान्त से बड़ी कम्पनियाँ कोक, पेप्सी, स्वेज, बिवंडी हमारा पानी हमें बेचकर हम ही से दूध के भाव पैसा कमा रही है। हमारे पानी पर ही हमारा पैसा लूटनेवाली विदेशी कम्पनियाँ अभी 28 करोड़ रुपए का पानी का सालाना व्यापार करके लूट रही हैं। 2025 तक यह व्यापार बीस गुणा बढ़ सकता है।

भारत की नदी जोड़ परियोजना इसी व्यापार को बढ़ानेवाली योजना है। हमें अधूरी पानी की परियोजनाओं को पूरा करना चाहिए था। जिन पर हजारों करोड़ रुपए खर्च हो चुका है। आज कोई भी सरकार उनकी बात नहीं करती है। नई परियोजनाओं की बातें ही हो रही हैं। जब नदी जोड़ पर हजारों करोड़ खर्च हो जाएगा, तब फिर यह भी किसी एक दिन बन्द हो जाएगी। तब तक हमारा पानी के नाम पर लाखों करोड़ खर्च हो जाएगा। इसी तरह से पानी के नाम पर हमारा समाज लूटता रहेगा। भारत का समाज और सरकार मिलकर इस लूट को रोक सकते हैं, बशर्ते कि हमारी स्वैच्छिक संस्थाएँ अपनी भूमिका को समझें।

मैंने पिछले सात वर्षों की जल साक्षरता यात्रा में देशभर के 30 राज्यों में पानी सहेजने व अनुशासित होकर उपयोग करने की बात कही है। उसका असर भी हुआ है। अब जहाँ-तहाँ समाज जलदान करके अपने गाँव को सूखा और अकालमुक्त बनाने का संकल्प ले रहा है। इन्होंने इस दिशा में कुछ काम शुरू कर दिया है। जलदान प्रक्रिया तेज हो रही है। मध्य प्रदेश, गुजरात, आन्ध्र प्रदेश, छत्तीसगढ़, झारखंड, उत्तरांचल राज्यों के गाँवों में जल बिरादरी के सदस्यों ने जल बचाने व जल सहेजने की बात की है। इस जलदान के काम में स्वेच्छा से युवा-महिला, साधु-सन्त सबको भाग लेना है।

इस प्रकार से किए गए जलदान ने चम्बल नदी के बीहड़ों में राजस्थान के सपोटरा तहसील में 32 डाकुओं को किसान बना दिया है। सरिस्का बाघ परियोजना में सक्रिय ग्यारह शिकारियों को जीवदया सिपाही बना दिया है। हजारों उजड़े-बिछड़े परिवारों को पुनः अपनी धरती पर बसा दिया है। यह कोई चमत्कार नहीं है। यह लोगों की श्रमनिष्ठा और अपने भूले तरीकों को पुनः खोज कर उनके अनुभवों से किए गए काम ही सच्ची जीती-जागती तसवीर है। जिसे देखकर हजारों के मन में ऐसा ही काम करने का भाव भरता है।

इस तरह से समाज, संस्थाएँ और सरकार मिलकर जल बचाने तथा अनुशासित होकर अरवरी संसद की तरह जल का प्रबन्धन करे तो आज भी सबको जल मिल

सकता है। लेकिन ऐसा होना दिख नहीं रहा है क्योंकि सरकार और समाज सब केवल सुख भोग की चाह में लगे हैं। इसको बदलना होगा। हमारी सरकारें भू-जल नियंत्रण का अच्छा कानून बनाएँ इसका पालन कराएँ। हम आज भी पानीदार बन सकते हैं। जैसे हम अन्नदार बने। आज हमारे पास पर्याप्त अनाज है। अब पानी पर्याप्त नहीं है। पानी प्रकृति ही बनाती है परन्तु हम पानीदार बन सकते हैं। हमने देश के हजारों गाँवों को पानीदार बनाया है। इसी तरह देश और राज्य की सरकारें भी पानी बनाए तो 2025 भारत को पानीदार बनानेवाला वर्ष मनाया गया जा सकता है। मुझे उम्मीद है हमारी सरकारें और समाज इस तरह के काम करके, पानी की कमी और प्रदूषणवाले भयावह दृश्य को बदलेगी। पर मैं जानता हूँ, ऐसा नहीं होगा। फिर भी मैं निराश नहीं हूँ।

मेवात आशावादियों का है। 2025 में जल के जगह-जगह भाई-भाई, गाँव-गाँव, गाँव-शहर-कस्बे-नगर-महानगर सब तरफ पानी के लिए अलग-अलग तरह से भयानक लड़ाई होगी। अभी तक कर्नाटक, आन्ध्र प्रदेश, महाराष्ट्र, गुजरात, राजस्थान में केवल आत्महत्याएँ तथा सरकारों की गोली से कुछ मौतें हुई हैं। 20 साल बाद पानी के लिए मरनेवालों की संख्या अनगिनत हो सकती है। मेवात इन सबसे आगे आ सकता है।

मौतों को रोकने हेतु जल चेतना अभियान चलेंगे लेकिन ये जल चेतना अभियान उस समय कारगर नहीं हो पाएँगे। अभी सरकारों ने 20 वर्ष में भावी जल संकट समझकर बचने का अभियान नहीं चलाया है। अभी अमेरिका, इंग्लैंड पानी कब्जे का अभियान चला रहा है। 20 वर्ष बाद ऐसे षड्यंत्र सभी पड़ोसी देशों में पानी के लिए चलेंगे। भारत में आज भी नदियों की उद्गम की सुरक्षा हेतु बहुत बड़ी राशि खर्च हो रही है। 20 वर्ष बाद यह दृश्य भयावह नहीं बने ऐसी आशा पूरी करने में हमारे देशवासियों को जुटना चाहिए। जुड़ाव सरकारों की पहल से सम्भव है। आज सरकारों की जल नीति, जल कानून, सामुदायिक नहीं बचे हैं। ये अब बड़ी कम्पनियों के पक्षवाले ही बन गए हैं। हमारी राजस्थान सरकार ने वर्ष 2000 में मेवात में बहुत अच्छा नियम बनाकर व्यवस्था बनाई थी। पानी की कमीवाले क्षेत्रों में पानी की खपत वाले उद्योग नहीं लगेंगे। लेकिन दूसरी सरकार आई उसने वर्ष 2004 में वह नियम बदलकर 43 शराब कारखानों को पानी लूटने की स्वीकृति दे दी थी। अब पुनः पहली सरकार आकर भूजल बचाने का विचार करके अपने पुराने नियम का पालन कराएगी। हम यही उम्मीद कर सकते हैं। इससे समाज पानी को पुनः समाज और सृष्टि का साझा मानकर सामुदायिक जल प्रबन्धन में जुट सकते हैं।

आज सरकार न्याय का विचार करे और जल न्याय की नियम, नीति और कानून बनाए। भारत और मेवात भी जल संकट से मुक्त होकर पानीदार बन सकता है

अन्यथा आनेवाले समय हमें उक्त संकट में धकेल देगा। फिर मेवात जैसा जल पानी बचानेवाला भी बेपानी बनकर लाचार, बेकार, बीमार बन जाएगा। अतः राज, समाज और मौलवी अपनी भूमिका और दायित्व को समझकर पानी बचाने में जुटें। जल अधिकार जल संकट का समाधान नहीं है। जल न्याय हेतु जल दायित्व, जल कर्तव्य ही जल संकट का समाधान है। मेवात तत्काल अपना जल हक बचाए। जल प्रबन्धन शुरू करें।

मेवात की खेती और कर्ज व्यवस्था

यहाँ खेती उद्योग नहीं, एक संस्कृति थी। जब तक खेती संस्कृति रही तब तक खेती के लिए कर्ज लेने की जरूरत नहीं थी। जब से खेती उद्योग बनी है तभी से कर्ज की जरूरत पड़ी। खेती में आप जितना धन लगाएँगे उतना अधिक अन्न पैदा होगा। धन राज और बाजार को वापस करके किसान भी धनवान बनेगा। यह बात राज और बाजार ने जोरों से फैलाई। फिर खेती के लिए राज और बाजार ने कर्ज देना शुरू किया।

खेती में शुभ और लाभ दोनों साथ-साथ कुछ दिन बराबर चले। सबके शुभ हेतु अन्न और बाजार में व्यापारी के लाभ हेतु खेती लम्बे समय तक चली। जब बाजार में लाभ मुख्य होता है। तब पहले बाजार समाज में लूट शुरू करता है। पहले तो बाजार, पैदा करनेवाले किसान और खानेवाले समाज को जोड़ने वाला 'तंत्र' था। तब लाभ की मर्यादा थी केवल 2 प्रतिशत। अब तो 100 प्रतिशत बाजार ने लाभ कमाना ही अपना लक्ष्य बना लिया है। राज ने ऐसे बाजार को मान्यता दी। समाज की मजबूरी बन गई।

खेती अब केवल बाजार के लिए लाभकारी है। किसान के लिए यह शुभ नहीं और ना ही लाभकारी है। जब से खेती बाजारू बनी है, तभी से किसान कर्जदार बना है। किसान को कर्ज मिलता रहा है क्योंकि यह डूबता नहीं। किसान कभी दिवालिया नहीं होता। व्यापारी तो दिवालिया हो जाता है। व्यापारी खाकर डकार सकता है। किसान में खाकर डकारने का अन्देशा कम था। इसकी जमीन बची रहती है। बाजार तो अपना सब कुछ व्यापार में लाभ के लिए दाँव पर लगा सकता है।

खेती में लाभ हेतु किसान सब कुछ दाँव पर नहीं लगा सकता। इसलिए पहले सेठों ने कर्ज देना शुरू किया था। इनके बाद बैंकों ने कर्ज देना शुरू किया। बैंक ने तो किसान का मूल जमीन भी लिखवा लिया। जमीन लिखवाकर कर्ज देना शुरू किया। कर्ज का किसानी में विस्तार हुआ। बैंक का कर्ज किसानों की 'उत्तम खेती माध्यम बान निसिद्ध चाकरी भीख निदान' कहावत को बदलनेवाली साबित हुई है।

आज खेती व्यापार से भी बदतर बन गई हैं। कर्ज से किसान केवल दिवालिया ही नहीं हुए आत्महत्याएँ करने लगे। किसान को कर्जदार बनानेवाली व्यवस्था तैयार हो गई है। इस हेतु सरकारी, गैर-सरकारी बहुत से बैंक भी आगे आने लगे हैं। सभी बैंक, खेती बैंक (नाबार्ड) के कानून कायदे के तहत काम करते हैं। कर्ज की व्यवस्था और ब्याज की व्यवस्था भी बहुत ही गैर बराबरीवाली है। कर्ज में दबते जाना किसानों की नीयत बन गई है।

आज की सरकार किसानों को कर्ज में फँसाकर रखने वाली व्यवस्था बनाए हुए हैं जिससे चुनाव से पहले राजनेता किसानों का कर्ज माफ करनेवाले महान वोट आकर्षण बनकर चुनाव जीत सके। कर्ज माफ करना और फिर कर्जदार, बड़ा कर्जदार बनाना, जिससे नेता और बैंक दोनों मालमाल बनें। कर्ज माफ करनेवाली व्यवस्था और कर्जदार बनानेवाली खेती ही आज चलेगी और बढ़ेगी। यह किसान की फूट और लूट तथा बाजार की छूट को बढ़ावा देनेवाली व्यवस्था है। यह कर्ज व्यवस्था, किसानों की फूट तक चलेगी।

व्यापारियों के संगठन तो कानूनों पर बराबर ध्यान रखकर अपने लाभ के लिए बदलाव करवा लेते हैं लेकिन किसानों का आज कोई नेता नहीं है, जो किसान विरोधी कानूनों पर ध्यान देता है। पहले प्रधानमंत्री किसानों की बैठक या सभा-सम्मेलन से जाना अपने लिए गौरव समझता था। आज का मंत्री या प्रधानमंत्री किसान सम्मेलन में जाना पसन्द नहीं करता है क्योंकि किसानों की सभा में जाने से पैसा नहीं मिलता। उद्योगपतियों की बैठक में जाने से पैसा मिलता है इसलिए उसमें जाना पसन्द करते हैं। जब व्यवस्था बनाने और चलानेवाले अब किसानों के बीच केवल लाभ देखकर ही जाना और नहीं जाना तय करते हैं। अब तो लोकतंत्र की सारी व्यवस्था बाजार और केवल लाभ आधारित रह गई है।

कर्ज-व्यवस्था भी किसानी से केवल राज और बाजार की कमाई हेतु किसान को सदैव कर्जदार बनाए रखने में ही अपना हित देखती है। यह बात आपबीती सफाई से कह सकता हूँ क्योंकि मेरे बचपन से हमारी खेती में जैसा कर्ज नहीं था। तब तो बीज के बदले फसल का अनाज। गोबर की खाद भी हम बदलते थे। पानी भी बदले में लेना-देना करते थे। हमारी खेती की कर्ज-व्यवस्था सब किसानों को कर्जदार बनाए रखना चाहती है। आज की कर्ज-व्यवस्था पुरानी बोहरा, महाजन और श्रेष्ठी की कर्ज-व्यवस्था से अधिक घातक सिद्ध होगी।

भारत में पहले 80 प्रतिशत जनसंख्या खेती में लगी थी। इसमें से चौथाई किसान ही कर्जदार होते थे। वे भी फसली कर्जदार थे। फसल आने पर कर्ज उतर जाता था। इनमें से दसवें हिस्से के किसान आजीवन पीढ़ी-दर-पीढ़ी कर्जदार भी बने रहते हैं। लेकिन इन्हें आत्महत्या करने की मजबूरी पैदा नहीं होती थी। आज यह मजबूरी बन

गई है। अतः आज की कर्ज-व्यवस्था डरावनी और भयानक है। इस व्यवस्था को कौन बदलेगा? यह आज बड़ा सवाल है।

कर्ज-व्यवस्था को बदलकर कर्ज मुक्त खेती को बढ़ावा दें। खेती में कर्ज नहीं लेना पड़े। 'गाँव का खाद, बीज, और माटी, गाँव के हाथ में अपनी चोटी' स्वावलम्बी खेती अपनाएँ। इसमें पानी भी कम खर्च, पैसा भी खर्च नहीं करना पड़ेगा। केवल श्रम की जरूरत है। श्रमनिष्ठ खेती को हमारी कर्ज-व्यवस्था क्रेडिट कार्ड द्वारा खत्म कर रही है। क्रेडिट कार्ड अमेरिका की नकली कर्ज-व्यवस्था है। इस व्यवस्था में अब ऋण से लेकर घी पीनेवाली कहावत कृतार्थ है। कर्ज-व्यवस्था कर्ज देनेवाले को मजबूत बना रही है। कर्ज लेनेवाले को कमजोर कर रही है। कर्ज लेनेवाले इस व्यवस्था का विरोध करें। संगठित होकर कर्ज-मुक्ति की खेती-व्यवस्था बनाए। कर्ज मुक्तिवाली खेती अपनाएँ। कर्ज मुक्त खेती समृद्धि–सुख और शान्तिमय जीवन की राह बनाती है।

हमारे भाँवता गाँव के किसानों ने कर्ज मुक्त खेती अपनाई है। इस दिशा में जहाँ-जहाँ किसानों ने बड़ा काम किया है। अब सैकड़ों किसान इस दिशा में आगे आ रहे हैं। जहाँ भी किसान कर्ज मुक्त होने की चाहत रखते हैं, वहाँ के किसान कर्ज मुक्त हुए हैं। इस दिशा में अच्छा काम हो रहा है। आज कर्ज मुक्त खेती की व्यवस्था बनानी होगी।

किसान का कर्ज माफ करना सरकारी मजबूरी बनी। परन्तु किसान को कर्ज नहीं लेना पड़े, ऐसी सरकारों की मजबूरी बनाने की जरूरत है। यह काम राज ही शुरू करें। किसान समाज भी वैसा मन बनाएँ। दोनों की पहल से ही किसानी कर्ज मुक्त बनेगी। 'खेती तो धंणी सैत्ती' आज, 'खेती राज और बाजार सैत्ती' बन गई हैं। इसे रोकना है।

मेवात की खेती

'उत्तम खेती मध्यम बान, निषिद्ध चाकरी-भीख निदान,' यह बात घाघ ने तब कही थी, जब भारत अपने श्रम से स्वाभिमान के साथ स्वावलम्बी होकर काम करता था। उस समय खेती-संस्कृति थी, बाजार की नहीं। तब का बाजार भी आज जैसा नहीं था। बाजार में शुभ के साथ मर्यादित लाभ का व्यवहार और संस्कार था। कुल 2 प्रतिशत लाभ इसमें से भी शुभ हेतु 10 प्रतिशत धर्मादा जल पर खर्च होता था। आज शुभ की चिन्तामुक्त मर्यादाविहीन बाजार ने जल खेती से अलग कर दिए हैं। जल खेती से अलग करने में बाजार ने सफलता पा ली है–असीम लाभ के लालचवाले बाजार ने। अब पानी का नया बाजार बन रहा है। आबे जम-जम संस्कृति और सभ्यतावाला मेवात भी प्रदूषण और पानी के लूट तथा लालची खेती के कारण पानी

खरीदने हेतु मजबूर है। मेवात में पानी की टैंकर पद्धति पानी का नया व्यापार बन रही है।

अर्पण-समर्पणवाली खेती में लगा मेवात भी आज चाकरी को उत्तम मानने लगा है। बाजार तो राजा बन गया है। बाजार में इंडिया लगा हुआ है। इस इंडिया का लक्ष्य है, हिन्दुस्तान और भारत को अपने अधीन बनाकर और चाकरी को उत्तम कहकर अपनी सेवा में जुटा लें। बस, फिर खेती की चिन्ता किसे? हिन्दुस्तान तो आज खेती करना नहीं चाहता। भारत के पास खेती-पशुपालन के अलावा और दूसरा कोई रास्ता नहीं है। जबकि जमीन इनके हाथ में नहीं है। जमीन निकल गई, इनका शरीर और श्रम इनके पास हैं। इससे शरीर को बचाने हेतु काम की चाह है। काम मशीन छिन रहे हैं। मशीन ने इसे बेकार और लाचार बनाया। पेट और प्रदूषण ने इसे बीमार बनाया है। आज का बेकार-लाचार-बीमार मेवात क्या करेगा? जीवन के लिए लड़ेगा? जहाँ-तहाँ लड़ाई जारी है। ये लड़ाई भी वही लाचारी-बेकारी-बीमारी में बदल रही है।

लाचारी-बेकारी-बीमारी का निदान 'भीख' है। यह तो आज हम कर रहे हैं। भिखारी भीख से अपनी लाचारी-बीमारी मिटाता है? कितने भिखारियों ने अपनी भीख से दुर्दशा को बदला है, मैं नहीं जानता। सहारा पाकर बेकार-लाचार-बीमार इनसान पोषित हो जाता है। आगे बढ़ जाता है। यदि हम भीख को निदान मानकर उसे केवल बैसाखी की तरह उपयोग करके फेंक दें तो हमारी लाचारी मिट जाती है। लेकिन हम सदैव भीख माँगकर ही खाते रहे तो हमारे सब कुछ का ह्रास होता रहता है। हम किसी काम के नहीं बचते। मेवात ने क़भी भीख नहीं माँगी है। ना ही भविष्य में माँगेगा।

आज मेवात के लिए उत्तम चाकरी, भारत के हाथों भीख निदान और उत्तम सहायता बन गया है। भारत को तो बस निषिद्ध खेती ही बची है। इस निषिद्ध खेती में बस लाचार-बेकार और बीमार बनकर लगे रहना ही अब भारत की नियति है। उत्तम खेती से निषिद्ध खेती तक पहुँचने की लम्बी यात्रा का वर्णन करना यहाँ अच्छा लगता है।

खेती तब तक उत्तम थी जब तक धरती की सेहत, सहज-सरलता और मानव की सेहत में भी स्वावलम्बन बनाए रखने वाली बनी रही। मानवीय श्रम अर्पण के बदले धरती का समर्पण मानकर ही मानव अपने जीवन को जीता रहा। जैसे ही जीवन में लालच ने जटिलताओं का जाल बुना तभी से मानव ने धरती पर अर्पण-समर्पण को शोषण में बदलना शुरू किया। यह शोषण केवल धरती का ही नहीं, मानव का भी जारी हो गया। यह काम करनेवाला केवल बाजार और मशीनें हैं। बाजार और मशीन ने मानव पर और प्रकृति पर अपना शिकंजा कसा तो बस! फिर क्या बचा?...लालच...। मेवात लालची नहीं रहा। इसीलिए यहाँ श्रमनिष्ठ, ईमानदार और लड़ाकू बनकर लड़ता रहा। यहाँ की खेती लालची तो अब बाजार ने बनाई है।

आज के लालच ने भारतीय मानव और धरती के रिश्तों को बदल दिया है। खेती अब संस्कृति की जगह औद्योगिक-बाजारू बन गई है। बाजारू खेती के कारण नामों की लड़ाई बढ़ेगी। इसे रोकने जे.सी. कुमारप्पा की विकेन्द्रित व्यवस्था, महात्मा गांधी का ग्राम स्वावलम्बन और स्वदेशीपन से रोका जा सकता है। हमारी धरती के साथ सक्षम और समर सत्ता ही लालच और लूट को रोक सकती है। यह विविधता के सम्मान से ही सम्भव है। आज वैश्वीकरण से हमारी मिटती विविधता हमें केन्द्रीकृत बनाकर लूट और नियंत्रण सिखा रही है।

खेती तो नियंत्रण और लूट के विरुद्ध है। खेती-विविधता संरक्षण से ही सम्भव है। भू-सांस्कृतिक विविधता ही खेती का प्राण है। वैश्वीकरण विविधता का दुश्मन है। वैश्वीकरण ही आज हमारे साझे भविष्य की बात करता है। लेकिन साझा भविष्य सादगी-सहजता, समता से ही बनता और टिकता है। वैश्वीकरण समता की दुहाई देकर समता और साझे भविष्य को बिगाड़ रहा है। इसके चलते हमारी खेती और हमारे भविष्य बिगड़ रहा है। भारत का भविष्य खेती और भू-सांस्कृतिक विविधता के सम्मान में समाहित है। मेवात में भू-सांस्कृतिक विविधता का सम्मान बचा है।

मेवात कहते हैं 'एक लोटा से अधिक वजू में जल खर्च नहीं करना। अधिक जल खर्च करनेवाले की नमाज अदा नहीं होगी।' सुलेमान मेवाती कहता है कि जल बचाना, कुदरत-हिफाजत का काम है। 'जो लोग जल बचाते हैं, वे कुदरत की हिफाजत करते हैं। कुदरत की हिफाजत करनेवाला पैगम्बर है।' मेवात की ये दोनों मिसाल जल बचाने का सन्देश देती हैं। अतः हमारी मेवाती खेती भी जल बचाने वाले खाद्यान्न अधिक पैदा करती है और बाजारू नहीं होने देती। मेवात के जन की खाद्यान्न पूर्ति करनेवाली बने, तभी मेवात प्रदूषण मुक्त पानीदार और अन्नदार बनेगा। मेवात की तिजारत में आज दूध, फल, सब्जियाँ मेवात हेतु जरूरी अनाज ही पैदा करना अच्छा है। इसी में मेवात तिजारत की लूट से बचेगा। अपने आप स्वावलम्बी और समृद्ध बनेगा।

मेवात की सरसों, चना, मटर, जौ, तिल, अरहर, दाल, बाजरा, ज्वार आदि सब कम पानी में पैदा होनेवाली फसलें हैं। इन्हें हम बढ़ाएँ। इनसे खेती भी ठीक रहेगी, जमीन भी अच्छी बनी रहेगी। आज मेवात का जल, जंगल, जमीन का बचना जरूरी है। इन्हीं तीनों पर दिल्ली की सत्ता और बाजार कब्जा करने में जुटा है। मेवात में बड़े-बड़े फार्म हाऊस अब बाहर के लोग बनाना शुरू कर रहे हैं। यह बढ़ा तो मेवात की हानि हो सकती है। वैसे अब मेवात कमजोर नहीं है। फिर भी इसे अपनी जल, जंगल, जमीन को बचाना बड़ी चुनौती है। ये बचेंगे तो ही मेवात की खेती बचेगी।

मेवात में आज़ादी के बाद हरियाणा सरकार ने तो मेवात विकास बोर्ड आदि बनाया है। लेकिन इसने भी मेवात-खेती में सुधार का बड़ा काम नहीं किया है। यहाँ

की बेपानी खेती ही लोग छोड़कर, मजबूरी में शहरों की तरफ जाते हैं। मेवात आज लाचारी, बेकारी और बीमारी का घर बनता जा रहा है। इस हेतु गांधी के सपने साकार नहीं हुए।

आजीविका काश्तकारी खेती–न्यून कॉर्बन उपयोग आधारित

खेती से पहले का शब्द है काश्त, जिससे काश्तकार बना। इसलिए प्रचलित शब्द काश्तकारी है। मेवाती गाँवों में काश्त का मतलब एक प्रकार का जीवन है। जिसमें केवल मनुष्य व जमीन शामिल नहीं हैं। बल्कि उसकी सारी जिन्दगी का तानाबाना उसकी भाषा, तीज-त्यौहार, गीत, कविता, जानवर, जंगल, नदी, पेड़-पौधे सब काश्त का हिस्सा है। किसी एक को निकाल देने से काश्तकारी अधूरी है। मेवाती समाज का उद्योग भी काश्तकारी का हिस्सा है।

अनाजों की विविधता, उनको लेकर विविध तरह का ज्ञान, उनको बोने से लेकर पकाने व खाने तक का क्रम अपने आप में एक जीवन प्रणाली है। इस पूरे क्रम में प्रत्येक क्रिया एक-दूसरे से अभिन्न रूप से जुड़ी है।

काश्ताकारी का सारा संसार काश्ताकार के आस-पास ही बसा है। ना कुछ आयात न निर्यात। जो लेन-देन है वह भी काश्तकारी का हिस्सा है। बीजों के संरक्षण तथा लेन-देन से लेकर सामूहिक श्रम और यहाँ तक कि हल-बैल तक की सामूहिक व्यवस्था मेवाती गाँवों के सभी काश्तकार दो बैल नहीं रखते, बल्कि कई लोग एक-एक बैल रखकर दूसरे बैल मालिक से साझा करते हैं। बैलों के साझेपन से बड़ा सामुदायिक उदाहरण और क्या हो सकता है। इसलिए काश्तकारी व्यक्तिगत न होकर सामुदायिक व्यवस्था है। मेवात की खेती में अदला-बदली, एक-दूसरे के साथ मिलकर जीने का तरीका है।

कृषि हमारी अर्थव्यवस्था का आधार था। शिक्षा के प्रचार-प्रसार से लोग नौकरियों में जाने लगे। जनसंख्या बढ़ने से खेती योग्य जमीन कम होती गई। यहाँ की उपजाऊ, खारी जमीन है। इसलिए वर्षा न होने पर किसानों को नुकसान उठाना पड़ता है। जिससे लोगों ने आधुनिक तरीकों व तकनीकी को अपनाया है। संकर (हाइब्रिड) बीजों के आने से हमारे यहाँ उत्पादन में क्या कोई अन्तर हुआ है? यहाँ काश्तकारों ने हिसार का मटर लगाया, वह जमा ही नहीं। पहले हम अच्छी किस्म के बीजों का आदान-प्रदान करते थे। वह हमारे लिए सफल विधि थी। अब तो बीज भी बाजार से आता है। फिर भी मेवात में परस्पर खेती होती है।

स्वास्थ्य की दृष्टि से देखा जाए तो पहले की अपेक्षा लोग आज ज्यादा बीमार रहते हैं। इसका कारण पौष्टिक के बजाय स्वादिष्ट, पैकिंगवाला भोजन करना है।

पहले लोग मडुवा, झंगोरा, मादिरा आदि मोटे अनाजों के प्रयोग से स्वस्थ व तन्दरुस्त रहते थे। इस गिरावट के लिए चना, ज्वार और बाजरा आधुनिक कृषि जिम्मेदार है।

पुराने जमाने के जोहड़ सूख गए हैं। जब मूल स्रोतों, जोहड़ों का पानी था। यहाँ हमेशा पानी रहता था। अब जड़ से ही कम हो गया है तो कहाँ से पानी आएगा।

जब गाँवों में नल व हैडपम्प नहीं थे। लोग जोहड़ों से पानी लाते थे। पानी के लिए दूर-दूर तक जाते थे। पानी के लिए आपस में लड़ते नहीं थे, जिसको जब समय हुआ तब ले आता था। आपसी सहयोग से ही जोहड़ों की सफाई होती थी।

जंगल के कटान व नल, हैंडपम्प आने के बाद प्राकृतिक स्रोतों के पानी का स्तर घट गया है। पहले प्राकृतिक स्रोतों के पास पीपल, जामुन, गुलर, नीम, बरगद व अन्य पेड़ होते थे। पेड़ अपनी जड़ों से पानी सोखता है और गर्मी में पानी छोड़ता है जिससे हमें बारहों महीने पानी मिलता था।

मौसम में बदलाव के कारण–परिवर्तनों को समझने का परम्परागत ज्ञान :

इस बार बारिश कहीं कम कहीं ज्यादा हो गई और गलत समय पर हुई है। जिससे धान-चारा खराब हो गए हैं। पहले बारिश अच्छी भी होती थी और समय पर भी। अब लोग भी बदल गए हैं और मौसम भी बदल गया है। पहले वैशाख, ज्येष्ठ के महीने में बारिश नहीं होती थी। इस बार चैत, वैशाख, ज्येष्ठ 'जून' के महीने में भी बारिश हो गई है।

20-25 साल पहले बारिश समय पर होती थी। अब मौसम चक्र खिसक गया है। पहले सावन-भादों में बारिश होती थी। इस साल एक महीना पहले हो गई। मौसम एक महीना आगे-पीछे हो गया है। पिछले साल 2008 में एक महीना बाद में बारिश हुई। सर्दी में भी आजकल कभी गर्मी बढ़ रही है तो कभी सर्दी बढ़ती जा रही है। पिछले साल दिसम्बर-जनवरी में एकदम गर्मी हो गई फिर बारिश हुई। मार्च-अप्रैल में इतनी सर्दी हो गई थी कि जैसे सर्दी का ही मौसम है। फसल पर भी इसका दुष्प्रभाव पड़ा है। इसका कारण आजकल जंगल में आग ज्यादा लगने लगी हैं। लोगों ने पेड़-पौधे लगाने बन्द कर दिए हैं। पानी रखनेवाले व लम्बी उम्र के पेड़ शीशम, नीम, देशी बबूल, पीपल कम हो गए हैं। बिलायती बबूल ज्यादा हो गए हैं।

मौसम का अनुमान :

जब जमीन पर ज्यादा घने जाले लग जाएँ तो समझिए कि मौसम साफ रहेगा, धूप रहेगी। लेकिन अगर वो जाले कम मात्रा में हुए तो बारिश होने की सम्भावना रहेगी।

पहले तारों को देखकर भी हिसाब लगाते थे। तारे कम मात्रा में दिखाई देंगे तो बारिश कम होने की सम्भावना है। अगर ज्यादा मात्रा में दिखाई देंगे तो बारिश होगी। कहते हैं कि सावन-भादों के महीने में अगर एक भी तारा दिखेगा तो 100 खावों का अनाज नष्ट हो जाता है। आसमान को उस समय बादलों से बन्द रहना चाहिए क्योंकि ये समय धान की रोपाई, बुआई करने का होता है। गर्मी भयंकर पड़ी है और आप मिट्टी के अन्दर हाथ डालो, नमी आ जाएगी तो समझो 3-4 दिनों में बारिश हो जाएगी।

धोक के पेड़ मंगल गीत गाते हैं। भयंकर गर्मी पड़ गई बारिश हुई तो इन पर स्वर आता है। राम आता है। धोक के पेड़ों से आवाज आनी शुरू हो जाएगी तो अवश्य बारिश हो जाएगी।

पहले बारिश ज्यादा होती थी। जमीन नम रहती थी इसलिए गर्मियों में पानी की कमी नहीं रहती थी। पानी का स्तर बारिश न होने की वजह से घट गया है। सिंचाई के लिए नदी में पानी नहीं होगा तो सिंचाई नहीं होगी। मेवात में अरावली से जगह-जगह झरने बहते थे। फिरोजपुर के ऊपर पहाड़ से नदी बहती थी। अब सूख गई है।

हर चीज में फर्क पड़ा है। फसल की बीमारियों में जलवायु से फर्क पड़ा है। सारी चीजें मौसम व नमी पर निर्भर करती हैं। अब तो पाइप का पानी है। आ भी सकता है नहीं भी पर बाल्टी तो लगाई रखनी है भरोसा रखकर। बारिश तो प्रकृति के अनुसार होती है। पहले जमाने में बारिश समय पर होती थी। अब बारिश हुई तो लगातार बाढ़ आई या सूखा पड़ता है। बादल फटते हैं। बादल भागते हैं। बारिश नहीं हुई तो होती ही नहीं। खेतों में चीरे पड़ जाते हैं। सूखकर अब जंगल के अन्दर अन्य कोई वनस्पति नहीं होती, पानी को भी जमीन से खींच लेता है। सूखा कर देता है। चौड़ी पत्तीवाले पेड़ पानी को अपनी ओर आकर्षित करते हैं। चौड़ी पत्तीवाला एक पेड़ अपने खाने के बाद 150 लीटर पानी बाहर फेंकता है। हमने ऐसा सुना है। जंगलों में एक ही परिवर्तन हुआ है। पहले घने थे। अब कट रहे हैं। जंगल खाली हो रहे हैं। धोक के जड़ की घास को लाओ, दूध देनेवाली भैंस को खिलाओ वो शाम को पाव भर दूध ज्यादा देगी। क्योंकि धोक की जड़ों के पास कोमल घास मिलती है। यह दुधारू बनती है। ऐसे ही पलाश "छिल्ला" भी दूध बढ़ाता है।

आधुनिक समय में मेवात हेतु कई पेयजल योजनाएँ बनाई गई हैं। आज पानी खारा और मैला हो गया है। जोहड़ इतने गन्दे हो गए हैं, कि देखने कॉमन ही नहीं कर रहा है। घर, बाजार का नाला जोहड़ में चला गया है। पहले जोहड़ के किनारे कोई नहीं बसता था। आजकल जोहड़ों के किनारे लोग बस गए हैं और सारी गन्दगी जोहड़ में जा रही है।

परिवर्तनों की समझ

जब से मेवात-विकास का मामला आया तब से धीरे-धीरे जैविक खाद का प्रचलन कम हुआ। मिट्टी की ताकत कम हुई। बारिश न होने पर भी जैविक खाद में बारिश महीना भर रुकती है। बकरी कई प्रकार की वनस्पतियाँ खाती हैं। इसलिए उसके गोबर से अच्छी खाद बनती है। यह खाद रासायनिक खाद को मात देती है। मिट्टी में नमी को बरकरार रखती है। यदि कोई पौधा कमजोर है तो आप इस खाद को डाल दीजिए, पौधा हरा-भरा हो जाएगा। पहले खेती में जैविक खादों का प्रयोग किया जाता था। गोबर की खाद डाली जाती थी। इससे मिट्टी का सन्तुलन व अनाज की गुणवत्ता बनी रहती थी। साथ ही हमारी जलवायु भी प्रभावित नहीं होती थी। आज रासायनिक खादों व कीटनाशक दवाओं के प्रयोग से कृषि के साथ-साथ वातावरण भी प्रभावित हुआ है।

पहले जमाने में मडुवा, जौ, सरसों, चना और बाजरा होता था। आजकल फैशन खत्म हो गया है। उपजाऊ में होता था, अब छोड़ दिया है। इस तरह मडुवा वगैरह खानेवाले लोग भी अब नहीं रह गए हैं। मडुवा, शुगर के लिए अच्छी चीज है। पर उपज कम हो चुकी है। आजकल लोग मडुवे को पसन्द भी नहीं करते हैं वे बो भी नहीं पाते हैं। बाजार का राशन ठीक नहीं लगता है। उसमें स्वाद नहीं होता है। लेकिन बाजार से लेकर नहीं खाएँगे तो और क्या खाएँगे। बाजार की सब्जी घर की जैसी कहाँ होती है।

मेवात की ऊसर भूमि में मडुवा भी बोते हैं। पहले ज्यादा बोते थे अब कम। धान, प्याज, आलू, गेहूँ ज्यादा बोने लग गए हैं। बच्चे बोलते हैं कि मडुवे की रोटी नहीं खाते। पहले हम लोग शामक की घास को धुरा बीज निकालकर खीर बनाकर खाते थे। अब नई बहू-बेटियाँ खेत-जंगल जाना नहीं चाहती। जंगलों में कई तरह की जड़ी-बूटियाँ व फल होते थे। पहले अनाज भी 5-6 महीने के लिए हो जाता था। अब लोग बाजार का राशन खाकर गल 'कमजोर' हो गए हैं। जंगल और खेत से ईंधन, खेत से चारा और अनाज जोहड़ से पानी लाने का श्रम मजबूत बनाता था। आज तो शरीर कामचोर बन गया है।

पहले नमी रोकने के लिए गेहूँ के खेत को तीन-चार जोत देते थे। अब तो ऐसा है आज पहली जोत दी तो दूसरे दिन गेहूँ बो दिया। मेवात का पसीना और हल-बैल की गुडाई-जुताई जमीन में नया जीवाश्म बनाकर, पैदावार बढ़ती थी। आज तो जमीन की सेहत बिगड़ रही है।

स्वास्थ्य की दृष्टि से देखा जाए तो पहले की अपेक्षा लोग आज ज्यादा बीमार रहते हैं। इस गिरावट के लिए आधुनिक कृषि जिम्मेदार है। पहले की खेती धरती और

पशु-इनसान-काश्तकार सभी की सेहत सँभालती थी। आज काश्ताकार, पशु-पक्षी और इनसान, धरती, प्रकृति सभी बीमार हो गए हैं।

पौष्टिकता व स्वास्थ्य सम्बन्धी सवाल है

पौष्टिकता—घर की सब्जी ताजी व स्वादिष्ट होती हैं। पहले के अनाज में पौष्टिकता थी, अब कम हो गई है। क्योंकि बीज भी कमजोर हो गए हैं और पानी भी खारा हो गया है।

रासायनिक खाद के इस्तेमाल से मिट्टी पर विपरीत प्रभाव पड़ा है। जिससे मानव जीवन पर एवं जीवन पद्धति पर असर पड़ रहा है।

आजकल के अनाज में दवाई डाली जाती है तो उसमें पौष्टिक तत्व कम हो गए हैं। दवाई डालने के कारण लोग व पशु दोनों बीमार हो रहे हैं।

पहले सरसों, बथुआ, चने का साग व लौकी का रायता बनाते थे। फूलों की सब्जी भी बनाते थे। खेत की ताजा सब्जी भी खाते थे। अब न होता है न लोग खाते हैं। बथुआ होता है पर साग नहीं बनाते हैं।

खादों के प्रयोग से स्वाद घट गया है। दवा के प्रयोग से भी फसल कम हुई है। इसके इस्तेमाल से जमीन सख्त हो रही है। फट रही है। मिट्टी के बड़े-बड़े ढेले निकल रहे हैं। वो गलते ही नहीं हैं। धरती की सेहत बिगड़ी है। इनसान बीमारी पर खर्च करने हेतु कर्जदार बनता जा रहा है। कभी अधिक पैदावार दिखाई देती है। लेकिन उसे खाने से बीमारी भी ज्यादा बन गई है। जीवन पद्धति बदल रही है।

गाँव के लोग परिवर्तन के कारणों को कैसे व्याख्यायित करते हैं?

मौसम रुटीन पर नहीं है। आजकल बेमौसम बारिश होती है। लेकिन अब जगह-जगह रोड़ कट रही है तो पेड़ कट रहे हैं। पानी के स्रोत सूख रहे हैं। उनको कोई देखनेवाला नहीं है। पुराने स्रोतों के आस-पास के पेड़ कट गए हैं। इसलिए बाढ़-सुखाड़ आते हैं। इस वजह से मौसम अपनी जगह से हट गया है। अब ये विकास के काम ही विस्थापन, विकृति और विनाश कर रहे हैं। इनका होना जरूरी है? खनन कार्य भी बड़ी तादाद में हुआ है इस वजह से मौसम में परिवर्तन हुआ है। मौसम बदलने का एक कारण यहाँ क्रेशर खनन, सीमेंट-कंकरीट का नया जंगल का बनना है। पेपर मिल का धुआँ उड़ रहा है वो कहाँ जाएँगे। मेवात में मौसम परिवर्तन का संकट तो आएगा।

आज समय से खेती नहीं हो रही है। जब जिसे जो समझ आया बो देते हैं। एक का जम जाता है तब दूसरा खेतों में बैल लेकर आता है। पहले ऐसा नहीं हुआ करता था। गाँव का प्रधान या सयाना पहले खेत देखने जाते थे। वो मिट्टी खाते थे, सूँघते थे। जब पता चल जाता था कि मिट्टी तैयार हो गई है; तब सारे गाँव का हल-बैल एक जमाव के साथ खेती का काम शुरू करता था। ऐसी संस्कृति व परम्परा थी। अब कहते हैं कि कुछ जानवरों ने खा लिया। इसलिए तो खाया कि आपने पहले बो दिया। जब फसल एक साथ होती तो कितना खाएँगे, कितना नुकसान करेंगे। ऐसी मान्यता थी। पहले एक-दूसरे से बातचीत होती थी। अब लोग एक-दूसरे से बात ही नहीं करते। जिसे जब सब सूख और अनुकूलता हुई। तभी मनमर्जी से बोते काटते हैं। कुदरत को नहीं देखते हैं। नहीं समझते हैं। नहीं सुनते हैं। कुदरत नाराज होती है। बस आज कुदरत की नाराजगी भुगत रहे हैं।

जंगल में वृक्ष भी बड़े-बड़े थे। जैसे पीपल, नीम, शीशम, बरगद आदि वृक्ष थे। अब कांटेनुमा जंगल हो गया है और बाकी पेड़ कम हो गए हैं। सारे जंगल में विलायती बबूल हो गया। धोक, देशी बबूल आदि के पेड़ों का चारा जानवर खाते हैं लेकिन विलायती बबूल को वह नहीं खाते हैं। इसलिए विलायती बबूल के पेड़ बढ़ते ही जा रहे हैं। हल आदि बनाने के लिए धोक, शीशम और बबूल की लकड़ी का इस्तेमाल करते थे जो कि हमारे जंगल में ही मिल जाती थी। अब ये पेड़ हमारे जंगल मे कम हैं। जंगल में बारिश के मौसम में अनेक किस्म के फल-फूल मिल जाते थे। अब वो नष्ट हो गए हैं। रायासनिक खाद और जहरीली दवाई ने धरती को बिगाड़ दिया है। इसलिए हमारा साझा भविष्य बिगड़ रहा है।

भविष्य के लिए सीख, व्यवहारात्मक सुझाव :

जो परिवर्तन आए हैं उससे परिवारों व समाज ने क्या सीखा?

क्या उन्होंने भविष्य में इस तरह की गलती ना करने के लिए कदम उठाए?

क्या लोग इस परिवर्तन को तथा इसके सम्भव समाधानों को अपनी आनेवाली पीढ़ियों को समझा पाए हैं?

कुछ पेड़ ऐसे हैं जो पानी को खींचते हैं। पीपल, आँवला, धोक, छिल्ला, बरगद पेड़ों की जड़ों में नमी रहती है। जहाँ ये पेड़ ज्यादा होते हैं वहाँ पर पानी अपने आप ही पैदा होने लग जाता है। इन पेड़ों को हम बचाने व लगाने की कोशिश करते हैं। पीपल के पेड़ को पूजते भी हैं। विलायती बबूल पानी को सोखता है। इसलिए इसके जंगल में गर्मी रहती है। इसके पत्ते घास को ढँक देते हैं। इसके नीचे घास पैदा नहीं

हो पाती। आग भी ज्यादा लगती है। जंगल में आग लगेगी तो पेड़ भी जलेंगे, घास का भी नुकसान होगा। धोक-छिल्ला के जंगल में गीलेपन की वजह से आग भी कम लगती है। पत्तियों से कई किस्म की खाद भी बनती है। इसके जंगल में केंचुए भी पैदा होते हैं, जोंक पैदा होते हैं, तो खाद भी जल्दी बनती है। जहाँ पर खाली जंगल है, कुछ नहीं है वहाँ पर इस किस्म के पेड़ लगा सकते हैं। ऐसे पेड़ों को वन विभाग पौधशाला से ले सकते हैं। गड्ढे खोदने की व्यवस्था मनरेगा योजना में है अब मेवात में सभी स्थानों पर पेड़ लगाए जा सकते हैं। यहाँ की मिट्टी-पानी को समझकर ही पेड़ लगाए जा सकते हैं। मैंने सुना है कि यहाँ सरकार की तरफ से पेड़ काटने की मनाही है। पता नहीं कानून बनानेवाले भी कहाँ बैठकर कानून बनाते हैं। अगर कोई सरकार या संस्था पेड़ लगाने के लिए आ रही है फिर भी हम काट रहे हैं तब तो वो गलत हैं। यदि पेड़ हमने ही लगाये हैं और एक पेड़ काटने से उसके ऊपर दस पेड़ और जम रहे हैं तो काटने में क्या नुकसान है। हम उन दस पेड़ों को बचा रहे हैं, एक पेड़ तो काटा है। हम तो जंगल में रहते हैं इसलिए हमारा जीवन उसी से चलना है। यदि हम शहर में रहते तो घर में गाड़ी आती और गैस आती। पर गाँव में हमारा आधा काम तो पेड़ों से ही चलता है। हम भी पेड़ों के साथ निर्भर हैं। पेड़ भी हमारे पर निर्भर है। अब पेड़ हैं तो काटेंगे ही। अगर किसी के पास गैस-सिलेंडर है भी तो खत्म हो जाने पर वह क्या करेगा। मेवात की धरती पर पेड़ों का होना, जंगल, जंगली जानवर सभी का जीवन जरूरी है।

जैविक खाद जमीन को ढीला करती है और इससे जमीन का टिकाऊपन बना रहता है। यूरिया पेड़ को जल्दी बढ़ा देता है पर इससे जमीन की उर्वरता नष्ट हो जाती है। जानवर कम हैं जमीन ज्यादा इसलिए यूरिया का भी इस्तेमाल करते हैं मिट्टी के लिए गोबर की खाद ही सबसे अच्छी खाद है। आसानी से उपलब्ध हो जाती है। इससे जमीन की उर्वरकता बढ़ती है साथ ही मिट्टी भी ढीली रहती है। साग-सब्जी व अनाज में ताकत होती है। यूरिया से उत्पादित अनाज में ताकत कम होती है केवल बढ़ोत्तरी ज्यादा है। घरेलू खाद बनाने के लिए पत्तियाँ अच्छी होती हैं। वैसे गोबर की खाद अधिक अच्छी होती है क्योंकि उसमें गोमूत्र भी होता है। खाद बनाने के लिए हरे पत्तों का इस्तेमाल करते हैं।

यूरिया खाद से उत्पादन बढ़ता है पर पौष्टिकता कम होती है। घर की कम्पोस्ट खाद डालेंगे तो खेत बिलकुल ''फंग'' हो जाएगा यानी खिल जाएगा। कोमल होगा। रासायनिक खाद के इस्तेमाल के कारण बड़े ढेले निकल रहे हैं। यदि दूसरे-तीसरे दिन उसको तोड़ने जाओ तो वे टूटता ही नहीं है।

घर की खाद अच्छी है। हम गाय-भैंस के गोबर की खाद का इस्तेमाल करते हैं क्योंकि उससे मिट्टी में तरावट रहती है। बाजार की खाद अगर डालो तो उसके

लिए पानी अधिक चाहिए। जोहड़ प्रदूषित करनेवालों को दंड देना चाहिए। यदि तालाब को बचाना है तो उसे गन्दे नालों व लोगों की गन्दगी से बचाना होगा।

पहले खेती में जैविक खादों का प्रयाग किया जाता था। गोबर की खाद डाली जाती थी। इससे मिट्टी का सन्तुलन व अनाज की गुणवत्ता बनी रहती थी। साथ ही हमारी जलवायु भी प्रभावित नहीं होती थी। आज रासायनिक खादों से हमारी मिट्टी मृत हुई है; स्वास्थ्य व अनाज भी प्रभावित हुआ है। रासायनिक खादों व कीटनाशक दवाओं के प्रयोग से कृषि के साथ-साथ वातावरण भी प्रभावित हुआ है।

पहले हम हल-बैल से खेत की तीन बार जुताई करते थे और बीजों के संरक्षण के लिए उनको सुखाया जाता था। गाय के गोबर की खाद को अनाज में मिलाकर रिगाल की टोकरी को लीपकर भकार में रखते थे जिससे बीज सुरक्षित मिल जाता था। बीजों को तुमड़े में भी रखा जाता था। वर्तमान में लोग कच्चे में ही फसल काटते-माड़ते हैं। उसमें सल्फास की गोली रखते हैं फिर भी बीज सुरक्षित नहीं मिलता है।

हाइब्रिड बीजों के आने से हमारे यहाँ उत्पादन में अन्तर हुआ है। हमारे यहाँ काश्तकारों ने पूसा और हिसार के टमाटर-बैंगन व मटर लगाया, वह जमा ही नहीं। पहले हम अच्छी किस्म के बीजों का आदान-प्रदान करते थे। वह हमारे लिए सफल विधि थी। भारत में भुखमरी हुई तो अन्न पैदा करने के लिए वैज्ञानिकों ने इतने नाइट्रोजन का प्रयोग किया कि पृथ्वी को अशुद्ध कर दिया। आज वही वैज्ञानिक कह रहा है कि जैविक खेती कीजिए। पहले खूब कीटनाशक दिए। उसने कहा भाई बीज शोधन कीजिए, उसके बाद बोइए। बीज भंडारों में भी दवा डालिए। आज खुद कह रहे हैं, वह प्रदूषित हैं। यह धीमा जहर हो गया। क्या विज्ञान पहले नहीं जानता था? इसका मतलब नहीं जानता था। आज जैविक खेती का भाव ही अलग है। वह दुगुने रेट पर जा रहा है। विश्व के बाजार में हम पहले से ही जैविक खेती करते थे। विज्ञान ने ही सिखाया कि इसमें यूरिया की कमी हो गई, पोटास की कमी हो गई; हमने डाल दिया। आज ऐसी स्थिति आ गई कि उपज बढ़ाने के लिए जैविक खेती पर आ रहे हैं। अभी फिर भुखमरी होगी क्योंकि जिस खेत में दस कुन्तल गेहूँ होता था या धान होता था, आज वहाँ दो कुन्तल होता है। पृथ्वी तो प्रदूषित हो गई है। अब सन्तुलन को बनाने में दो-चार साल तो लगेंगे ही। ''यह रासायनिक खाद बाप के लिए तो ठीक है लेकिन बेटे के लिए यह खेत को रेगिस्तान बना देगी।''

किसी चीज से लगाव कम हो जाता है तो उसके सवंर्धन व संरक्षण के प्रति रुझान कम हो जाता है। लापरवाह तो हो ही जाते हैं और दिली भावना भी कमजोर हो जाती है। चीजों के प्रति उदासीन हो गए हैं तो ध्यान हट गया है। हमारा ध्यान वहाँ होता तो समाज जागरुक होता। जंगल विकसित करना है। गाँव स्रोतों को

बनाए रखना है। इन सब में समाज का योगदान कम हो रहा है। सरकारी प्रभाग चल रहे हैं, टैंक बनाना स्त्रोत लगाना, कुल मिलाकर समाज का योगदान काफी कम हो गया है। अब मेवात में जोहड़ बनाना मुश्किल है। समाज अपने जल हकदारी और जिम्मेदारी नहीं समझ रहा है।

अध्ययन किए क्षेत्र के लोगों की आजीविका अधिकांशतः खेती पर निर्भर है। यदि खेती से 10,000 की आय होती तो 6000 मजदूरी में खर्च हो जाता है। शुद्ध आय 4000 तक हो जाती है। घर में जब अनाज पैदा होता है वो मुफ्त का जैसा ही लगता है। बाजार की तुलना में ऐसा लगता है जैसे कोई पैसा लगा ही नहीं। घर में 1 बेल कद्दू की लगाई तो उसकी हम कोई कीमत नहीं लगा सकते। घर का अनाज पौष्टिकता के मामले में अच्छा है। हम तो इन्जेक्शन भी नहीं लगाते हैं। घर में कद्दू गाय, भैंस को भी खिला देते हैं। बाजार में कद्दू 16 रुपया किलो हो रहा है तो वो दवाई जैसा लगता है। सब्जी बेचते नहीं है। जो व्यवसाय करते हैं वो बेचते होंगे। धान अच्छा होता है। साल भर के खाने लायक हो जाता है। कभी-कभी दो, तीन बोरे ज्यादा भी हो जाता है जिसको हम बेचते भी हैं। या जो मजदूर काम करते हैं उनको पैसे के बदले अनाज के रूप में भी देते हैं। यह अध्ययन मेवात की स्थानीय सामुदायिक टीम ने किया है। यह उनकी भाषा में ही दिया जा रहा है। यहाँ महात्मा गांधी आज जीवित होते तो प्रकृति और पानी का संरक्षण करके मेवात को समृद्ध बनाते। उन्होंने मेवात को यहीं बसाए रखने हेतु जौहर किया था। इस क्षेत्र को समृद्ध बनाने का भी काम करते। यह कार्य समाज के ज्ञान से सम्भव है। ग्राम स्वावलम्बन खेती और मेवात का पानी बचाने से आएगा। आज हम धधकते ब्रह्मांड, बिगड़ते मेवात मौसम के मिजाज का समाधान हम मेवात की हरियाली और जोहड़ों को पानीदार बनाकर ही कर सकते हैं।

मेवात में रचनात्मकता को चुनौतियाँ

सुखाड़ की बदहाली से उजड़े गाँवों को पानी के काम से पुनः जीवन मिल गया। परन्तु मेहनत और आपसी सहयोग के इस रचनात्मक प्रयास में बहुत से संघर्ष करने पड़े। गोपालपुरा में जब पहला जोहड़ 1986 में बना तो सिंचाई विभाग ने तुरन्त तोड़ने का नोटिस दिया। गाँव घबरा गया। घबराहट दूर करने के लिए गाँव ने हिम्मत से जवाब देने में असमर्थता प्रकट कर दी। अन्त में मुझे ही इसमें कूदना पड़ा। लोगों की हिम्मत बँधाई। गाँव ने जोहड़ बचाने का संकल्प लिया। सत्याग्रह शुरू हुआ। सरकार इसे आज तक नहीं तोड़ पाई। हमने रचनात्मक तरीके से स्थायी विकास और जीवन-जीविका में स्वावलम्बन का लक्ष्य प्राप्त करने हेतु ही कार्य किया है।

मेवात से जुड़े गोपालपुरा में जल संरक्षण से गाँव में हिम्मत आई। लोगों ने जोहड़ की आगोर (साड़यास) गोचर भूमि से कटाव रोकने हेतु इसमें वृक्षारोपण कर दिया। 1988 जुलाई में साड़यास के खसरा नं. 2, खसरा नं. 3 में वृक्षारोपण कर दिया। तत्कालीन कलेक्टर के घमंड पर कुछ चोट हुई। उसने कहा, मुझसे पूछे बिना पेड़ क्यों लगाए? गाँव ने कहा–हमारी जमीन है, हमारे पेड़ हैं, हमने लगा दिए। इसमें आपसे पूछने की जरूरत कहाँ है? बस कलेक्टर और भुन गया। उसने कुछ नहीं कहा। परन्तु गाँव की इस हिम्मत को अपना अपमान समझ लिया। इसने मुझे तथा गाँववालों को मजा चखाने की ठान ली। दो वर्ष लगे। दो वर्ष में नूँह (हरियाणा) से कुछ खदानों के मजदूरों को उसी जमीन पर बसाने का निर्णय ले लिया। इस बार इसने इस गाँव के ही सरपंच नाथू सेठ को पटा लिया था।

नाथू तो इस गाँव को बोहरा कर्जदिने वाला सेठ था। अब इस गाँव में इसकी कर्जों की कमाई बन्द हो गई थी। पाँच वर्ष पहले तो इसी गाँव के वोटों से सरपंच बना था लेकिन अब तो गाँव खुद खड़ा होने लगा था। कर्ज की कमाई, सत्ता की दलाली यहाँ से खत्म हो गई थी। सरपंच के मन में इसका गुस्सा बहुत था। बदला लेने का मौका कलेक्टर ने दे दिया। नाथू सरपंच के केवल भगवान मीणा और उसके बेटे को पटा लिया। गाँव के संगठन को तोड़ने का तय कर लिया। सरपंच ने गाँव बाँट दिया। नए लगे हुए पेड़ पुलिस की उपस्थिति में कटवाए। पेड़ कटवाकर घर

बनाए। हरियाणा से लाकर लोगों को बसाया। ये बसे और चले गए। इनकी जगह दूसरे लोग आकर उस भूमि पर जम गए।

गरीब-बेघर लोगों को बसाने का नाम था। इसलिए मैंने लोगों को बसाने का विरोध नहीं किया। कलेक्टर की गलती का विरोध जरूर किया। इस हेतु सरकार पर जन दबाव बना तो कलेक्टर को यहाँ से हटा दिया। लेकिन टूटा हुआ गाँव कैसे जुड़े? मैंने गोपालपुरा के लोगों से कहा, ''गाँव जुड़ेगा तो ही बिखराव की बीमारी से मुक्ति मिलेगी। अब इन हरियाणा के लोगों को बुलाओ, भोजन कराओ। उन्हें अपने गाँव के दस्तूर समझाओ, उन्हें प्यार करो।'' गाँव ने मेरी बात मानी। खीर बनाई, सबको खिलाई। हरियाणा से आए लोगों ने खीर खाई, वादा किया–वे भी गोपालपुरा की तरह रहेंगे। लेकिन बाद में वैसे नहीं रहे। आज भी वे गोपालपुरा के लिए सिरदर्द हैं। पहलेवाले चले गए। उनकी जगह दूसरे आए हैं। वे अपने को दादा समझते हैं। वैसे ही रहते हैं। खूब शराब पीते हैं। वे सारे दोष हैं, जो आज के समाज में अच्छे माने जाते हैं।

यह मेरी तथा गाँव की हार हुई। जंगल कट गया नए लोगों को हम बदल नहीं पाए। लेकिन इस हार को मानकर हम चुप नहीं बैठे। हमने अपने गाँव के पास के गोचर को हरा-भरा बनाना शुरू किया। गोचर में शुरू में तीन साल के लिए गाय-भैंस, पाँच साल बकरी, सात साल ऊँट की चराई बन्दी कर दी। हरे पेड़ काटनेवाले पर दंड का विधान किया। आज इस गाँव के पास चौदह सौ बीघा का गोचर, गहरा जंगल बन गया है। करोड़ों रुपए की सम्पत्ति गाँव के पास है। गाँव ने अपना जोहड़, बाँध, चैकडेम, ऐनिकट निर्माण का काम जोरों से शुरू किया।

पाँच वर्ष से इस क्षेत्र में अकाल है लेकिन इस गाँव में खूब पानी है। गहरा जंगल है। गाँव में खूब खेती, सब्जियाँ, गन्ना सब कुछ है, 30 फीट पर कुओं से पर्याप्त जल है। अब गाँव के सब बच्चे स्कूल में पढ़ने जाते हैं। जब काम शुरू हुआ था तब एक भी लड़की स्कूल पढ़ने नहीं जाती थी। आज सभी लड़कियाँ स्कूल जाती हैं। महिलाएँ ईंधन, चारा, पानी के इन्तजाम में ही दिन रात लगा देती थीं। आज इस गाँव में सब कुछ पास ही है। महिलाओं का समय बचने लगा। अब ये अपने वर्तमान और भविष्य के मिलकर निर्णय लेने लगी हैं। पहले केवल अपना भी निर्णय करती थीं। आज पूरे गाँव-समाज के साझे निर्णय स्वयं महिला संगठन बनाकर करती हैं। अपना गाँव ही नहीं दूसरे गाँवों की भलाई के काम के बारे में भी सोचती ही नहीं बल्कि बहुत कुछ करती भी हैं। इन्होंने अपने रिश्तेदार महिलाओं को भी जल-जंगल-जमीन बचाने के कार्यों में लगाया है।

अब यहाँ की वेशभूषा-खानपान सब कुछ सुधर गया है। शराब छूट गई है। बच्चे भी गाँव की भलाई के लिए प्रयत्नशील हैं। यहाँ के युवा भी दूसरे गाँव से अलग हैं।

ये अपने गोचर, पानी, जंगल, जमीन की बात ही ज्यादा करते मिलेंगे। यह पूरा मीणा जन्मजाति का गाँव है। इसने अपने पुराने विवाद को अभी तक भुलाया नहीं है। यह आज भी बाहर के जंगल काटनेवालों को अपना दुश्मन मानते हैं। लेकिन उन्हें सताते नहीं हैं, समझाते हैं।

यह गाँव बाढ़, सुखाढ़ मुक्त है। स्वाभिमानी और आत्मगौरवशाली है। अब इस गाँव में हजारों लोग इनका काम देखने जाते हैं। ये उन्हें अपने घर का काम छोड़कर काम दिखाने गोचर-जंगल तक स्वयं जाते हैं। बिना किसी स्वार्थ के दिन भर बाहर से आए लोगों को अपना काम समझाते हैं। उन्हें ये इसलिए अपना कार्य दिखाते हैं, जिससे वे भी अपनी जगह लौटकर वैसा ही कार्य करें। यहाँ के बदरीजी तो दूर-दूर जाकर घूम-फिरकर उनका काम देखते हैं। उन्होंने गोपालपुरा का काम देखकर क्या किया है। उन्हें वहाँ सिखाने उन्हीं के क्षेत्र में साईट पर जाकर फिर मदद करते हैं। ऐसा केवल बदरी जी नहीं बल्कि पुराण, जगदीश, श्रवण, सीताराम बहुत सारे युवा हैं जो बिना स्वार्थ दूसरों की भलाई हेतु प्रयत्नशील रहते हैं। ऐसा अब सैकड़ों गाँव में हो रहा है। ये गाँव अपना जंगल पानी बचाने के काम में लगे हैं। लेकिन सरकार के विभाग इस काम को समझें तो यह कार्य समाज अपनाने लग जाएँ। अभी तक सरकारी विभाग इस काम को अपना दुश्मन मानते हैं। सरकारों का भी अजब खेल है। ऊपर के लोग तो बढ़ाई करते हैं। नीचे पटवारी, इंजीनियर इस काम को अपनी कमाई का विरोधी मानते हैं। तभी तो इंजीनियरों ने लावा का बास जोहड़ को तोड़ने का नोटिस दिया। एक नहीं कई नोटिस दिए।

बिना वारंट के गिरफ्तार करनेवाले नोटिस मेरे विरुद्ध आए। लेकिन गिरफ्तार नहीं किया। लावा का वास पानी की बहुत ही तंगी का गाँव था। यहाँ के लोगों ने मिलकर हमसे जोहड़ की पेशकश की। पंचायत के सरपंच ने हमें इस जोहड़ के निर्माण का आवेदन भेजा। हमने गाँववासियों को संगठित करके काम चालू करवा दिया। काम पूरा हो गया। जोहड़ पानी से भर गया। तब इसे तोड़ने का नोटिस आया। भरे जोहड़ को तोड़ते नहीं। लेकिन ये सब गाँववासियों को डराने के तरीके हैं। जिसे स्वयं गाँववासी पानी का काम स्वयं नहीं कर सके। तकनीक की कमी आदि सब कुछ कहा गया। लेकिन लावा का वास अब तक अच्छी तरह खड़ा है। खड़ा रहेगा। इससे राजनेता भी अपनी बाटी पकाते हैं। आजकल राजनेताओं की रोटी-बाटी जातियों के बँटवारे से पकती है। इस जोहड़ से सैकड़ों कि.मी. नीचे के जाटों ने गुर्जरों, मीणों के खिलाफ मोर्चा खोल दिया। इस जोहड़ से केवल गूजरों व मीणों को लाभ मिल रहा था। एक बहुत ही अजीब-सा संघर्ष हुआ। अन्त में न्याय की जीत हो गई। इस लड़ाई का वर्णन करना मेरे मन को अच्छा नहीं लग रहा है। बस इतना कह दूँ। (जाट) उप-मुख्यमंत्री ने इतना कह दिया, ''वर्षा की एक-एक बूँद सिंचाई विभाग की

है। इसे जो रोकेगा वह जेल जाएगा।" एक तरफ यही सरकार पानी रोको, खेत का पानी खेत में, गाँव का पानी गाँव में रोकने की बात कर रही है। दूसरी तरफ सरकार के नारे को साकार करनेवालों को जेल भेज रहे हैं। यह सब समाज को गुमराह करने का षड्यंत्र लगता है। अब यह और अधिक उग्र होता जा रहा है।

पहले समाज में जहाँ भी अच्छा काम होता था उसे समाज, राज, गुरू, सब संरक्षण देते थे। अंग्रेज जो हमारे दुश्मन थे, बाहर से आकर हम पर राज्य कर रहे थे। उन्हें शोषक आदि-आदि सब कुछ कहा जा सकता है। उन्होंने हमारे बहुत सारे क्रान्तिकारी, देशभक्त कार्यकर्ताओं को सताया-मारा होगा। लेकिन आज की तरह नहीं। वे अहिंसा का सम्मान करते थे। तभी महात्मा गांधी बचे रहे। और हमें आजादी मिल गई थी। लेकिन आज का दृश्य तो इससे भी अधिक भयानक है।

10 जून को अलीगढ़ में पानी-संरक्षण संगोष्ठी में पानी पर सब बातचीत पूरी हो चुकी थी। संगोष्ठी की अध्यक्षता करनेवाले जिला पंचायत अध्यक्ष थे। मेरी बातचीत खत्म होने पर अध्यक्ष जी ने मुझसे सवाल पूछा। हमारा कलेक्टर पानी का काम नहीं करने देता। मैंने सरलता और सहजता से जवाब देना शुरू किया। आप जिला पंचायत के अध्यक्ष हैं। जिले की जनता के वोट से चुनकर आप अलीगढ़ के लिए पंचायत अध्यक्ष बने हैं। अब आपकी जिम्मेवारी है। अपने जिले के वोटर की जरूरत व हित पूरा करना। यदि आपके जिले की जरूरत पानी है, तो आपको इसका इन्तजाम करना होगा। जिलाध्यक्ष ने फिर कहा सात करोड़ रुपए का इन्तजाम मैंने किया है। भारत सरकार से लेकर आया हूँ। कलेक्टर-कमिश्नर इस धन को लगाने नहीं दे रहे हैं। अब कैसे हो? मैंने कहा—लोकतंत्र में लोक ही मालिक होता है। लोक ने आपको अपना सेवक बनाया है। अपने तंत्र को अपना नौकर बनाया है। यदि नौकर लोक की जरूरत पूरी नहीं कर रहा है, तो आपके लिए शर्म की बात है। बस मेरे इतना कहते ही वह खड़ा हुआ। उसने एक हाथ से मेरी आँखें दबाईं। दूसरे से माथ पकड़ा और दीवार में तीन बार टकरा दिया। इसके बाद कितने बार टकराया मुझे मालूम नहीं। मैं अचेत हो गया। मुझे बाद में वहाँ उपस्थित लोगों ने बताया तीन बार सिर टकराया। मुझे धरती पर गिराकर वह तथा अलीगढ़ की मेयर तो चली गई। बन्दूकधारियों से कहा, "इसे दस मिनट कोई नहीं छुए। दस मिनट बाद आप भी आ जाना।" हाल में जो लोग मुझे सुनने आए थे, उनमें प्रोफेसर विद्यार्थी, सरकारी अधिकारी अधिक थे। इन्होंने क्या किया? मैंने देखा नहीं, कुछ लोगों ने तुरन्त अस्पताल पहुँचाने की कोशिश की जिसमें इन्हें बाधित किया।

मैं नया नहीं था। लोग मुझे जानते थे। जाननेवाले बड़ी संख्या में मौजूद थे। लेकिन सहज, शान्तिपूर्ण, अहिंसक तरीके से कही बात पर भी शान्ति और धीरज

नहीं। परिचितों के द्वारा परिचित की हत्या हो जाए और कुछ नहीं हो। यह सामाजिक काम तथा सत्य बात के लिए बड़ी चुनौती है। अब लोग सत्य बोलते हुए डरने लगे हैं सत्य भी किसी का बुरा करनेवाला नहीं। मैं तो लोकतंत्र के सिद्धान्त की बात कर रहा था। उस पर जान लेवा हमला। जानलेवा हमला करनेवाले को रोकने की कोशिश समाज ने कितनी की थी? कोशिश हुई तो सफल क्यों नहीं हुई। इन सबका जवाब ढूँढ़ना जरूरी है। जवाब है, सच्चाई बचाने का भाव अब जीवित नहीं है। समाज का साझापन, साझा हित, साझा भविष्य, साझा बचाव हमारे राजनेताओं ने ही खत्म कर दिया।

मुझे जब सात दिन बाद होश आया तो सिद्धराज ढड्ढाजी (94 वर्षीय) अपने पुत्र व पुत्रवधू के साथ देखने आए। कहने लगे—यह हमला तो अजीब-सा है। अंग्रेजी राज्य में भी ऐसा नहीं होता था। आन्दोलनकारियों पर कभी अध्यक्षता कर रहे व्यक्ति ने हमला नहीं किया। इस तरह अपने घर में बुलाकर मारने की घटनाएँ तब नहीं होती थीं। यह तो अपने घर में बुलाकर मालिक बनकर मारने जैसी बात है। इस घटना के बाद मेरे मन में बहुत से सवाल हैं। क्या अब साझे हित, साझे भविष्य, साझे काम के लिए आगे आनेवालों को रोकने की यह साजिश है? या देश में अब केवल जिसकी लाठी उसकी भैंस बन जाएगी। सामाजिक काम, सच्चाई के लिए बोलनेवाले अब ऐसे ही सिर फुड़ाएँगे, मर जाएँगे। समाज अपने काम को अपनी बात को ऐसे ही मरता हुआ देखेगा या गोपालपुरा गाँव की तरह फूट को देखकर दुबारा खड़ा हो जाएगा। गोपालपुरा तो अनुसूचित जनजाति (मीणों) का गाँव है, जहाँ आज का शहरी प्रदूषण नहीं पहुँचता। अब यह भी गाँवों में पहुंचना शुरू हुआ है। पचास वर्ष बाद गोपालपुरा भी अलीगढ़ की तरह बन जाएगा। क्या यह शिक्षा का प्रभाव है। जीवन पद्धति के बदलाव हमें इसी दिशा में ले जाएँगे। आज ही कर्नाटक सरकार ने तानाशाह की तरह कर्नाटक में रहनेवाले तमिलों को तमिल चैनल देखने या तमिल अखबार पढ़ने पर रोक लगाकर हमारे साझे भविष्य व वर्तमान पर पानी के नाम पर कलंक लगा दिया है। यह पानी की लड़ाई इस तरह तो अखंड भारत को बाँट देगी।

आज समाज को उज्ज्वल भविष्य की तरह ले जानेवालों के सामने गहरा संकट है। सच्चाई प्रकट करनेवालों की हत्या, प्रकृति प्रेमियों को दुनिया देखने व समझने पर पाबन्दी गरीब के सुख-समृद्धि की चिन्ता और उनके हकों की लड़ाई लड़नेवालों पर बलात्कार तक के झूठे आरोप जड़ दिए जाते हैं। आरोप 10 वर्षों तक भी सिद्ध नहीं हो पाए। तब भी बदनामी करनेवाले करते रहेंगे। झूठ छपता रहेगा। कभी झूठे आरोप लगानेवाला या प्रचार करनेवालों को कोई सजा नहीं मिलती। इस वातावरण से अब समाज पिछड़े गरीब, वंचितों के साथ-साथ जल-जंगल-जमीन के हकों के लिए काम करनेवालों का जीवन भयंकर खतरे में है।

लेकिन ऐसे भयभीत होने की जरूरत नहीं है। समाज में आज भी कृतज्ञता बची है। समाज का एक हिस्सा जरूर मदद करता रहेगा। यह वर्ग मानव का प्रकृति से लेन-देन का रिश्ता सन्तुलित बनाकर ही चैन लेगा। जो इनसान प्रकृति से कम लेता है, अपनी मेहनत से प्रकृति को अधिक देता है उसको सबल व सम्मानित बनाने की यह लड़ाई जारी रहेगी। मेवात की धरती पर शराब के 43 कारखाने उद्योग विकास के नाम पर दिए गए। तब मैंने तत्कालीन मुख्यमंत्री वसुंधरा राजे जी से कहा, "श्री अशोक गहलोत जी के मंत्रिमंडल ने 6.6.2000 में पानी के संकटग्रस्त क्षेत्रों में पानी की खपतवाले उद्योग लगाने पर पाबन्दी लगा दी थी। फिर आज क्यों लगा रही हैं? तत्कालीन मुख्यमंत्री ने कहा, "हमें अपने राज्य का उद्योग विकास करना है। इसलिए शराब, डिस्टलरी ब्रेवरीज सब लगेगी।" हमने इन्हें रोकने हेतु न्यायालय में जनहित याचिका दायर कर दी तो न्यायालय ने सब के लाइसेंस रद्द कर दिए। फिर भी सरकार ने रिकॉर्ड बदलवाकर दो शराब कारखाने चलवा दिए और बिना किसी वजह बताए हमारी पन्द्रह साल पुरानी तरुण जल विद्यापीठ के भवन के छात्रावास तथा कक्षा-कक्ष सभी बुलडोजर लगाकर तुड़वा दिए। जबकि यही सरकार एक तरफ जल बचाने के नारे दे रही थी। दूसरी तरफ जल बचानेवालों को तबाह कर रही थी। जिन किसानों के जल बचाने के कार्यों से धरती का पेट पानी से भरा, भूजल ऊपर आया। उन्हीं के विरुद्ध कानूनी कार्यवाही कराई गई। असिचिंत भूमिवालों ने सिंचाई के लिए पानी माँगा तो पुलिस की गोलियाँ चलवाईं। ग्रामीणों ने पीने का पानी शहर से पहले माँगा और कहा पानी पर पहला हक हमारा है, तो ग्राम और शहर के बीच लड़ाई शुरू कराई। ये सब घटना मेवात के रचनात्मक कार्यों की चुनौतियाँ हैं। मेवात में पीने का पानी, खेती और उद्योग सबको दिया जा रहा है और लोग सुरक्षित पेयजल हेतु तरस रहे हैं। डिस्टलरी, ब्रेवरीज, शराब के उद्योग सबको पानी है, इनसान बेपानी बन रहे हैं। हमें मेवात को पानीदार बनाने की पहल करनी है।

मेवात में स्वैच्छिकता द्वारा स्थायी विकास का लक्ष्य प्राप्त करना

चालू शताब्दी में प्रकृति का विनाश करके विकास पाने की ललक है। स्वैच्छिक अभिक्रम द्वारा जहाँ-तहाँ प्रकृति विनाश को रोकने हेतु संघर्ष करना पड़ रहा है। शुष्क क्षेत्र में जहाँ जल-जंगल की कमी है, वहाँ के समाज ने कुछ प्रयास करके जंगल विनाश रोकने हेतु खदानें बन्द कराने हेतु लड़ाई लड़ी। जंगलों में चलनेवाली खदानें बन्द कराईं। जोहड़ बनाकर पानी बचाया, सूखी नदी को पुनर्जीवित किया।

तरुण भारत संघ ने 6500 वर्ग कि.मी. क्षेत्र में 10,000 से अधिक तालाब तो समाज में खाते-पीते किसानों ने स्वयं देखकर बना लिये हैं। पानी का काम सबका

साझा है। गरीबों के लिए इस श्रम में दूसरों की मदद की जरूरत रहती है। तरुण भारत संघ ने केवल गरीबों को पानी पिलाने तथा उनकी खेती में मदद उपलब्ध कराई है। इंजीनियरों की रिपोर्ट के अनुसार तरुण भारत संघ व समाज के श्रम केवल 1.35 रुपए (एक रुपया पैंतीस पैसे) में 10,000 लीटर पानी खेती तथा भूजल पुनर्भरण करके पीने को दिया है।

इस काम को रोकने हेतु गाँव-गाँव में किसानों, युवाओं, महिलाओं को प्रशिक्षित किया। इन्होंने अपने गाँव में रुककर अपने गाँव का संसाधन-मानचित्रण किया। काम की जरूरत के अनुसार जगह तय की। क्षमताओं के अनुसार श्रमदान जुटाया। अधिक जरूरत हुई तो तरुण भारत संघ से पाने का आग्रह किया। समाज का स्वयं अभिक्रम जगाने की पहल की। उसकी क्षमता-कुशलता बढ़ाई। इससे कुछ करने का अहसास समाज के मन में बना। 'अहसास' ने समाज को अपने लिए स्वयं कुछ करने वास्ते सक्रिय बनाया। समाज की सक्रियता से आपसी मेल-जोल बढ़ाया है। इसी में से गाँव का संगठन निकल आता है।

जब किसी गाँव में सक्रियता बढ़ती है तो संगठन बनाने और कुछ बिगड़ने की सक्रियताएँ समाज में प्रेम और विश्वास पैदा करती हैं। विश्वास ही भविष्य का आभास कराता है। इसी तरह अन्याय-अत्याचार के विरुद्ध सत्याग्रह शुरू होने का बीज अंकुरित होने लगता है। बस! यह अंकुरण ही 'रचना' है। इसकी शुरुआत हमने कभी इसे चेतना पैदा करने की दुहाई नहीं दी। बल्कि समाज की अन्तःचेतना स्वयं जगी और जुड़ गई। परिणामस्वरूप समाज ने अपनी पानी की कमी का संकट, दुख-दर्द मिटाने की ठान ली।

अमावस्या के दिन ही समाज काम करने में पहले जुटें। विद्यार्थी रविवार के दिन काम करने लगे। जब कुछ काम दिखने लगा, फिर तो इन्होंने अपना खाली समय ढूँढ़ना शुरू किया। देवउठनी ग्यारस के दिन काम शुरू करके वर्षा फसल का काम आने तक अपना जोहड़ बनाकर पूरा कर लेते हैं। वर्षा आई जोहड़ को पानी से भर गई। कुओं में पानी का स्तर बढ़ा। गाय-भैंस और खेती को पानी मिला। उत्साह पैदा हुआ। उत्साहजनक चर्चा ने इस अच्छे काम को और बढ़ाने तथा फैलाने की भावना और हिम्मत पैदा कर दी। व्यक्ति की हिम्मत और सन्तोष दूसरों को भी अच्छा काम करने की प्रेरणा देनेवाला बनता है। बस! यही व्यक्ति तो सेवा भावी बनता है। इसी प्रक्रिया को स्वैच्छिकता कह सकते हैं।

स्वैच्छिकता साझे भविष्य को सुरक्षित और समृद्ध बनानेवाली होनी चाहिए। साझा भविष्य प्रकृतिमय है। जल, जमीन, सूरज, वायु और आकाश सबके साझे हैं। इन पर अब चन्द लोग कब्जा करने लगे हैं। हमें साझे संसाधनों पर बढ़ते कब्जे को रोकने, बिगड़ते प्राकृतिक संसाधन बचाने और बिगड़े को बनाने का काम करना है।

चालू शताब्दी में सबसे बड़ी चुनौती बिगड़ते प्राकृतिक संसाधनों को बचाना है। इस काम में विद्यार्थी युवा-महिला-पुरुषों, बच्चे, वृद्धों आदि सबको लगाना पड़ेगा। यही काम स्वैच्छिकता की प्राथमिकता है। दूसरा साझे संसाधनों पर से अतिक्रमण रोकना सरकारी सत्ता (गवर्नेंस) कानून-कायदे, नीति-नियम आदि के द्वारा सम्भव है। यह दूसरा काम ठीक से होगा तभी तीसरा सामाजिक स्वैच्छिक काम नए प्राकृतिक संसाधन निर्माण करने से सम्भव होगा। समाज संसाधनों पर अपना हक और अपनापन समझकर ही उन्हें बनाने, बचाने में जुटता है।

तरुण भारत संघ ने समाज को अपनेपन का अहसास कराया। तभी समाज स्वयं श्रमदान करने में जुटा। जब समाज जुटने लगा तो समाज में एका बना। समाज में आपसी विश्वास के अंकुर पैदा हुए। इन्होंने कुछ नया करने का आभास पैदा कर दिया। बस! इसी प्रक्रिया ने बे-पानी समाज को पानीदार बना दिया। समाज के पानीदार बनने से धरती का पेट पानी से भर गया। बस! यहाँ का भूगोल बदलने लगा। इस प्रकार ही समाज और धरती का चेहरा बदल गया। इस काम से सरकारी इंजीनियर, नेता, व्यापारी, अधिकारी जुड़ जाते तो अब तक यही काम पूरे देश में विस्तार पा जाता।

आज तरुण भारत संघ के जल दर्शन को समझकर भू-सांस्कृतिक विविधता का सम्मान करते हुए, इसी तरह पूरी दुनिया में काम करने की जरूरत है। इसी प्रकार के स्वैच्छिक कार्यों से हम अपने भविष्य को सुरक्षित बनाने के काम से समाज को खड़ा कर सकते हैं। बेकारों को काम, बेसहारा को सहारा तथा रोजी-रोटी, हवा, पानी, सब कुछ उपलब्ध करा सकते हैं। भारत जैसे विकासशील देशों में अब इसी स्वैच्छिकता को बढ़ाना है।

समाज की स्वैच्छिकता बढ़ने लगे तो पूरा समाज प्रकृतिमय होकर कम पानी खर्च करके अधिक पानी बचाने का काम कर सकता है। मेवात के लोगों का कहना है, वजू करने में एक लोटा से अधिक पानी खर्च करनेवाले की नमाज कबूल नहीं होती। अतः कम खर्च करो। बहुत से मेव कहते हैं, पानी बचाने का काम कुदरत की हिफाजत का पाक काम है। जो पानी बचाते हैं, वे कुदरत की हिफाजत करते हैं। कुदरत की हिफाजत करनेवाले पैगम्बर जैसे फरिश्ते बन जाते हैं। ये सब स्वैच्छिक सामाजिक साझे भविष्य को ठीक रखनेवाले पाक कामों की अब मेवात में ज़्यादा जरूरत है। ये विकास लक्ष्य प्राप्त करने में सहायक बन सकते हैं।

मेवात की समृद्धि हेतु महात्मा गांधी का बताया रास्ता पकड़े

आज समाज की निन्दा छोड़कर उसकी कुछ अच्छाई और क्षमताओं पर ध्यान देकर उसकी ताकत बढ़ाए। इससे सामाजिक सत्ता के समीकरण बदल सकते हैं। केवल

इतना ही नहीं सम्पूर्ण बदलाव की दिशा में प्रक्रिया चालू होगी। हमें समाजोन्मुखी केवल राजनेता नहीं चाहिए। बल्कि आज समाजोत्कर्षी बनानेवाली मेवाती प्रक्रिया चलानेवाले ऐसे सामाजिक कार्यकर्ता चाहिए जो समाज को खड़ा करके काम में लगाए।

समाज में बन्दरबाट करनेवाले नेता ही अधिकारियों को नोट बनाने के अवसर देते हैं। अधिकारियों की लूट-फूट से समाज को बचाना आज अत्यन्त आवश्यक है। इस हेतु समाज का निडर और अनुशासित बनना जरूरी है। ऐसा केवल श्रम-निष्ठा से ही बन सकता है। श्रम-निष्ठा से जल सहेजना सबसे बड़ा पुण्यकर्म है। इसे ही बढ़ाने हेतु जल सहेजने के अभिक्रम को चलाया है। इससे लाखों महिलाओं में आत्मगौरव एवं आत्मविश्वास पनपा। इन्होंने और कई काम ऐसे ही शुरू किए।

यह जंगल-गोचर जैसे सामलाती संसाधन पुनर्जीवित करने में जुटे हैं। किन्तु सभी क्षेत्रों, जिलों में एक जैसी ही समस्याएँ राजनेताओं अधिकारियों ने पैदा की। दौसा में तो हमारे कार्यकर्ताओं को पुलिस द्वारा उठवा दिया। हमीरपुर गाँव में अरवरी नदी का अरवरी भवन जो ग्रामीण बना रहे थे, उसको तोड़ दिया, आगे बनाने नहीं दिया। जबकि ग्रामीण अपनी गाँव की जमीन पर बना रहे थे। गाँववासियों को अपनी समृद्ध पानी-परम्परा को पुनर्जीवित करने पर भी रोक तो सरकार ही लगा सकती है?

मैं बस, यह अनुभव करता हूँ। जहाँ भी स्वयं समाज प्रयास करे उसे हमारा बौद्धिक वर्ग, सरकारी अधिकारी, नेता अपना विरोध ही मानने लगते हैं। इसमें अपना काम, अपनी जिम्मेदारी, अपनी भूमिका तलाशकर जुटना चाहिए। तभी तो हमारा समाज खड़ा होगा। सब की भूमिका समाज को खड़ा करना है। समाज खड़ा होगा तभी हमारी सरकार, राष्ट्र समृद्ध बनेगा।

आज़ादी से पूर्व मीडिया और सामाजिक कार्यकर्ता में कोई अन्तर नहीं दिखता था। ज़्यादातर स्वदेशी समाचार पत्र समाज के प्रयासों को प्रतिष्ठित करते थे। आज भी इस काम की आवश्यकता है। ऐसा होने से ही जनसाधारण परिवर्तन और विकास की प्रक्रिया में जुड़ेगा। इसे जोड़ना आज सबका सबसे पहला व जरूरी काम है।

प्रकृति के साथ सौम्य रिश्ते तथा प्रकृति से लेन-देन का सन्तुलित व्यवहार ही हमें दुनिया में जगतगुरू के रूप में मान्यता देता रहा है। आज यह प्रकृति से लेन-देन का व्यवहार बिगड़ रहा है। इसे पुनःसुधारना जरूरी है। हम जितना प्रकृति से ले उतना ही उसे लौटाने का प्रयास करें।

हमारी राष्ट्रीय जलयात्रा में भी जगह-जगह लोगों ने ऐसा करके आज भी यह दिखा दिया कि समाज पानी का पुण्य कर्म मानता है। इससे वह अपना व्यवहार बदल सकता है। लेकिन सरकार अपना व्यवहार बदले तभी यह सम्भव होगा। सरकार आज भी पानी को अपनी सम्पत्ति मानकर समाज को पानी-प्रबन्धन से अलग करना

चाहती है। इसीलिए जहाँ समाज खड़ा होकर कुछ जागृति हेतु करने लगा है; वहीं विवाद खड़े हुए हैं। लोकतंत्र में भी सब कुछ सरकार के सामने समर्पित है, वहाँ कोई विवाद नहीं है।

जलनीति का केवल उन्हीं स्थानों पर विरोध हुआ, जहाँ समाज स्वयं पानी बचाने का काम कर रहा है। इसे पानीदार समाज ने ही 1 अप्रैल, 2003 को सेवाग्राम, वर्धा में, 5 जून व 26 जून को देशभर में जगह-जगह पर जलनीति 2002 के दस्तावेज की होली जलाई। सरकार ने इसे भी केवल अपना विरोध मानकर मौन साध लिया। लेकिन यह सब देखकर भी नीति को जन-जरूरत के अनुरूप बदला नहीं। इस सरकारी चरित्र में केवल विरोध का भाव नजर आता है। इसे सकारात्मक मानकर सरकार जन कल्याण का प्रयास कर सकती है।

जल बिरादरी का काम करने हेतु सबसे पहले पुरानी परम्परागत जल संरचनाओं को कारगर बनाना। टूटे हुए सभी बाँधों-जोहड़ों को दुरुस्त कराना। लावा का बास के जोहड़ को नेता अधिकारी शुरू करने तो आए। शुरू करने के बाद फिर कभी मुड़कर नहीं देखा। इस काम में नेता अपनी घोषणानुसार पूरी मदद कर देते तथा अधिकारी इस काम में साथ जुड़कर समाज की जरूरत व निर्णयानुसार मदद करते तो कोई विवाद नहीं होता। इसी को तोड़नेवाले सरकारी कार्यों पर पुनः आज तक मरम्मत कार्य शुरू नहीं हुआ। लावा का बास के जोहड़ की मरम्मत नहीं करवाई। लगता है, अब दुबारा भी गाँववाले ही इसे ठीक करेंगे।

सरकार जो कह रही हैं, उसे समाज के साथ मिलकर पूरा करने में जुटने की कोई प्रतिबद्धता नहीं दिखती है। "खेत का पानी खेत में"—फिर लावा का बास जोहड़ के काम पर रोक क्यों? समाज मिलकर जहाँ जल संगठन बनाए और जल सहेजने का काम पूरा करेगा। सरकार बस वहाँ पर आकर विरोध करने पहुँचेगी। यह सब कब तक चलेगा? सरकार को भी समाज के संरक्षण के दस्तूरों का सम्मान करना चाहिए। तभी मेवात शान्तिमय समृद्ध क्षेत्र बनकर उभरेगा। मेवात का राज-समाज मिलकर समृद्धि के सभी प्रयास जल को समझने, समझाने, सहेजने और लूट के प्रति सत्याग्रह सफल होंगे।

मेवातवासी पानीदार बनाना शुरू करें

मेवात में सूखे और अकाल के समय धरती के ऊपर पानी का संकट है। किसान पानी की कमी के कारण पूरे देश में दुखी हैं। पहले इस दिशा को मिटाने हेतु ऐसे में समाज धरती से पानी निकालकर जिन्दा रहता था। आज तो धरती माता का पेट ही प्रदूषित है या खाली हो गया। बोरवेल, ट्यूबवैल सबने हमारी धरती माँ के पेट

से बिना सोचे-समझे सारा पानी चूस लिया है। पूरे देश में अकाल की मार से हम सब दुखी हो गए। उसमें हमें अब धरती ने भी जवाब दिया, 'मेरे पेट में अब पानी नहीं है।' ऐसे में एक मात्र उपाय है, वर्षा की बूँदों को सहेजकर धरती माता का पेट भरना। फिर वह हम सबकी प्यास और भूख मिटाएगी। तभी हमारे अनाज के भंडार व पेट भरेंगे। आओ, इस दिशा में हम सब मिलकर आज ही छत, रास्ते, खेत के पानी को सावधानीपूर्वक सहेजकर धरती के पेट में विविध प्रकार से डालें। मेवात में, जहाँ भूजल भंडार में फ्लोराइड या खारापन है, तालाब बनाकर सहेज लें।

धरती-पुनर्भरण कार्य हम अपने से शुरू करें। छोटे काम तो स्वयं कर सकते हैं। बड़े कार्यों में सरकार मदद करें। विश्वविद्यालय के शिक्षक जल जागरुकता करें। जल संवाद, जल शिविर, जल सम्मेलन करके बौद्धिक समाज का मानस जलानुकूल बनाए। विद्यार्थियों को जल बचाने के लिए श्रमदान कार्यों में लगाएँ स्कूली बच्चों द्वारा जल प्रभात फेरी निकालें। फिर दिन में पानी बचाने की बातें करें। पानी बचाने के संस्कार बच्चों में पैदा करें। जल संस्कार शिविर आयोजित करें। किसान अपने घरों की छत, घर-आँगन, रास्तों, खेतों से पानी बचाने की मुहिम चलाएँ। साथ ही सब जगह सब मिलकर पानी के माँ-बाप पेड़-पहाड़ और जंगल बचाने, पेड़ लगाने के कुछ काम श्रमदान से शुरू कर सकते हैं।

मेवात के किसानों को खासकर पानी की बचतवाली फसलें पैदा करके घर में सुख-समृद्धि लाने की बात कर सकते हैं। खेती हेतु हम बिना रासायनिक खाद व देशज बीजों से प्रकृतिमय फसलें उगाने का काम तेज करवा सकते हैं। यह फसल चक्र पानी बचाने तथा किसान की पैदावार बढ़ाने का रास्ता है। इसी रास्ते हमारी धरती का स्वास्थ्य सुधरेगा। साथ ही भूजल भंडार भी भरे रहेंगे। आज हमारे अधिक पानी से पैदा अनाज के भंडार भरे हुए हैं। कम पानी से पैदा होनेवाली दालों के भंडार खाली हैं। मूँग, अरहर, उड़द, चने आदि फसलें धरती को पोषण देती हैं। प्रकृति के साथ-साथ इनसानों की सेहत सुधार कर भूजल भंडारों को भरती हैं। अब सरकार रासायनिक सरकारी खाद पर अनुदान बन्द करके कृषि खेती को प्रोत्साहन देने वाले कानून कायदे बनाए।

इस प्रकार के प्रकृतिमय उत्पादन को अच्छे आपसी अदला-बदली करनेवाला व्यवहार चाहिए। अदला-बदली व्यवहार हमारा समाज तैयार करे। बाजार बनाने का काम सरकार करें। अच्छी सेहत बनानेवाले पदार्थ, जो प्रकृति से लेते कम हैं, प्रकृति को देते अधिक हैं वे सबका साझा हित साधते हैं। साझा हित साधने वाले, साझा लाभ बढ़ाने वालों के प्रति किसी को भी निजी उपयोग करने के बदले अधिक धन चुकाना ही चाहिए। अतः केन्द्रीय खाद तथा कम पानी की पैदावार की कीमत चार गुणी अधिक बढ़ाई जाएँ। इस कार्य में सबका साझा सहयोग होगा। गरीबों को

अधिक लाभ होगा। आज अधिक पैसा केवल खेती को व्यापार, धरती का दोहन करने वालों ने ही कमाया है। अब सरकार इसे तुरन्त रोके। धरती से लेन-देन के व्यापार को सन्तुलित बनाए।

एक समय था, जब सभी भूमि गोपाल की थी। सब मिलकर इसकी रक्षा करते थे। तब तक सब पहाड़ियों पर जंगल थे। अब सभी भूमि सरकार की हो गई। सरकार जिनकी है, वे पहाड़ों को अपना बना लेते हैं। फिर इस पर वृक्षारोपण के लिए रकम वसूलते हैं। एकाध छोटा सा मन्दिर, मस्जिद बना देते हैं। कभी-कभी गायन नृत्य बुलाकर इन पहाड़ों पर हरियाली लाने का समाज को सपना दिखाते हैं। हरियाली आ जाती है। बस! मालिक बनकर उसके फलों का उपयोग करते हैं। अब हरियाली केवल उन्हीं पहाड़ियों पर आ रही हैं। जिनके मालिक नए राजा बन गए हैं। वे पहाड़ियाँ फिर उत्पादक बन गईं। इन पर कहीं एकाध ही बाग लगे हैं। अधिकतर तो खनन द्वारा ही लूटी जा रही हैं। कहीं-कहीं तो उच्चतम न्यायालय इस लूट को बन्द कराता है। हमारे नए राजा इन्हें लूट करने का दबाव बनाकर फिर लूटने सारे रास्ते खुलवा लेते हैं।

मेवात में अरावली पर्वतमाला दिल्ली का फेफड़ा हैं। इसको बिगाड़ने पर रोक लगी है। नेताओं ने अपनी पूरी ताकत लगाकर इन्हें फिर खुलवा दिया। अब फिर खनन जारी हो गया है। आज अधिकतर पहाड़ों के मालिक हमारे नए राजा बन गए हैं। यह इन्हें हरे-भरे बनाकर उत्पादन करें तो सबका भविष्य सुरक्षित बन सकता है। लेकिन ऐसा नहीं हो रहा है, इसका उलटा होने लगा है। खनन के कारण पहाड़ों में खड्डे, कुओं से भी अधिक गहरे बन गए हैं। इन खड्डों में पहाड़ का सब पानी इकट्ठा होता है। इसे खदानों की बड़-बड़ी मशीनें उल्लीचकर बाहर निकाल देती है। बस! धरती का पेट खाली हो जाता है। इस प्रकार के पानी की बरबादी को सरकार रोक सकती हैं। समाज, सरकार व न्यायालय के ऐसे कदमों का स्वागत करके पहाड़ों को बनाए, धरती का पेट भरें। तभी हम सबका पेट भरेगा। आओ मिलकर ऐसा जन-जलजागरण करें। इस हेतु जगह-जगह यात्राएँ निकालें धरती का पेट भरने में सभी सरकारें मदद करें।

मेवात में तीन भू-सांस्कृतिक क्षेत्र हैं। अरावली यह अधो सूखा क्षेत्र है। मेवात का सबसे बड़ा भू-भाग अरावली का ही है। दूसरा बृज का मैदानी क्षेत्र है। यह मथुरा (उत्तर प्रदेश) भरतपुर का बाढ़ग्रस्त कटोरेनुमा झील क्षेत्र हैं। तीसरा रेतीला शुष्क क्षेत्र है। किशनगढ़, तिजारा, रामगढ़ (अलवर) राजस्थान का है। तीन प्रदेशों का हिस्सा मेवात कहलाता है। सबसे छोटा हिस्सा उत्तर प्रदेश का है। फिर राजस्थान आता है। हरियाणा का मेवात जिला सबसे बड़ा क्षेत्र है। दिल्ली में भी मेवात क्षेत्र रहा है। इसमें अब बाजार की मार ने लाचारी, बेकारी, बीमारी पैदा कर दी है। हमें इस बुरे हालात

से बचने हेतु समग्र मेवात हित में योजना बनाकर राजनीतिक इच्छा से काम शुरू करना चाहिए।

यह कार्य मेवात के व्यवहार और विचार के अनुकूल ही किया जा सकता है। मेवात में भू-सांस्कृतिक विविधता है लेकिन प्राकृतिक साधन समृद्ध बनाने हेतु एकता बने। तो समाज समृद्ध होगा। समाज की समृद्धि केवल पैसा नहीं है। यहाँ के जीवन में जमीर बढ़ने लगे। जीविका, जीवन और जमीर सब ही एक-दूसरे से मिले हैं। मेवात की जीवन यहाँ के जमीर से ऊपर आएगा। जमीर ऊँचा बनता है। समाज के साझे कार्य अच्छे और पूरे करनेवाली साझी कोशिशें बढ़ाने की जरूरत जन में जगे।

जल समझना-समझाना, सहेजना, संगठन बनाकर लूट रोकने हेतु सत्याग्रह करना। मेवात में सत्य के लिए संघर्ष की बहुत मिसाल है। सबको जीवन हेतु जल मिले, इस दिशा में लड़ाई की कहानी भी है। जल सहेजनेवाले बहुत से तालाब भी यहाँ मौजूद हैं। जल की समझ बढ़ानेवाली अनुशासित जल उपयोग परम्परा भी मेवात में मौजूद है। इन सब मेवात की अच्छी बातों को जोड़कर पुनः जीवित करना जरूरी है। मेवातवासी संगठित होकर पानीदार बनाना शुरू करें।

मेवात में बाढ़-सुखाड़ का इलाज है : पाल-ताल-झाल

मेवात में पानी से पहले पाल बाँधनेवाला समाज आज पाइप लाइन से सिंचाई और बाँधों के भँवर में फँस गया है। इसीलिए मेवात का तैरनेवाला समाज अब डूबने लगा है। सूखे को झेलनेवाला गुड़गाँव, फरीदाबाद, मेवात भी बाढ़ की चपेट में डूब रहा है। बाढ़ और सुखाड़ की बढ़ती मार का इलाज है सामुदायिक जल प्रबन्धन। मेवाती समुदाय वर्षा की बूँदों को सहेजने के लिए वर्षा आने से पहले अपने घर की छत पर झाड़ू लगाकर रखता था ताकि वर्षा की बूँदें छत के कुंड में साफ-सुथरे तरीके से इकट्ठी हो सकें। खेत में बरसनेवाला पानी फसल को दुरुस्त करके और गाँवों के पानी को ताल में रोककर खेती और घरेलू जल की जरूरतों को पूरा करने का काम करता था। पाल का पानी पीने की जरूरत और अन्य उत्पादन में मदद करता था, इसीलिए ये ताल-पाल सूखे की मार से और बाढ़ की चपेट से समाज को बचाकर रखते थे। आज हम इस तरह के सामुदायिक जल प्रबन्धन को भूलकर सरकार के बनाए बाँधों की ओर देखने लगे हैं। ये बाँध नदियों को बाँधकर नदियों की हत्या करते हैं, दूसरी तरफ बाढ़ लाकर कहर बरपाते हैं, सिंचित-असिंचित गाँव और शहरों के बीच विवाद बढ़ाते हैं और जमीन-कटाव और जमाव का संकट पैदा करते हैं।

पहले मेवात में बाढ़ का पानी अपने साथ लाये गए। गाद को चारों ओर खेतों में छोड़ देता था जो खेतों को उपजाऊ बनाने में सहायक था। फिर भी प्रत्येक वर्ष

आनेवाली बाढ़ से जनता त्रस्त रहती थी। उनके मकान डूब जाते थे, मवेशी मरते थे, बच्चों की पढ़ाई प्रभावित होती थी, रोजगार ठप्प हो जाते थे, महामारी का प्रकोप चालू हो जाता था। इन समस्याओं से निजात पाने के लिए पिछले सौ वर्षों में अनेकों नदियों के किनारे बंधे बना दिए गए।

बंधे बनने से सामान्य वर्षों में जनता को सुकून मिलता है और उनकी दिनचर्या प्रभावित नहीं होती है। हलकी बाढ़ आने पर पानी खरामा-खरामा बंध के बीच सिमट कर चलता रहता है। शेष इलाकों में जनजीवन भी सामान्य बना रहता है। किन्तु बाढ़ ज्यादा आने पर पानी बँधे को तोड़ता हुआ एकाएक फैलता है। कभी-कभी इसका प्रकोप इतना भयंकर होता है कि यह 12 घंटे में ही 10-12 फुट बढ़ जाता है और जनजीवन एकाएक अस्त-व्यस्त हो जाता है। उस हालत में मवेशियों को सुरक्षित स्थान पर पहुँचाना और अपना ठौर-ठिकाना खोजना सम्भव नहीं होता।

बाँध बनाने से गाद फैलने के स्थान पर बँधों के बीच जमा हो जाती है। इससे बाँध के क्षेत्र का स्तर ऊँचा हो जाता है। जैसे जन्माष्टमी की झाँकी सजाने के लिए पक्की फर्श पर ईंटें रखकर नदी बनाई जाती है, उसी तरह समतल इलाके में नदी का पाट बगल की भूमि से ऊँचा हो जाता है। जब बँध टूटता है तो यह पानी वैसे ही तेजी से फैलता है जैसे मिट्टी के घड़े के टूटने पर बँधों से पानी के विकास के रास्ते अवरुद्ध हो जाते हैं। दो नदियों पर बाँध बनाने से बीच का 50 या 100 किलोमीटर क्षेत्र कटोरानुमा आकार धारण कर लेता है। बाँध टूटने पर पानी इस कटोरे में भर जाता है और इसका निकलना मुश्किल हो जाता है। इससे बाढ़ का प्रकोप शान्त होने में काफी समय लग जाता है। पूर्व में बाढ़ धीरे-धीरे बढ़ती थी। पूर्वी उत्तर प्रदेश के लोग धान की ऐसी प्रजातियाँ बोते थे, जो बाढ़ के पानी के साथ-साथ बढ़ती जाती थीं। बाढ़ में भी वे धान उपजा लेते थे। बाँध बनाने से ऐसी खेती सम्भव नहीं है।

बाँध टूटने का एक दुष्प्रभाव यह है कि जब पानी फैलता है तो वह भारी मात्रा में मोटे बालू को खेतों में छोड़ देता है। इससे खेतों की उर्वरकता समाप्त हो जाती है। बँधे के अभाव में जल फैलाव से आया गाद खेतों को उपजाऊ बनाने के साथ-साथ भूमि के स्तर को ऊँचा बनाता था। गंगा घाटी के अनेक क्षेत्र सैकड़ों वर्षों तक गाद जमा होने से निर्मित हुए हैं। बँधे बनाने से गाद का फैलाव रुक जाता है। यह बँधे के बीच में रस्से की भाँति जम जाती है और विस्तृत भूमि का स्तर नहीं बढ़ता है। वैज्ञानिकों का अनुमान है कि ग्लोबल वार्मिंग से समुद्र का जल स्तर बढ़ सकता है। बंगाल के अनेक क्षेत्रों के समुद्र में डूबने की आशंका जताई जा रही है। गाद खुलकर बहने से बंगाल की भूमि का स्तर बढ़ सकता था और इस खतरे से

कुछ राहत मिल सकती थी। इन समस्याओं के चलते बँधे बनाने से परेशानियाँ बढ़ी हैं। नरेन करुणाकरण बताते हैं कि 1954 में बिहार में 160 किलोमीटर बँधे थे और 25 लाख हेक्टेयर भूमि बाढ़ से प्रभावित थी। वर्तमान में 3,430 किलोमीटर बँधे बनाए जा चुके हैं परन्तु बाढ़ से प्रभावित भूमि घटने के स्थान पर बढ़कर 68 लाख हेक्टेयर हो गई है। जाहिर है कि बँधे बनाने की वर्तमान पद्धति कारगर नहीं है। सामुदायिक जल प्रबन्धन नहीं होने के कारण ताल-पाल बननी बन्द हो गई है, जिससे अब गाँव हर साल बाढ़ की मार जूझने लगे हैं।

प्रमुख समस्या बँधों के बीच नदी के पाट के ऊँचा हो जाने की है। इसका एक सम्भावित हल है कि बँधे के स्थान पर ताल-पाल-झाल बनाई जाए। बाढ़ आने पर नदी अक्सर नया रास्ता बना लेती है जैसा कि कोसी ने 160 किलोमीटर हटकर किया है। ऐसे में नदी को नए रास्ते पर बहने दिया जाए और नदी के जल ग्रहण क्षेत्र में जहाँ पानी दौड़ता है, वहाँ उसे चलना सिखाने हेतु छोटे-छोटे एनीकट, चैक डेम बनाए जाएँ जिससे पानी धरती के पेट को भरकर और नदियों को समय-समय बहनेवाली बना दे। नदी को पुराने बँधों के बीच जबरन बहने के लिए न मजबूर किया जाए। तब बँधों के बीच नदी के पाट का स्तर ज्यादा नहीं बढ़ेगा। यूँ समझिए कि दो नदियों के बीच का क्षेत्र कटोरानुमा आकार के स्थान पर थाली के आकार का बनेगा। इस प्रकार गतिशील बँधे बनाने से दो समस्याओं से आंशिक राहत मिल जाएगी। नदी का पाट खुले खेतों से ऊँचा नहीं होगा। बाँधों को लगातार ऊँचा नहीं करना होगा। बाढ़ का प्रकोप कुछ कम हो जाएगा। जल भराव के निकलने के रास्ते में भी अवरोध कम होगा।

बिहार एवं केन्द्र सरकार को चाहिए कि अन्धाधुन्ध बँधे बनाने की वर्तमान नीति पर पुनर्विचार करें। तीन विकल्पों का तुलनात्मक अध्ययन किया जाना चाहिए। पहला विकल्प ऊँचे और स्थायी बँधे बनाने की वर्तमान नीति का है। इससे बाढ़ आने पर प्रकोप ज्यादा होता है। इसका विकल्प गतिशील ताल-पाल-झाल बनाने का है। इससे भीषण बाढ़ का प्रकोप कम होगा। तीसरा विकल्प प्रकृति प्रदत्त बाढ़ के साथ जीने के लिए लोगों को सुविधा मुहैया कराने का है। जल संसाधन मंत्रालय के 2001-02 के परफोर्मेंस बजट में बताया गया है कि फ्लड प्रूफिंग के लिए ऊँचे सुरक्षा स्थलों का निर्माण, सुरक्षित संचार एवं पीने के पानी की व्यवस्था आदि की योजना बनाई जा रही है। जिससे लोग बाढ़ के साथ जीवित रह सकें। सरकार को चाहिए कि तीनों विकल्पों का तुलनात्मक अध्ययन कराए और अन्धाधुन्ध बाँध बनाने और उन्हें उत्तरोत्तर ऊँचा करते जाने की वर्तमान नीति पर रोक लगाए। आज देश में आनेवाली बाढ़ के लम्बे अनुभवों के बाद इस बात का अहसास हुआ है कि धरती के ऊपर बड़े बाँधों से अतिगतिशील बाढ़ का प्रकोप बढ़ने लगा है। इसे रोकने के लिए जल

को अविछिन्न धारा के रूप में चलना सिखाना है। यह काम सतही जल को अधोभूजल व भूजल के भंडारों में प्रवाहित करने से भी एक समाधान में बदला जा सकता है। लेकिन यह काम ऊपर के पानी से, जहाँ बाढ़ आती है, वहीं से शुरुआत करके करनी पड़ेगी। चूँकि बाढ़ और सुखाड़ एक ही सिक्के के दो पहलू हैं, अतः इन दोनों के समाधान जल का सामुदायिक जल प्रबन्धन ताल-पाल और झाल से ही सम्भव है।

मेवात की पाल और ताल आज भी उतने ही जरूरी और खरे हैं, जितने तालाब। पूरा मेवात पाल परम्परा से ही पीने का पानी और खाने का अनाज पैदा करके समृद्ध बना रहा था। आज इन्हीं की जरूरत है। मेवात की पहाड़ियों में दौड़नेवाला पानी पेड़ों में रुककर चैकडेम, एनीकट में बाँधकर चलने लगे, खेतों की पालों में रुककर भूमि में नमी बनाए तो स्वर्ग वापस आ जाएगा।

मेवात का न्याणा गाँव सीख दे सकता है।

उत्पादन में केवल निजी मुनाफा देखने का अन्त अच्छा नहीं होता। अन्त को सुधारने के लिए उत्पादन प्रदूषण मुक्त बनानेवाले साधनों का उपयोग करें। जहाँ समाज अपना साझा भविष्य सुखद बनाने का सपना देखता है, वहाँ सुख सन्तोष और शान्ति अपने आप आने लगती है। लालची खेती के कारण अलवर जिले मेवात क्षेत्र में अस्सी के दशक में संकट हो गया। 84-85 तक आते-आते ज़्यादातर कुएँ सूख गए, ट्यूबवैल, बोरवैल भी बेपानी बनने लगे थे और खेती बन्द हो गई थी। गाँव के युवा गाँव छोड़कर रोजी-रोटी की तलाश में शहरों में पलायन कर गए थे। जब समाज के दिन फिरे और समाज ने अपनी जगह पर टिककर ही अपने को सुखी और समृद्ध बनाने की कोशिश की। तब दस वर्ष के बाद 'डार्क जोन' कहलानेवाला क्षेत्र 'व्हाइट जोन' बन गया। सूखी नदियाँ सदानीरा बन गई और दूध के लिए गाय, भैंस बढ़ने लगे। शहरों में गए ग्रामीण युवा वापस गाँव आने लगे। 1995-96 की अतिवृष्टि में भी उस क्षेत्र में कोई नुकसान नहीं हुआ। बल्कि धरती का भूजल ऊपर आ गया। अब पिछले पाँच वर्ष से सूखा है, लेकिन जहाँ-जहाँ समाज ने पानी का काम किया वहाँ पीने और खेती टिकाए रखने के लिए पर्याप्त पानी है, हरियाली है तथा सुख-शान्ति-समृद्धि दिखाई देने लगी है।

तिजारा के पास न्याणा गाँव रेगिस्तान का उजड़ा और वीरान गाँव था। काम के लिए ज़्यादातर लोग शहर चले जाते थे। कुएँ सूखे थे। खेती, पशुपालन नहीं के बराबर था। गाँववासियों की कोई इज्जत आबरू नहीं बची थी। इन्होंने अलवर के थानागाजी में इनके रिश्तेदारी के गाँव में पानी का काम होता हुआ देखा और वैसा ही अपने गाँव में करने का तय कर लिया। 1997 में काम पूरा हो गया। 1999 में

यहाँ पानी का स्तर 2 मीटर तक पहुँच गया। जब पर्याप्त पानी हुआ तो खेती के साथ सब्जी की फसल बोने की बात गाँववासियों के मन में आई। सब्जी तो इन्होंने कभी पहले नहीं उगाई थी। इसलिए सब्जी पैदा करनेवाले तलाशे गए। इन्होंने गाँव में पहुँचकर सब्जियाँ बोनी, पैदा करनी, बिक्री करनी सब कुछ सिखाना शुरू कर दिया। अब इस गाँव में खेती और पशुपालन करते हैं। इस वर्ष सूखे में भी यहाँ सब्जियाँ पैदा हुई हैं। अब इस गाँव में नए घर तो बनने लगे। लेकिन प्रसन्नता इस बात की है, यहाँ पूरा गाँव हरियाली से भरपूर है। पुराने नए पहाड़ों पर जंगल हैं। खेतों में पेड़ हैं। इस हरियाली की क्रान्ति पूरी दुनिया में छाई रही। जोहान्सबर्ग में उत्तर-दक्षिण देशों में न्याणा को बराबर अच्छे से उल्लेख किया। इस गाँव से सीखने की बात बराबर कही।

कैसे गरीब अनपढ़ गाँव दुनिया को सिखानेवाला बना। इस गाँव की फिल्म जोहान्सबर्ग विश्व सम्मेलन में बहुत अच्छे से दिखाई। इस पर अच्छी लम्बी चर्चा हुई। सभी ने इस गाँव के द्वारा दिखाए रास्ते को दुनिया के लिए प्रेरणादायी बनाया। दुनिया के बहुत से लोगों ने इस तरह कुछ करने का संकल्प भी लिया।

मैं समझता हूँ, आज संकल्प लेकर प्रदूषण मुक्त पानीदार बनने की जरूरत है। आज से ही शुरुआत करें अपने देश को प्रदूषण मुक्त बनाने हेतु उद्योगपति, उद्योगों को प्रदूषण मुक्त बनाने का संकल्प लें। उद्योगों में भी वायु, जल प्रदूषण मुक्ति के यंत्र लगाकर ही उत्पादन करें। समाज केवल प्रदूषण मुक्त उत्पादनों का ही उपयोग करेगा ऐसे आन्दोलन की शुरुआत होनी चाहिए। इस आन्दोलन में सरकारी गैर-सरकारी सभी संगठन के जुड़ने की जरूरत है। प्रदूषण मुक्ति पानीदार आन्दोलन सबको अपने हित में मानना चाहिए। इस शताब्दी में प्रदूषण मुक्त कम जलखपतवाले उत्पादन ही बिकेंगे।

हमारे देश के प्रदूषण मुक्ति हेतु चले सभी जल आन्दोलनों को बहुत कुछ सहन करना पड़ा। बाद में तो सरकार, समाज सभी ने सराहना की है। प्रदूषण फैलानेवाले भी शुरू में ही प्रदूषण मुक्ति के कार्यों को अपनाने लग जाएँ, तो पहले की तरह ये लोग फिर से श्रेष्ठी कहलाने लगेंगे। उद्योगपतियों को श्रेष्ठ (महाजन) इसीलिए कहते थे, क्योंकि ये 2 प्रतिशत में ही सब कुछ मुनाफा वारदाना में काम चला लेते थे। इसका दसवाँ हिस्सा धर्मदे में खर्च करके पेय पानी की व्यवस्था करते थे।

आज पुनः उसी परम्परा को मेवात में जीवित करने की जरूरत है। उत्पादन में और व्यापार में लाभ की एक मर्यादा बने। तभी हम शुभ-लाभ के सिद्धान्त को पुनर्जीवित कर सकेंगे। शुभ का अर्थ है सबका भला। सबका भला तो प्रदूषण मुक्त परिवेश में ही है। प्रदूषण मुक्त परिवेश में कमाया गया ही लाभ कहलाता था। दूसरों को कष्ट पहुँचाकर की गई कमाई तो कसाई की कहलाती है।

उत्पादनकर्ता को तय करना है, उसे महाजन बनना है या कसाई। समाज को भी तय करना है कि इसे स्वस्थ रहना है या प्रदूषणकारी परिवेश में बीमारू बनकर जीना है। स्वास्थ्यदायक परिवेश में तो प्रदूषण मुक्ति से ही सम्भव है। इस हेतु जागरुक नागरिक बनना जरूरी है। मेवात के उद्योग प्रदूषण मुक्त बनना जरूरी है। धरती में शुद्ध जल पहले ही नहीं है। इस क्षेत्र में प्रदूषणकारी उद्योग, विनाशकारी और बीमारु बनाएँगे। यहाँ डिस्टलरी, ब्रूअरीज, शराब आदि के कारखाने तो लगाने ही नहीं चाहिए।

जागरुक नागरिक वही होता है, जो राज-काज उद्योग सबको साझा मानकर अपने साझा श्रम से सुधारता है। इसलिए मेवात समाज को मिलकर प्रदूषण मुक्ति का आन्दोलन खड़ा करना चाहिए। लोकतंत्र में लोक ही मालिक है। इसके कल्याण हेतु ही तंत्र बनाया जाता है। आज तंत्र की साँठ-गाँठ केवल राज के साथ बन गई है। इसलिए आज हमारे देश में कल्याणकारी लोकतंत्र के नाम पर राजतंत्र ही चल रहा है। इस राजतंत्र को बनाने-चलाने वालों को सब जानते हैं। फिर भी हम सब मौन हैं। जहाँ कहीं मौन टूटता है, वहाँ न्याणा गाँव की तरह निर्माण से क्रान्ति हो जाती है। हम अपना मौन तोड़कर सृजनात्मक निर्माण हेतु प्रदूषण मुक्त आन्दोलन चलाए, जैसे मेवों ने सदैव पहले भी आन्दोलन किए हैं।

हम जानते हैं, आज हमारे जीवन को चलानेवाले साधन प्रदूषण फैलाकर ही बनते हैं। ऐसा क्यों हो रहा है? प्रदूषण कम-से-कम करके भी उत्पादन हो सकता है? लेकिन इस सवाल की चिन्ता किसे है? प्रदूषण करनेवाले या प्रदूषण भुगतनेवाले यह दोष किसके सिर पर मँडने से दूर नहीं होते हैं। मिलकर दोष दूर करने पड़ेंगे। जब हम में किसी कष्ट को कम करने का अहसास होने लगता है तभी उसके श्रम से भी प्रदूषण मुक्ति के उपाय हो सकते हैं।

अरावली के जंगलों में संगमरमर की खदानों के कारण वहाँ के आदिवासियों, वनवासियों, पशुपालकों सभी का कष्ट बढ़ रहा था। इस कष्ट को कम करने के लिए खुद मेवात के गाँववासियों ने प्रयास शुरू किए। सबसे पहले तो जंगल बचाने का काम शुरू हुआ। गाँव-गाँव में ग्रामसभाओं ने जंगल बचाने के लिए अपनी जंगल समिति बनाई। उन्होंने जंगल जमात चलाकर अपनी चराई बन्दी, कुल्हाड़ बन्दी आदि के लिए कानून कायदे बनाए। और ये कोशिश शुरू की, जो इलाका खदानों के कारण बर्बाद हो रहा है, उसको पुनर्जीवित किया जाए। यह पुनर्जन्म का कार्य आगे बढ़ा। इसी क्षेत्र में अधिकतर खदानें जो वनभूमि पर चल रही थीं, जिनके कारण हमारा भविष्य खतरे में था, उनको बन्द करवाया। साथ-ही-साथ ग्रामवासियों ने जल संरक्षण का काम शुरू किया। इससे हमारे जो भूमिगत जलभण्डार हैं वो जीवन्त हुए। सूखे कुएँ पुनर्जीवित हो गए। गाँव से उजड़े हुए बेरोजगार युवा वापस गाँव लौटकर खेती

करने लग गए। खेती में धन कमाने की लालसा जोर पकड़ने लगी, तो लोगों ने गन्ने की बुआई शुरू कर दी। इस बढ़ती हुई लालसा को रोकने के लिए पूरे गाँव ने मिलकर कुछ अपने कानून कायदे बनाए। इन कानून-कायदों को सकारात्मक रूप देने के लिए मेवात जल बिरादरी बनाई। इस जल बिरादरी ने धरती के भूजल भंडार को खाली होने से रोकने के लिए पूरे अरवरी क्षेत्र गन्ने व धान की बुआई पर रोक लगा दी। और तब से इस इलाके में गन्ने और चावल की फसल नहीं बोई जाती। यह किसानों के स्वअनुशासन में गलत काम रुक गया। अतः प्रदूषण और शोषण यह दोनों स्वअनुशासन से ही रोके जा सकते हैं। इसी प्रकार उद्योगपति भी कर सकते हैं। व्यापारियों और उद्योगपतियों ने सदैव मेवात को लूटा है।

मेवात में प्रदूषण तो उत्पादन एवं लाभ-हानि के साथ सीधा सम्बन्ध रखता है। बहुत से लोगों का मानना है कि कम खर्च में उत्पादन बढ़ाने के लिए प्रदूषण पर ध्यान नहीं दिया जा सकता। लेकिन जिम्मेदार समाज व व्यक्ति कभी वैसा नहीं सोचता। प्रकृति, सृष्टि, धरती के साथ हमारे लेने और देने के रिश्ते बराबर होने चाहिए। हम इस प्रकृति से जैसा और जितना लेते हैं, वैसा ही उतना ही अपनी मेहनत से प्रकृति को लौटा दें। यदि हम ऐसा नहीं करते तो हम चोर हैं, शोषणकर्ता हैं। इसलिए पानी, हवा और परिवेश को दूषित करनेवाले द्रव्य पैदा करके हम प्रकृति को देते हैं तो प्रकृति दूषित होती है। उससे सबका क्रोध बढ़ता है तथा सूखा, अकाल, महामारी फैलते हैं। धरती की सृजनात्मक उत्पादकता नष्ट हो जाती है। परिणामस्वरूप मेवात की धरती का बड़ा भू-भाग अनुत्पादक हो जाता है।

इस प्रकार समाज का एक बड़ा हिस्सा भुखमरी, बीमारी, लाचारी, बेकारी का शिकार हो जाता है। फिर यही समाज अशान्ति व लूट की प्रेरणा बनता है। और फिर प्रदूषण करनेवाला लूट का शिकार बनता है। यह एक रास्ता है, जब हम दुनिया के भविष्य को खतरों में धकेलते हैं। दुनिया के खतरे से बचने के लिए हमें लगता है कि प्रदूषण फैलानेवाले व प्रदूषण भुगतनेवाले दोनों ही अपनी-अपनी भूमिका को समझे और मिलकर धरती को प्रदूषण मुक्त बनाने का संकल्प लें। संकल्प लेने के बाद विकल्प तलाशना बन्द करें। बस परिवेश को प्रदूषण मुक्त बनाना ही एकमात्र संकल्प ही यह वर्तमान और भविष्य के लिए अच्छा होगा। आज हमें कुछ इस दिशा में शुरुआत करना चाहिए।

मेवात का मेव बुरे वक्त में लड़कर जीता है। आज पानी की लूट और प्रदूषण रोकने हेतु न्याणा गाँव से सीख लें। तिजारा में न्याणा ने अपना वर्षा जल सहेजकर अपने को पानीदार बनाया है। टपुकड़ा, गुड़गाँव, फरीदाबाद आदि औद्योगिक क्षेत्र मेवात को लूटकर प्रदूषित कर रहे हैं। खनन उद्योग, पहाड़ों को लील रहा है। मेवात को अब अपना प्रदूषण और लूट रोकने हेतु मिलकर खड़ा होना पड़ेगा। जैसे यह

समाज पहले अन्याय अत्याचार और शोषण के विरुद्ध लड़ता था। वैसे ही आज प्रदूषण और शोषण के विरुद्ध खड़ा होकर अहिंसक लड़ाई लड़े।

समाज और सरकारों के लिए नसीहत बना डौला का जल संरक्षण

उच्चतम न्यायालय ने 2001 में सरकारों को परम्परागत जल संरचनाओं का पुनरुद्धार करने का आदेश दिया था। कुछ राज्यों ने इसे केवल कागजी प्रक्रिया माना। कुछ राज्यों ने इतना भी नहीं किया और उनके तालाबों-जोहड़ों पर अतिक्रमण का क्रम जारी रहा। इन्हें हटाना अब सरकार के भी बस की बात नहीं। उच्चतम न्यायालय ने भी दिल्ली के सीलिंग मामले की तरह ही इस मामले में भी रुचि क्यों नहीं रख ली? बात समझ में नहीं आती। राष्ट्रहित में लिये गए निर्णय का क्रियान्वयन सुनिश्चित होना चाहिए। राज्य सरकारों के साथ भारत सरकार भी जल संरक्षण जैसे साझे कार्यों में मिलकर अपनी भूमिका निभा सकती है लेकिन उसने भी इस पर ध्यान नहीं दिया।

जल बिरादरी ने इस निर्णय के क्रियान्वयन के निमित्त 23 दिसम्बर, 2002 को महात्मा गांधी की समाधि से जल चेतना यात्रा निकाली। सभी राज्यों में सम्बन्धित सरकारी अधिकारियों से मिलकर उन्हें इस निर्णय की प्रतियाँ दीं। अधिकारियों ने इस दिशा में काम करने का वादा भी किया लेकिन वहीं तमाम अधिकारियों ने यह भी कहा कि अधिकृत आदेश आने पर ही इस पर विचार किया जाएगा। इसे क्रियान्वित करना बहुत कठिन काम है। तालाबों पर कब्जे बड़े लोगों ने किए हैं। इन्हें हटाना सम्भव नहीं है।

राज्य सरकारों ने यह आदेश मुख्य सचिव को, मुख्य सचिव ने राजस्व आयुक्त को और राजस्व आयुक्त ने मंडल आयुक्त, उपायुक्त को भेजकर अपने कर्तव्य की इतिश्री मान ली। मैंने कुछ राज्यों में राज्यायुक्त के आदेश की प्रति दिखाकर उपायुक्तों, जिला कलेक्टरों से बातें कीं। उन्होंने कहा, हाँ! हमारी सरकार तो कब्जे हटवाने की बात कर रही है। लेकिन इस काम के लिए कोई बजट नहीं है। फिर यह कार्य हम कैसे कर सकते हैं? बिना बजट आदेश का क्रियान्वयन सम्भव नहीं है। अब यह कार्य मनरेगा योजना द्वारा किया जा सकता है।

मैंने कई कलेक्टरों से पूछा कि क्या यह उच्चतम न्यायालय के आदेश की अवमानना नहीं है? कलेक्टरों ने कहा, हाँ, अवमानना है। लेकिन यह अवमानना हम नहीं, सरकार कर रही है। सरकार का अर्थ क्या है? हम तो कलेक्टर को ही सरकार मानते हैं। इस मामले में हम सरकार नहीं हैं। सरकार तो मुख्य सचिव हैं। मुख्य सचिव से बात की तो उन्होंने कहा मुख्यमंत्री जी के निर्णय से ही आदेश की पालना सम्भव है। हमने तो अपना कर्तव्य पूरा कर दिया है। कुछ कलेक्टरों को इस निर्णय

के क्रियान्वयन के आदेश-प्रति मैंने दी। मेरा काम पूरा नहीं हुआ है। कुछ ने अच्छे काम किए हैं, और तालाबों पर से कब्जे हटवाए हैं।

सरकार उच्चतम न्यायालय के तमाम आदेशों को बिना दाँतोंवाला जबड़ा मानकर उसकी अनदेखी कर लेती है लेकिन इसी राष्ट्र के कुछ लोग, कुछ गाँव बिना आदेश, बिना बजट इस आदेश का पालन करने में सफल हुए हैं। राजस्थान के हजारों गाँवों में लोगों ने बिना सरकारी मदद के हजारों पुराने तालाबों की अपने श्रम से गाद निकाला। लोगों ने तरुण भारत संघ के साथ मिलकर बहुत से कब्जे हटवाकर तालाबों की मरम्मत का काम पूरा किया।

दिल्ली से 35 कि.मी. दूर उत्तर दिशा में डौला गाँव बागपत संसदीय क्षेत्र में स्थित हैं। यहाँ की जमीन के भाव पिछले पाँच वर्षों में सौ गुने से अधिक बढ़े हैं। इस बड़े गाँव में 17 तालाब थे। सब पर लगभग 200 परिवारों के कब्जे थे। सब मिलकर अपने कब्जे हटा सकते हैं, तो अन्य गाँवों में कब्जे हटवाने का काम सरकारें क्यों नहीं कर सकतीं? इस कार्य में सरकार की जल नीति और जल कानून का जल संरक्षण की दिशा में बनना बहुत जरूरी है। एक तरफ गाँव के लोग पानी बचाते हैं। कम पानी में खेती करके भूजल भंडार भरकर रखते हैं, दूसरी तरफ राज्य सरकार पानी आने पर उस क्षेत्र में पहले पहुँचती है। फिर पानी का शोषण-प्रदूषण करनेवालों को भेजती है। राजस्थान में अभी यही हो रहा है। अलवर-जयपुर के थानागाजी-जमुवा रामगढ़ क्षेत्र में पानी की कमी थी, तब 20-25 साल पहले वहाँ कोई जाता तक नहीं था। अब इस क्षेत्र में भूजल भंडार भरे तो डिस्टलरी-ब्रूअरी यहाँ आने लगी। अभी इस क्षेत्र में 43 डिस्टलरी ब्रूअरी को लाइसेंस दिए गए हैं। जिन्होंने इसका विरोध किया उनके घर तक सरकार ने तोड़ दिए। लेकिन पानी का काम करनेवाले बे-घर हुए भी पानी बचाने में जुटे हुए हैं।

उच्चतम न्यायालय, भारत सरकार व राज्य सरकारें जल-जंगल-जमीन संरक्षण के कानून बना रही हैं। इसकी बातें कर रही हैं। लेकिन राष्ट्र और समाज बे-पानी ही बनता जा रहा है। जहाँ समाज पानीदार बनने की कोशिश कर रहा है वहीं सरकार उसे बे-पानी बनाने में जुटी हुई है। डौला गाँव से क्या सरकारें नसीहत लेकर समाज को पानीदार बनाने का काम कर सकती हैं? अभी सरकारें नहीं जगीं तो समाज और सरकार के बीच जल-युद्ध निश्चित है। राजस्थान और महाराष्ट्र के किसानों और सरकारों तथा गाँवों और शहरों के बीच जल-युद्ध शुरू हो चुका है। इस प्रकार के युद्ध से बचने हेतु हमें डौला गाँव से नसीहत लेकर परम्परागत जल संरचनाओं का पुनर्निर्माण कार्य तत्काल शुरू कर देना चाहिए। उच्चतम न्यायालय के आदेश में उल्लेख है कि जंगल, तालाब, पोखर, पठार तथा पहाड़ समाज की बहुमूल्य धरोहर हैं और उनका अनुरक्षण पर्यावरणीय सन्तुलन बनाए रखने हेतु आवश्यक है। 'उक्त

मामले में तालाबों के समतलीकरण के परिणामस्वरूप किए गए आवासीय पट्टों को निरस्त किया जाने तथा भूमि का कब्जा वापस लिये जाने जैसी व्यवस्था है। माननीय उच्चतम न्यायालय के उपयुक्त महत्त्वपूर्ण निर्णय से साफ है कि निर्धारित अवधि के भीतर आवंटियों द्वारा सार्वजनिक प्रयोजन के तालाब, पोखर की भूमि किसी भी दूसरे प्रयोजन हेतु परिवर्तित करना अत्यन्त आपत्तिजनक है। ऐसा अवैधानिक काम हमारे साझे भविष्य तथा पर्यावरणीय सन्तुलन को बनाए रखने में कठिनाई पैदा करेगा। इसलिए ऐसे कब्जे तुरन्त हटाकर तालाबों को पुनः पूर्व स्थिति में लाना जरूरी है।

सवाल उठता है कि जो सरकारें इस तरह के आदेश नहीं दे सकतीं वे डौला गाँव जाकर नसीहत क्या लेंगी? अब तो डौला गाँववालों को ही माननीय उच्चतम न्यायालय जाकर उनके आदेश की याद दिलानी चाहिए।' मिल्कपुर, तुर्क, भनेसर, उभारका, होली पहाड़ी, इन्दौर (टपूकड़ा), पथरोडा, खरखड़ा (अलवर), श्यामगंज, गोड्ढी, सताणा, अहीरवास, तुबुवारकपुर, चोमू, काली पहाड़ी, श्याम गंगा (लक्ष्मणगढ़) आदि क्षेत्रों में अच्छे तालाब निर्माण कार्य तरुण भारत संघ और मेवात के समाज ने मिलकर किए थे। ऐसे काम आज नरेगा में भारत सरकार करवाना चाहती है। लेकिन सरकारी इंजीनियर उन तालाबों में रुचि नहीं रखता है। गाँव, तालाब का ज्ञान याद रखना नहीं चाहता। इसलिए नई कोशिश करके तालाब बनानेवाले नए लोग तैयार करने पड़ेंगे। सरकार मेवात में हुए जल संरक्षण से सीख ले नए जोहड़ बनवाए। पुरानों की मरम्मत कराकर उन्हें उपयोगी बनाना चाहिए। आज दिल्ली में और इसके चारों तरफ फैला मेवात का मिजाज गरमा गया है। मौसम बिगड़ गया है। इसे सुधारने हेतु मेवात में हरियाली और पानी बढ़ाना होगा। यह काम समाज और तरुण भारत संघ ने मिलकर शुरू किया है। लेकिन अब सरकार को नरेगा के तहत एकमात्र कार्यक्रम चलाना चाहिए। मेवात को पानीदार बनाना ही मुख्य कार्यक्रम हों। मेवातवासी मिट्टी-पानी की समझ, मिट्टी की नापतोल सभी कुछ समझकर इस कार्य में जुटें।

तालाब (जोहड़) जौहर से बनता है। आज समाज के जौहर को जगाने की जरूरत है। दिल्ली के पास मेवात का जौहर जगेगा तो जोहड़ बनेंगे। मेवात का मिजाज स्वस्थ और समृद्ध बनने की शुरुआत मेवात से करनी चाहिए। भारत-निर्माण योजना भी भारत सरकार को मेवात में आदर्श मॉडल बनाने की जरूरत है।

2025 में मेवात की जल स्थिति

पिछले 20 वर्षों में कहाँ तक पहुँचे? जब यह देखते हैं तो 2025 का स्वप्न डारावना लगता है। 1985 में देशभर के भूजल के भंडार समस्याग्रस्त थे। आज तो ये दो तिहाई

खाली हो गए हैं। इस गति से 20 वर्ष पहले 15 प्रतिशत भूजल भंडार समस्याग्रस्त थे। आज 70 प्रतिशत भूजल भंडार की समस्या बन गई है। शेष 30 प्रतिशत भूजल बाढ़ क्षेत्रों के बीच वाले हैं। वहाँ भी पानी पीने योग्य नहीं है। नूँह में आर्सेनिक, में फ्लोराइड की समस्या है। पंजाब-हरियाणा में नाइट्रोजन जैसे प्रदूषण हैं। पानी की कमी और प्रदूषण दोनों ही बढ़ रहे हैं। यह गति और पानी की दिशा और दिशा हमारे लिए भयावह है।

हमारे उद्योग और खेती में पानी की खपत और प्रदूषण कम होना सुनिश्चित नहीं है। हमारी जीवन पद्धति में अधिक भोग-विलास बढ़ाने का रास्ता हमें लालायित करनेवाला है। इसी जीवन-रास्ते पर हम चल रहे हैं। हमारी जनसंख्या पर नियंत्रण बना नहीं। मानवीय जीवन तो पानी की लूट के रास्ते पर है। पानी की लूट करनेवाले बढ़ते ही जा रहे हैं।

भारत की जल नीति पानी का मालिकाना निजी कम्पनियों तथा व्यक्तियों को दे रही है। और पानी का व्यापार करनेवाली कम्पनियों को बढ़ावा मिल रहा है। भारत सरकार ने 1991 में मोरक्को विश्व जल सम्मेलन में पानी के निजीकरण का विरोध किया था। हेग (नीदरलैंड) में विश्व जल सम्मेलन में जल के निजीकरण का विरोध नहीं किया। 2003 में जापान में क्योटो में हुए विश्व जल सम्मेलन में जल के निजीकरण को ही केवल स्वीकृति दी, बल्कि भारत की जल नीति प्रस्तुत करते हुए बताया कि हमने जल का मालिकाना व्यक्तियों और निजी बहुराष्ट्रीय कम्पनियों को देना तय किया है।

बस! अब पानी समाज, सरकार और सृष्टि का नहीं रहा। बल्कि व्यक्तियों और कम्पनियों का बन गया है। वे हमारी नदियों को खरीदकर या लीज पर ले सकते हैं। पानी का बाजार होगा। अभी तो बाजार में पानी बिकना शुरू हुआ है। 20 वर्ष बाद तो देश की सरकार, राज्य की सरकार पानी के बाजार से संचालित होगी।

अभी तो राजनीति में पानी केवल एक सवाल है। 20 वर्ष बाद पानी की राजनीति होगी। आज़ादी के समय पानी की कमी नहीं थी। फिर भी हमारे संविधान में पानी को प्रकृति प्रदत्त मानकर उस पर सबका समान हक दिया गया है। ये नीति निर्धारक बातें संविधान में हैं लेकिन हमारी संसद और विधान सभाओं ने आज तक यह नहीं तय किया कि जल पर किसका, कितना उपयोग का, कैसा हक बनता है? बस! जिसकी लाठी, उसी की भैंस है। इसी सिद्धान्त से बड़ी कम्पनियाँ कोक, पेप्सी, स्वेज, बिवन्डी हमारा पानी हमें ही दूध के भाव बेचकर पैसा कमा रही हैं। हमारे पानी पर ही हमारा पैसा लूटनेवाली विदेशी कम्पनियाँ अभी 28 हजार करोड़ रुपए का पानी का व्यापार करके हमें लूट रही हैं। 2025 तक यह व्यापार बीस गुणा बढ़ सकता है।

भारत की नदी जोड़ योजना इसी व्यापार को बढ़ानेवाली योजना है। हमें अधूरी पानी की योजनाओं को पूरा करना चाहिए था, जिन पर हजारों करोड़ खर्च हो चुका है। आज कोई भी सरकार उनकी बात नहीं करता है। नई परियोजनाओं की बातें ही हो रही हैं। जब नदी जोड़ पर हजारों करोड़ खर्च हो जाएगा, तब फिर यह भी किसी एक दिन बन्द हो जाएगी। तब तक हमारा पानी के नाम पर लाखों करोड़ कर्ज बढ़ जाएगा। इसी तरह से पानी के नाम पर हमारा समाज लुटता रहेगा। भारत का समाज और सरकार मिलकर इस लूट को रोक सकते हैं। बशर्ते कि हमारी स्वैच्छिक संस्थाएँ अपनी भूमिका को समझे।

पानी के प्रश्न पर स्वैच्छिक संगठनों की भूमिका

पिछले दो दशक में पानी का संकट जिस कदर बढ़ा है तथा इस विषय में भविष्य के अनुमान जितने भयावह बनकर उभरे हैं, उन्हें देखते हुए यह स्वाभाविक है कि वह दुनिया भर में घोर चिन्ता का विषय बताया जा रहा है। बड़ी चिन्ताएँ आमतौर पर हताशा और लाचारी के भाव को जन्म देती हैं। इसे पुष्ट भी करती हैं। ऐसे में यह सन्तोष की बात है कि संयुक्त राष्ट्र संघ समेत विश्व के अनेक मंचों पर हाय-हाय करने के बजाय गैर-सरकारी संगठनों के सहयोग के कुछेक ऐसे ठोस कदम उठाने पर जोर दिया जा रहा है, जिससे इस असन्न संकट, खतरे और चुनौती से निपटा जा सके।

एक स्वैच्छिक संस्था से जुड़े होने और पिछले बाईस वर्षों से पानी, जंगल, जमीन और पर्यावरण का काम करनेवाले लोगों के साथ रहने से मिले अनुभव आधार पर मैं अपनी बात दूसरी तरह से शुरू करना चाहता हूँ। स्वैच्छिक संगठन की अवधारणा, इसके प्रचलित अर्थों में मुझे एकांगी व अधूरी लगती है, काफी हद तक भ्रामक भी। आखिरकार जो इन स्वैच्छिक संगठन के अधिकतर काम भी सरकारी विकास के दायरे में ही होते हैं और विकास के तमाम सरकारी प्रयत्नों में लोक यानी लोगों का अभिक्रम व शक्ति तो तिरोहित ही होता दिखता है। सरकारी एजेंसी काम कराएगी और लोक उससे लाभान्वित होंगे, ऐसा ही भाव 'स्वैच्छिक संगठनों' के व्यवहार में भी दिखाई देता है। क्योंकि अधिकांश 'स्वैच्छिक संस्थाएँ' इस टोह में रहती हैं कि किस दाता संस्था से किस विकास परियोजना के लिए धन मिल सकता है—जहाँ से जिस काम के लिए मिल जाए, ऐसे ही हाथ में ले लें। इसमें यह बात निहित है कि स्थानीय लोगों का सहयोग जितना जरूरी होगा या जितना सहज रूप में मिल जाएगा, उसे लेकर काम पूरा कर दिया जाएगा और लोग सम्बन्धित काम को पूरा हो जाने पर लाभान्वित होने की प्रसन्नता से भर जाएँगे।

काम पानी का हो, जमीन का जंगल का अथवा पर्यावरण का इन्हें करने के लिए उपरोक्त व्यवहार जिसके पीछे कोई दर्शन नहीं है, वह काफी नहीं है। किसी भी सही मायने में गैर-सरकारी स्वैच्छिक संस्था का जन्म दार्शनिक आस्था तथा दायित्वबोध से होता है। नई चुनौतियों से जूझने व सामाजिक-राजनीतिक प्रतिरोधों-विरोधों से संघर्ष करते और कामयाबी प्राप्त करते। ये स्वैच्छिक संस्थाएँ सक्रिय समाजकर्मी समूहों का रूप धारण कर लेती हैं। मैं अपनी संस्था के काम को इन्हीं रूपों में देखता हूँ। अन्य मित्रों से भी अपेक्षा है कि वे इस फर्क को समझें। मैं अपनी मूल धारणाओं को आपके समक्ष रख रहा हूँ। इस निवेदन के साथ कि आप इनकी रोशनी में अपनी कार्यसूची और कार्यशैली को देखेंगे तो हम सब मिलकर अगले 20 वर्ष की चुनौतियों का बेहतर ढंग से सामना कर पाएँगे।

काम के दौरान विकसित और रूपायित हमारी धारणाओं के कुछ सूत्र ये हैं :

1. जिन लोगों के भले के लिए हम काम करने को प्रतिबद्ध हैं, वह वंचित तो हैं पर मूर्ख नहीं। यह अवश्य है कि सदियों के दमन और शोषण के चलते इनकी पहल करने की सामर्थ्य कम हो गई है। और इनकी पारम्परिक मेधा सुप्तावस्था में पहुँच गई है। संस्थाओं और नेताओं ने समाज को जो स्वावलम्बी, स्वाभिमानी, कुशल और कर्मठ था, उसे भाग्यवादी और परमुखापेक्षी बना दिया है।
2. इन विपरीत परिस्थितियों और नकारात्मक प्रवृत्तियों के बावजूद सबसे पहली जरूरत इस बात की है कि लोगों के आत्म-विश्वास को जागृत किया जाए। उन्हें उनके पारम्परिक व्यवहार का स्मरण कराया जाए और शुरू से आखिर तक काम की सभी प्रक्रियाओं व व्यवस्थाओं से उन्हें इस तरह जोड़ा जाए कि इन्हें अपना काम लगे, किसी बाहरी शक्ति द्वारा आदेशित-निर्देशित नहीं। इस तरह पैदा की गई रागात्मकता या लगाव पूरे हो चुके काम के रख-रखाव के प्रति इनमें ऐसे दायित्वबोध और जवाबदेही की भावना संचार कर देगी, जिसके अभाव में ठेके पर पूरे हुए सरकारी काम टिकाऊ नहीं बन पाते।
3. काम के प्रति लगाव और सामूहिक प्रयत्नों के परिणामस्वरूप अर्जित उपलब्धियों के बूते पर इनमें यह भाव पैदा किया जा सकता है कि वे स्वयं 'कर्ता' या कार्यवाहक हैं। केवल 'प्राप्तकर्ता' नहीं। इससे इनके आत्मविश्वास और सामूहिकता की भावना को बल मिलेगा। इनके सोच में 'मेरा' की जगह 'हमारा' ले लेगा। अकेले होने में लाचारी है, समूह में बल है। सामूहिक काम के दौरान ये इस जरूरी बदलाव को आसानी से आत्मसात कर सकते हैं, उपदेश से नहीं।

4. 'यह काम हमारा है, किसी सरकारी योजना का नहीं, यह भावना इनकी रचनात्मक ऊर्जा ही सहजता को सुनिश्चित करती है। इस तरह जो समग्र प्रभाव निर्मित होता है वह कुल मिलाकर किसी चमत्कार से कम नहीं और इससे बड़ी उपलब्धि, सफलता अथवा सार्थकता क्या हो सकती है?

1985 में गोपालपुरा गाँव के माँगू मीणा नामक किसान ने मुझे पानी बचाने के काम हेतु प्रेरित किया था। इसी से तरुण भारत संघ का काम चल निकला। आज हजारों गाँव 'पानीदार' बने हैं। इन कामों से लोगों को एक नई ऊर्जा मिली है, इनके जीवन को प्रभावित किया है। किसानों की सोच-समझ और उनके निर्णय से पूरे हुए कामों को किसान अपना काम मानता है। पानी का काम (जल-संरचनाएँ निर्मित करने का काम) समूचे जीवन को प्रभावित करता है—खेतीबाड़ी को, पशुपालन को, व्यक्तिगत स्वच्छता को, आजीविका को, शिक्षा और खासकर महिलाओं की स्थिति को।

1. समग्रतावादी दृष्टि इस बात की अनिवार्यता को उजागर करती है कि इस काम को सुचारू रूप से सम्पन्न करने के लिए स्थानीय समुदाय के सभी घटकों को अभिप्रेत करके उनकी सहभागिता को सुनिश्चित किया जाए।
2. यह काम सदावर्त अथवा दान की शैली में नहीं किया जाए। इसमें स्थानीय लोगों का हित दाँव पर लगा है, यह जब तक नहीं दिखाया जाएगा तब तक न तो उनका काम की प्रक्रिया में जुड़ाव बन पाएगा, न मेहनत और त्याग के फल का महत्त्व समझ में आएगा और न वे संरचना के निर्माणोत्तर रख-रखाव को ही अपना काम समझ पाएँगे।
3. समुदाय के साथ हमारा (यानी प्रेरक संस्था या कार्यकर्ता) का सम्बन्ध इस तरह का न हो कि उन्हें लगे कि उन्हें हाँका जा रहा है। इसके विपरीत होना यह चाहिए कि उन्हें हर वक्त यह लगे कि वे वही काम कर रहे हैं, जो उन्हें करना चाहिए।
4. इस साझे काम का एक बड़ा उद्देश्य उनके पारम्परिक ज्ञान को व्यवहार में लाना है तथा उनकी सहज एवं नैसर्गिक प्रतिभा एवं रचनात्मकता को बढ़ावा देना है। इसके लिए यह भी जरूरी है कि संगठनों से जुड़े पढ़े-लिखे यानी आधुनिक शिक्षा प्राप्त शोधकर्ता स्थानीय परम्परा एवं लोक मेधा को आत्मसात करने का प्रयत्न करें और कुछ समय के लिए यह भुला दें (बाद में अपने आप और पूरी तरह भूल जाएँगे) कि उनका काम समुदाय को कुछ सिखाना है। बल्कि संगठनों के कर्मियों के मन में लोगों से सीखने की ललक जितनी अधिक होगी, उतनी ही सहजता से वे समुदाय को स्वीकार्य हो जाएँगे। दोनों एक-दूसरे में रच-बस जाएँगे।

5. सामुदायिक जल-संरक्षण के संस्कारों (रीति-रिवाजों, नीति-आचरणों) को समझकर अपने स्वयं के स्तर पर उन्हें अपनाएँ व समुदाय को यह सब थोपा हुआ नहीं लगे, बल्कि उनके पारम्परिक जीवन व्यवहार से उपजी हुई और विकसित मूल्य प्रणाली लगे।
6. संगठनों का काम-काज सरकारी कामकाज से अलग और विश्वसनीय लगे। इसके लिए जरूरी है कि पारदर्शिता का उदाहरण प्रस्तुत किया जाए। योजना बनाते समय, लागत का अनुमान लगाते समय तथा अन्तिम हिसाब-किताब प्रस्तुत करते समय समुदाय की भागीदारी सुनिश्चित की जाए। समुदाय का विश्वास अर्जित करने के लिए यह निहायत जरूरी है कि उनसे कुछ भी छिपाकर नहीं रखा जाए।
7. स्वैच्छिक संस्थाएँ/गैर सरकारी संगठन अपनी निष्ठा, लगन, निस्वार्थता और समुदाय के प्रति प्रतिबद्धता का उदाहरण प्रस्तुत करके एक ऐसी नैतिक शक्ति का रूप ग्रहण कर सकते हैं, जिसके बिना जन-कल्याण के कामों में टिका रहना आसान नहीं होता। ऐसे कामों में तरह-तरह के विरोधों का सामना करना पड़ता है। जिसका भी अपना वर्चस्व टूटता-सा लगता है, वही विरोधी बन जाता है। यह बात राजनेताओं, धर्माचार्य, नौकरशाहों सभी पर लागू होती हैं। संस्था का नैतिक बल ही इन विरोधों का शमन करता है तथा वही लोगों को काम के पक्ष में लामबन्द करता है। वैसे भी, निष्पक्षता और नैतिक बल पर आग्रह के बिना कोई भी न्यायपूर्ण समतावादी समाज कभी और कहीं भी कायम नहीं हो सकता।
8. प्राकृतिक संसाधनों के विवेकपूर्ण दोहन के पक्ष में समुदाय में आम सहमति विकसित करवाने में भी ऐसी संस्थाओं की बड़ी भूमिका है। खुशहाली आने पर व्यक्तिगत हित एवं स्वार्थ भावना की हिलोरें मारने लगती हैं। यह मानव स्वभाव है। इसमें अस्वाभाविक कुछ नहीं है। लेकिन निरन्तर सामुदायिक सजगता एवं आचार संहिता के कड़ाई से पालन के पक्ष में तैयार किया गया। वातावरण यह सुनिश्चित कर लेता है कि इस प्रकार की स्वार्थ भावनाएँ जोर न पकड़े।
9. संस्थाओं के लिए यह भी जरूरी है कि वे समस्त सामुदायिक प्रक्रियाओं का प्रत्येक स्तर पर प्रलेखन (रिकाडे) कराएँ। यह प्रलेखन समुदाय के लिए दर्पण का काम करेगा। समुदाय अपने योगदान की तसवीर देखेगा तो उसका आत्मविश्वास बढ़ेगा और वह भविष्य में और बेहतर ढंग से काम करने को प्रेरित होगा। समुदाय की नेतृत्वकारी भूमिका भी इससे बढ़ेगी, जो उन्हें आत्मनिर्भर बनाएगी तथा उनके काम को टिकाऊ बनाने की दिशा में योगदान करेगी।

10. चूँकि जल संरक्षण/पुनर्भरण काम लोक-सबलीकरण का काम है। यह संस्थाओं के अपने हित में ही होगा कि वे महिला मंडल, युवक मंडल, जल-बिरादरी, पर्यावरण-मित्र जैसे समूहों के गठन में योग दें। ताकि समुदाय का प्रत्येक सदस्य किसी-न-किसी समूह से जुड़कर अपनी भूमिका निभा सके। ऐसा करने से उत्तरदायी समाज तथा सही मायने में सहभागिता मूलक समाज बनाना आसान हो जाएगा। यह स्वैच्छिक संस्थाओं की सबसे बड़ी भूमिका है। अर्थव्यवस्था, प्रशासन, न्यायपालिका में सब कुछ सही और अच्छा ही हो रहा हो तो स्वैच्छिक संस्थाओं की जरूरत ही क्या, किसे और क्यों रह जाएगी? इससे जो निष्कर्ष निकलता है, जिसे कम-से-कम हमारा अनुभव जो पुष्ट ही करता है। वह स्वैच्छिक संस्थाओं की केन्द्रीय भूमिका बन जाता है। फिर वे चाहे किसी भी मुद्दे पर किसी भी अंचल में काम कर रही है, उन्हें समाज अपना लेता है।

आज भी सभी स्वैच्छिक संस्थाओं को मिलकर 'जल-साक्षरता' नहीं बल्कि जल सबका साझा संसाधन हैं। इसके लिए जल-जनआन्दोलन खड़ा करना चाहिए। सब मिलकर ही जल को बचा सकते हैं और बचाएँ, इसी में सबका भविष्य सुरक्षित होगा।

श्रमदान से पानी की अकाल मुक्ति

राजस्थान के अलवर, भरतपुर, दौसा, जयपुर सवाई माधोपुर, करौली जिलों में अब सैकड़ों गाँव ऐसे हैं, जो अपने वर्षा जल को सहेजकर अकाल मुक्त बन गए हैं। ये ज्यादातर क्षेत्र 1985 में सरकार के रिकॉर्ड में 'डार्क जोन' घोषित थे। जल स्तर खतरे के निशान से भी नीचे चला गया था। लोग लाचारी, बेकारी और बीमारी से त्रस्त होकर गाँवों से पलायन कर रहे थे।

20 वर्ष पहले यहाँ समाज में फिर से हिम्मत आने लगी थी। इनमें श्रम निष्ठा बढ़ी। अपने जल संरक्षण के पुराने देशज तौर-तरीकों की इन्हें याद आई और वर्षा के व्यर्थ बहते जल को सहेजकर ये धरती माता को देने लगे। जगह-जगह जोहड़, बाँध, तालाब, पोखर, नाला, खुर्रे, पाल, आड़े, खेत तलाई बनाने शुरू किए। पानी पहाड़ों से दौड़ कर खेती की जमीन पर कटाव और जमाव कम करने लगा। समाज ने पानी को नालों, बाँधों से सँभालकर चलना सीखना शुरू किया। जहाँ पहले पानी चलता था, वहाँ अब पानी रेंगने लगा। इससे प्राणियों को जीवनदान मिलना शुरू हुआ। धरती का पेट भरा। सूखे कुओं में पानी आया। खेती फिर से शुरू हुई। उजड़े परिवार वापस अपनी धरती पर लौटने लगे।

इस काम की शुरुआत के 10 वर्ष बाद 1996 में सरकार ने भी अपने रिकौर्ड बदलने शुरू किए। 'डार्क जोन' को 'व्हाइट जोन' सरकार के रिकॉर्ड में लिखा गया।

पाँच नदियाँ अरवरी, सरसा, रूपारेल, जहाजवाली, भगाणी-तिलदह सदानीरा हो गईं। इनके किनारे नए तीर्थ बनने लगे। जल स्वयं ही तीर्थ है। इसलिए नदियों के सदा सजला बनने से पूरा समाज ही सजग और सन्तुष्ट बनने लगा।

नीमी गाँव की अब अपनी कुशलता बढ़ गई है। यहाँ के लोग पहले पानी की कमी के कारण गाँव से उजड़ गए थे। रोजगार के लिए इन्हें इधर-उधर जाना पड़ता था। अब यही गाँव धरती को जलदान करके दूसरों का सहारा बन गए हैं। अब तीन करोड़ रुपए का नया उत्पादन इस गाँव में बढ़ गया है। ये स्वयं विचारवान बन गए। इन्होंने देशभर के 26 राज्यों के हजारों जल-योद्धाओं को अपने गाँव में तीन दिन के लिए बुलाकर उनसे उन्हें ही आगे बढ़ाने तथा अपने गाँव की तरह जलदान का काम करने की प्रेरणा दी है। उन्होंने हजारों जल-योद्धाओं को एक साथ अपने गाँव रखकर उनको भोजन आदि की व्यवस्था की थी। यह सब क्षमताओं के बढ़ने से ही आता है। जलदान से क्षमताएँ बढ़ती हैं, यह बात तो नीमी की तरह सैकड़ों गाँवों में हो चुकी हैं।

प्राचीन काल में भागीरथ श्रमदान करके पहाड़ के गंगा को धरती पर ले आए थे। यह श्रम उन्होंने केवल अपने पुरखों को शान्ति देने हेतु किया था। ऐसा नहीं है, बल्कि अपनी खेती व जीवन में समृद्धि हेतु किया था। आज हमारे देश में यह समस्या भागीरथ काल से भी अधिक भयानक है। अब केवल पुरखों की शान्ति का सवाल नहीं है। हम सब की प्यास शान्त करने तथा धरती माता और पूरी प्रकृति की जरूरत पूरी करने का सवाल है।

आज ऐसे ही जल हेतु श्रमवाले बहुत से भागीरथों की इस धरती माता को जरूरत है। अब जन-जन को भागीरथ बनना पड़ेगा। तभी इस धरती का अकाल रूपी क्रोध शान्त होगा।

जहाँ-जहाँ समाज के नए भागीरथों ने यह जलदान कर लिया है, वहाँ-वहाँ तीन वर्षों से वर्षा नहीं होने के बावजूद आज वहाँ अकाल नहीं है। इस अकालमुक्त क्षेत्रों को देखकर ऐसा करने की भावना भर कर ले गए। कुछ ने ऐसा ही शुरू किया।

जलदान करने हेतु जल का मालिक होना जरूरी है। जलदान का कार्य गरीब-से-गरीब व्यक्ति भी अपने श्रम से कर सकता है। वर्षा के व्यर्थ बहते जल को इकट्ठा करना उससे धरती माता की प्यास बुझाना, गरीब इनसान या किसी भी प्राणी को पानी पीने की व्यवस्था करना या धरती को पानी देना। दोनों जलदान हैं। हमारी इस परम्परा के कारण ही जल-सामलात देह बना रहा। जल सामलाती सम्पत्ति अभी तक तो यह सबके लिए सहज उपलब्ध रहा है। अब इस पर भी हमारी नई जलनीति व कायदे कानून से यह निजी सम्पत्ति बनता जा रहा है। ऐसी जलनीति...बनने पर गरीब इनसान तो इसके लिए तरस जाएगा, साथ-ही-साथ पशु पक्षी भी प्यासे मरने शुरू होंगे।

आज सब तरफ ईंट-पत्थरों के मन्दिर, मस्जिद, गिर्जाघर, गुरुद्वारे दिखते हैं। क्या हम इन पत्थरों के मन्दिरों के साथ-साथ, जल-मन्दिर, मस्जिद बनाने का काम आज से ही शुरू कर सकते हैं? जल मन्दिर-मस्जिद बनाने से सुख, शान्ति, पानी का प्रताप बढ़ेगा। जल उपलब्धता से हमारी क्षमताएँ स्वयं बढ़ने लगेंगी।

हम सब जल संचय में जुड़ जाएँ। संचय किए हुए जल से धरती माता का पुनर्भरण करें। इस तरह यह चारों तरफ जलदान ही जलदान करते दिखाई दें। जलदान पाक है यही पानी के पीर की मजार हमारी संस्कृति की बुनियाद है। इसी से ग्राम स्वावलम्बन शुरू होता है। हम जलदान करके सूखी नदियों को पुनर्जीवित करते हैं इन पर नए-नए तीर्थों का निर्माण होता है। पहले सन्त, मौलवी, औला, पीर प्रत्येक प्राकृतिक जल स्रोतों के उद्‍गम स्थल पर इसलिए बैठते थे, जिससे जल स्रोतों की पवित्रता एवं पहाड़ों की हरियाली बची रहे। पहाड़ों की हरियाली व नदी की पवित्रता बचाने की सन्तों की परम्परा पुनः जीवित करने से ही हमारा समाज आगे बढ़ेगा। –बिन पानी नहीं पीर और सन्त–इसी कहावत ने जलदान यज्ञ के लिए आज हमारे साथ कई सन्तों को जल चेतना फैलाने हेतु तैयार किया है। ये तरुण भारत संघ के साथ मिलकर जगह-जगह गाँवों में जाकर, समाज को तालाब बनाने हेतु तैयार कर रहे हैं। ये सन्त अब से दूसरे सन्तों को भी समझाने हेतु पदयात्रा पर निकल पड़े हैं। हमें भी जन-जन को निकलना पड़ेगा। जल को समझकर सहेजना और समझाना पड़ेगा। लुटेरों से लड़कर सत्याग्रह करके बचाना पड़ेगा।

जन-जन जलदान शुरू करेगा तभी जीव-जगत का कल्याण होगा। प्राणियों में सद्‍भावना बढ़ेगी। अकाल मिटेगा। आरम्भ से ही प्रकृति व प्राणी मात्र के कल्याण हेतु तलाब बने थे। पक्षियों के लिए लोग पानी भरते थे। गरीबों हेतु धर्मार्थ प्याऊ लगती थी। सक्षम और सुखी इनसान अक्षम और दुखी को जलदान द्वारा सुखी और सक्षम बनता था। जलदान से गरीब और अमीर के बीच की दूरी घटती थी। पहले जो यह परम्परा इनसानों द्वारा जंगली जीवों तथा निस्सहाय इनसानों के लिए होती थी। आज तो धरती ही प्यासी है। धरती की प्यास मिटाने हेतु जलदान जरूरी है। घरों की छतों पर बरसनेवाले पानी को भी हम इकट्ठा करके उसका कम-से-कम उपयोग करें। कम पानी से जीवन चलाएँ। उपयोग में आएँ, जल को सोखता गड्ढा बनाकर पुनः धरती माता को सौंप दें। धरती में अशुद्ध जल को शुद्ध करने की शक्ति है। फिर भी हम धरती माता को शुद्ध ही जल दे, ऐसा व्रत लें। शुद्ध जलदान करने का ही पुण्य है। शुद्ध जलदान से हमें और हमारी भावी पीढ़ियों को सुख और समृद्धि और शान्ति मिलेगी। हमारे देश से गरीबी, भुखमरी और धरती माँ की प्यास शान्त हो जाएगी। गरीबी की बीमारी और लाचारी भी घटेगी। जलदान करने वालों को धरती माता सब कुछ देगी। इन क्षेत्रों में किसी को भी अकाल की पीड़ा नहीं सहनी

पड़ेगी। जैसे गोपालपुरा, नीमी और भाँवता के गाँववासियों की तरह धन-दौलत, आज सुख, शान्ति सब कुछ आपके पास भी होगा। अकाल मृत्यु नहीं होगी। जलदान जीवनदान है।

आज से ही जलदान यज्ञ शुरू करें। इसे करने के विधि है। पहले स्वयं जल के गुण और महत्त्व को समझकर इसका उपयोग मर्यादापूर्ण करें। जल को इस तरह उपयोग करें, जैसे गरीब परिवार में 'घी' का उपयोग होता है। जल जीवन है, इसे व्यर्थ गँवाना पाप है। स्वयं इस मर्यादा की पालना करके दूसरे को भी ऐसी सीख दें। सीख देने का कार्य घर रहकर अपने व्यवहार से भी कर सकते हैं। पहले स्वयं जल बचाएँ तब ही दूसरों से हमारी सीख का कोई असर होगा। इस सीख देने हेतु पानी बचाने/अकाल मुक्ति चेतना पदयात्रा शुरू करें। गाँव-गाँव जाकर लोगों को सीख व समझ दें। एक तालाब-तलाई बाँध में स्वयं श्रमदान या इस कार्य को करनेवाले समाज, व्यक्ति, संस्थान को धनदान देकर उससे जल संरक्षण कार्य करवाएँ।

एक तालाब, एक धनदाता, एक गाँव, योजना चालू है। हमारे नए दानदाता, निर्धन क्षेत्र में जाकर वहाँ के एक तालाब पर होने वाला खर्च गाँव को देते हैं। गाँववासी मिलकर उसमें काम करते हैं। दो तिहाई राशि दानदाता से प्राप्त करके उसमें एक तिहाई श्रमदान गाँववासी देते हैं।

जल के लिए दान देने का यह नया तरीका नहीं है। पहले भी ऐसा होता था। लेकिन बीच में यह परम्परा समाप्त-सी हो गई थी। अब इसे दुबारा जीवित करने के वास्ते हम सबको ही आगे आना है। गरीब अमीर सबको पानी के लिए कोई फर्क नहीं है। यह तो सबको समान रूप से चाहिए। इस हेतु सबको ही प्रयास करने पड़ेंगे।

अभी तक समाज द्वारा हुए ऐसे प्रयास बहुत ही फलदायक रहे हैं। लेकिन ये बहुत छोटे हैं। इनकी संख्या भी बहुत कम है। इन कार्यों का विस्तार और संख्या बढ़ाने हेतु हम सबको साथ जुटना पड़ेगा।

मैंने पिछले तीन वर्षों की जल साक्षरता यात्रा में देशभर के 30 राज्यों में पानी सहेजने व अनुशासित होकर उपयोग करने की बात कही है। उसका असर भी हुआ है। अब जहाँ-तहाँ समाज जलदान करके अपने गाँव को सूखा और अकाल मुक्त बनाने का संकल्प लिया है। इन्होंने इस दिशा में कुछ काम शुरू कर दिया है। जलदान प्रक्रिया तेज हो रही है। मध्य प्रदेश, गुजरात, आन्ध्र प्रदेश, छत्तीसगढ़, झारखंड, उत्तरांचल, राज्यों के गाँवों में जल बिरादरी के सदस्यों ने जल बचाने व जल सहेजने वाली बात की है। इस जलदान के काम में स्वेच्छा से युवा-महिला, साधु-सन्त सबको लेना है।

इस प्रकार से किए गए जलदान से चम्बल नदी के बीहड़ों में राजस्थान के सपोटरा तहसील में 32 डाकुओं को किसान बना दिया है। सरिस्का बाघ परियोजना

में सक्रिय ग्यारह शिकारियों को जीवदया का सिपाही बना दिया है। हजारों उजड़े-बिछड़े परिवारों को पुनः अपनी धरती पर बसा दिया है। यह कोई चमत्कार नहीं है। लोगों की श्रमनिष्ठा और अपने भूले तरीकों को पुनः खोजकर उनके अनुभवों से किए गए काम की सच्ची जीती जागती तस्वीर है। जिसे देखकर हजारों के मन में काम करने का भाव भरती है।

इस तरह से समाज-संस्थाएँ और सरकार मिलकर जल बचाने तथा अनुशासित होकर अरवरी संसद की तरह जल का प्रबन्धन करे तो आज भी सबको जल मिल सकता है लेकिन ऐसा होना दिख नहीं रहा है। क्योंकि सरकार और समाज सब केवल सुख भोग की चाह में लगे हैं। इसको बदलना होगा। हमारी सरकारें भू-जल नियंत्रण का अच्छा कानून बनाएँ। इसकी पालना कराएँ। हम आज भी पानीदार बन सकते हैं। जैसे हम अन्नदार बनें। आज हमारे पास पर्याप्त अनाज है। अब पानी पर्याप्त नहीं है। पानी प्रकृति बनाती है परन्तु हम भी पानी बनाते हैं। हमने राजस्थान के सैकड़ों गाँवों को पानीदार बनाया। इसी तरह देश और राज्य की सरकारें भी पानी बनाएँ तो 2025 भारत को पानीदार बनानेवाला वर्ष बन सकता है। मुझे उम्मीद है हमारी सरकारें और समाज इस तरह काम करके पानी की कमी और प्रदूषण वाले भयावह दृश्य को बदलेगी।

भारत के जल संकट से भी भयावह मेवात की जल स्थिति है। मेवात की जलस्थिति सुधारने हेतु मिलकर समाधान के रास्ते ढूँढ़े।

मेवात का इतिहास

निकुम्भ क्षत्रियों के बाद इस क्षेत्र में खानजादों का शासन स्थापित हुआ। अलावलखाँ खान जादे ने निकुम्भ क्षत्रियों से यह भू-भाग छीनकर संवत 1549 में अलवर दुर्ग का परकोटा बनवाया।

अलावलखाँ का पुत्र हसन खाँ मेवाती अलवर का एक प्रसिद्ध ऐतिहासिक व्यक्तित्व था जिसने पानीपत की पहली लड़ाई में इब्राहिम लोदी की ओर से तथा उसके बाद चित्तौड़ के राणा सांगा ने मुगल आक्रांता बाबर से जमकर लोहा लिया और खानवा युद्ध में वीरगति को प्राप्त हुआ। बाबर द्वारा यह क्षेत्र अपने पुत्र हिन्दल को और बाद में हुमायूँ द्वारा अपने सेना-नायक तुदीवेग को दिया गया।

हसन खाँ मेवाती के भतीजे जमाल खाँ की बड़ी पुत्री से स्वयं हुमायूँ ने और छोटी पुत्री से उसके सेनापति बहराम खाँ ने शादी की, जिसकी कोख से हिन्दी के सुप्रसिद्ध कवि और अकबर दरबार के नवरत्नों में से एक अब्दुल रहीम खानखाना उर्फ रहीम ने जन्म लिया। अकबर के शासनकाल में उसके बहनोई मिर्जा शरफुद्दीन व औरंगजेब के शासनकाल में मिर्जा व जयसिंग के अधीन यह क्षेत्र रहा। जननोन्मुख मुगल साम्राज्य के अन्तिम दौर में भरतपुर के जाट राजा सूरजमल और उसके पुत्र जवाहर सिंह के अधीन भी यह क्षेत्र रहा।

मुगलकाल के पराभवकाल की राजनीतिक अस्थिरता के दौर में सन् 1775 में रावराजा प्रतापसिंह के अलवर राज्य की स्थापना की। उनके परावर्ती शासक रावराजा बख्तावर सिंह महाराजा विनयसिंह, सवाई शिवदान सिंह, सवाई मंगल सिंह, महाराज जयसिंह, और तेजसिंह ने राजस्थान निर्माण तक यहाँ शासन किया।

रियासती शासन के अन्तिम दौर में जनतांत्रिक शासन व्यवस्था के लिए संघर्षरत प्रजा मंडलों के अभियान और स्वाधीनता प्राप्ति के साथ देशव्यापी साम्प्रदायिक अशान्ति से उभरकर अन्ततः 19 मार्च, 1948 को अलवर, भरतपुर, करौली और धौलपुर रियासत को मिलकर बनाए गए मत्स्य संघ के बृहद राजस्थान में विलीनीकरण के साथ यह क्षेत्र राजस्थान राज्य के जिले के रूप में स्वतंत्र भारत की एक ईकाई बन गया।

यह राजस्थान का मेवात न केवल ऐतिहासिक दृष्टि से अपितु भौगोलिक दृष्टि से भी अत्यधिक महत्त्व रखता है। प्राकृतिक बनावट के आधार पर मेवात को तीन भागों में बाँटा जा सकता है–1. मध्य पर्वतीय भाग, 2. पूर्वी पठार और 3. पश्चिम रेतीला भाग अरावली पर्वत की श्रेणियों उत्तर पूर्वी कोने से दक्षिण पश्चिम की ओर फैली हुई है।

1.2 भरतपुर

भरतपुर के पूर्व शासकों ने जो ध्यान अपनी रियासत की जनता की और बढ़ाने के खजाने की आय वृद्धि हेतु जो सिंचाई पद्धति अपनाई वह एक ओर और अजूबा प्रणाली है, जो संसार प्रसिद्ध 'जल प्लावन सिंचाई योजना' के नाम से जानी जाती है। कहते हैं कि चीन देश का एक भ्रमण मंडल जब भरतपुर आया तो उसने इस प्रणाली को देखा और बहुत प्रभावित हुए। अपने देश में जहाँ यह योजना बनाई इसका नाम संस्कार भी 'भरतपुर जल पलावन सिंचाई योजना' रखा है। इसी प्रकार जब इजराइल देश का प्रतिनिधि मंडल भ्रमण पर आया तो इस पद्धति पर आधारित प्रणाली विकसित कर रहा है। बाद में अन्य पड़ोसी रियासतों ने भी अपनाई जिससे उनकी अर्थ व्यवस्था पर असर होते हुए जनता को भी लाभ मिला।

इस विचित्र प्रणाली का आधार यह सिद्धान्त रहा है, कि उपलब्ध पानी की एक-एक बूँद का अधिक-से-अधिक भू-भाग में फैलाया जाए। जिससे रबी की फसल अच्छी होने के साथ-साथ भूमिगत पानी का स्तर ऊँचा हो और कायम रहे। चार्ज हेतु पानी के फैलाव और उसके साथ-साथ नियमित बहाव से जिले की भूमि का क्षारीय पानी जहाँ-जहाँ दीमक लगती थी उसको मिटाने में सहायक है, इस कारण जिले की पानी की क्षमता में बढ़ोत्तरी होती रहे कड़वी व खारे पानी को मीठा किया जाता रहे, भूमि की खार सतह दीमक तथा अब रासायनिक खाद जो डाला जा रहा है, उससे खेतों की पैदावार क्षमता खराब न हो फलश बाढ़ के पानी से होने पर मददगार है। इस जलप्लावन सिंचाई पद्धति योजना से जो पानी में जहरीले लवणों से घुलन पानी है, पीने से असाध्य बीमारियों का शिकार जनता पशु-पक्षी को होना पड़ता है। उसको दूर करने में सहायक हैं।

मुगल काल में इस क्षेत्र के निवासियों ने जो दुख सहे हैं, उसका इतिहास साक्षी है। जिनके पापाचारों, अत्याचारों के खिलाफ आवाज बुलन्द की थी वह यही क्षेत्र है। जिसने उनको ललकारा और शिकस्त दी। इस कारण अब यह क्षेत्र यमुना नदी के कमांड क्षेत्र में है। उस समय के मुगलकाल के शासकों ने इस क्षेत्र को यमुना नदी के पानी से वंचित रखा जबकि शाहजहाँ के काल में ही यमुना के पानी के उपयोग

के लिए पार्श्विनविद्वान द्वारा अली मोहम्मद खान ने ताजे वाला हैड वर्क्स का निर्माण एवं पश्चिम और पूर्वी नहरों का निर्माण करा दिया था।

इस तरह अंग्रेजों से लगातार संघर्ष छब्बीस बार भरतपुर के गढ़ को फतह लार्ड लेक न कर पाया और सन्धि हुई तो उनके शासन काल में भी यमुना का पानी इस क्षेत्र को न देना एक कारण रहा। तब मुश्किल वर्ष 1900-1923 में महाराज किशनसिंह ने आगरा कैनाल से डीग तथा हथिना एस्के द्वारा क्रमशः 40-50 क्यूसेक्स पानी लेने का करार किया था। वह भी पेयजल समस्या डीग के तालाबों के समय-समय पर भरने की थी, न कि सिंचाई हेतु।

जब ऐसी स्थिति में भरतपुर रियासत की मुगलों और अंग्रेज शासकों ने यमुना नदी के पानी से वंचित रखा तब रियासत ने अट्ठारहवीं शताब्दी में भरतपुर की चारों नदियाँ रूपारेल, बाणगंगा, गम्भीर तथा कुकुन्द के पानी का उपयोग हेतु जो मात्र वर्ष के तीन माह वर्षा ऋतु में बहकर आता है तब अलवर, जयपुर और करौली रियासतों से सन्धियाँ कर इसकी विचित्र एवं अनूठी सरल सिंचाई पद्धति विकसित की।

मेवात में विकास के नाम पर अनियोजित, विखंडित, गतिविधियाँ जैसे रेल की पटरियाँ, ऊँची सड़कों से पानी की निकासी का उचित प्रबन्ध नहीं होने से तथा नदियों के प्राकृतिक प्रवाह को बड़-बड़े बाँधों के रोकने के कारण बाढ़ आती है। उन्होंने अपने अध्ययन में स्पष्ट तौर पर उल्लेख किया है कि नदियों, नालों के प्रवाह को बिल्कुल समाप्त करने के कारण बाढ़ आती है। नदी-नालों का प्रवाह पूर्णतः कभी नहीं रोकना चाहिए। कम-से-कम 25 फीसदी जल प्रवाह तो होना ही चाहिए। ऐसा करने से नदियों नालों का प्राकृतिक स्वरूप बना रहता है। इसे बनाए रखना अत्यन्त जरूरी है। यदि नदी-नालों में जल नहीं बहेगा तो लोग उसमें खेती करने लगेंगे। ऐसा हुआ भी है। 1995-96 की वर्षा में जो नई नदियाँ, नाले बने हैं, ये सब पहले, पुराने नदी नाले थे। अतरिया का बाँध टूटने से जगह-जगह नदियाँ-बड़े नालों की स्थिति बन गई। ये सब पहले छोटे-छोटे नाले थे। इनके सहज प्रवाह को बँधे, सड़क व रेलवे लाइन ने प्रभावित किया है। इसी कारण छोटे नालों के प्रवाह को नहीं रोकें।

बाक्स-1

सूखा-बाढ़ की समझ बैठाने हेतु हर स्तर पर मेवात में संवाद शुरू करना। यह संवाद पदयात्राओं, शिविर, सम्मेलन, संगोष्ठी, पत्र-पत्रिकाओं द्वारा किया जा सकता है। इस संवाद में इसकी मुक्ति के उपाय खोजने होंगे। उपाय मालूम होने पर सबको प्रत्यक्ष काम में लगना होगा। यह काम वृक्षारोपण, मेड़बन्दी, चरागाह विकास, चैक डैम, नालाबंडिंग, जोहड़ निर्माण का काम हो या टूटी ड्रेन। वर्षा जल को रोकने हेतु जल

संरक्षण संरचना छोटी-छोटी बनाएँ। ये भी शत-प्रतिशत जल को नहीं रोकें, ऐसी बनाई जाएगी तो ही सूखे एवं बाढ़ से मुक्ति मिलेगी। मेवात के बहुत सारे गाँवों ने अपने क्षेत्र को सूखे से मुक्त करने के लिए जोहड़-बाँध आदि बनाएँ। लेकिन इनमें पूरा जल नहीं रोका। कुछ जल अपने पहले रास्ते से बहने दिया। यह क्षेत्र अब सूखा एवं बाढ़ से मुक्त हो गया है। इतना ही नहीं अब इस क्षेत्र की सूखी नदी वर्ष भर बहने लगी हैं। इससे यह क्षेत्र उत्पादक बनता जा रहा है। उक्त छोटे-छोटे उदाहरणों से हम रास्ता देख सकते हैं।

---

2. हरियाणा, फिरोजपुर झिरका ''इब्राहिम और राजेन्द्र सिंह जी''

आज मेवात जिले का परिचय और शिक्षा

दिल्ली में सिर्फ 60 कि.मी. दक्षिण में बसा हरियाणा का जिला मेवात। जी हाँ, विकसित हरियाणा, दिल्ली राज्य का सबसे अधिक पिछड़ा क्षेत्र। मेवात, आर्थिक, शैक्षिक और सामाजिक रूप से उत्तर प्रदेश, राजस्थान, हरियाणा का सबसे पिछड़ा क्षेत्र है। गरीबी, बेरोजगारी और बदहाली में लाचार जैसा पिछड़ापन मगर सांस्कृतिक व ऐतिहासिक रूप से सबसे समृद्ध। मेव-मुस्लिम बहुल यह क्षेत्र हमेशा ही विदेशी आक्रान्ताओं के लिए सरदर्द साबित हुआ है। गजनवी हो या गोरी, बलबन हो या बाबर, मुगल हो या अंग्रेज, देशभक्त, वीर तथा साहसी तथा साहसी मेवों ने सबको मुँहतोड़ जवाब दिया। अपने सुदृढ़ बिरादरी तंत्र और धार्मिक एकता व सद्‌भावना के बल पर एक समय मेवात ऐसी शक्ति था, जिसके डर से शाम होते ही दिल्ली के दरवाजे बन्द कर दिए जाते थे। मिन्हाज-उल-सिराज के अनुसार, 'असर की नमाज के बाद, कोई आदमी कब्रिस्तान तक में जाने का साहस नहीं कर पाता था।'

आज मेवात के हालात काफी निराशाजनक हैं। कृषि प्रधान मेवात की धरती में सिंचाई के लिए मीठा पानी न होने के कारण हालात बद से बद्‌तर होते जा रहे हैं। सरकार ने मेवात को विकसित करने के लिए कई योजनाएँ बनाई हैं। अलग मेवात विकास बोर्ड का गठन भी किया है मगर स्थानीय राजनीतिक उपेक्षा व प्रशासनिक लापरवाही के कारण हालात जस के तस हैं। जर्जर सड़कें, यातायात के नाम पर खटारा बसें, सूखी हुई नहरें, स्कूलों में अध्यापकों व अस्पतालों में डाक्टरों की कमी तो मानो मेवात का भाग्य बन गया है। इस सबके बावजूद वर्षों से शोषण का शिकार मेवात किसी चमत्कार की आशा में जिए जा रहा है। वरना मौजूदा हालात तो आज भी प्रतिकूल ही कहे जा सकते हैं।

एक समय अपनी वीरता व साहस के लिए प्रसिद्ध मेवातियों में आज हीमोग्लोबीन की कमी है। जिले में ज्यादातर लोग आज अशिक्षा के अँधेरे में भटक रहे हैं। मगर ऐसा भी नहीं है कि मेवातियों को अपनी इस स्थिति का ज्ञान न हों। मेवात आज जाग रहा है। देर से ही सही पर शिक्षा की शक्ति को आज वह पहचानने लगा है। इस दिशा में वह अपनी हालात सुधारने का भरपूर प्रयास भी कर रहा है। मगर उसकी राह में भारी-भरकम रुकावटें हैं।

आँकड़े बताते हैं कि हरियाणा के मेवात जिले की कुल आबादी 10 लाख से भी ज्यादा है। पूरे मेवात क्षेत्र में बीस कॉलेज (जिनमें विज्ञान विषय व पी.जी. कक्षाएँ नहीं हैं।) पूरे मेवात में लड़कियों का एक मात्र कॉलेज शान्ति सागर गर्ल्स कॉलेज फिरोजपुर झिरका में है, जो मेवात की आबादी को देखते हुए नाकाफी है। मेवात में 35 वरिष्ठ माध्यमिक विद्यालय, 53 उच्च विद्यालय व 239 माध्यमिक विद्यालय हैं। इन विद्यालयों में कुल 25440 छात्र-छात्राएँ पढ़ रहे हैं। इनमें ग्यारहवीं व बारहवीं कक्षा में कुल 3999, नौवीं व दसवीं कक्षा में 4885, छठी कक्षा में 8478, सातवीं में 620 तथा 8वीं कक्षा में 3458 छात्र-छात्राएँ शिक्षा ग्रहण कर रहे हैं। लगभग 4 प्रतिशत बच्चे मदरसे में धार्मिक शिक्षा ले रहे हैं, जबकि 6 से 14 साल के लगभग 67024 बच्चे ऐसे हैं, जो न तो स्कूल जाते हैं और न ही मदरसों में।

पूरे मेवात क्षेत्र में कुल 327 विद्यालय (व. मा. उ. वि. 53 व मा. वि. 239) हैं। 35 वरिष्ठ मा. विद्यालय में सिर्फ 12 में ही प्रिंसिपल है। सिर्फ चार उच्च विद्यालयों में हेड मास्टर हैं। माध्यमिक विद्यालयों के हालात तो और भी खराब हैं। इन विद्यालयों में सिर्फ 34 गणित अध्यापक, 9 विज्ञान अध्यापक तथा 185 समाजशास्त्र/अंग्रेजी के अध्यापक हैं। शेष खाली पदों को मेहमान अध्यापकों से पूरा तो किया गया है मगर कम्प्यूटर के इस युग में ये प्रयास कितने सफल होंगे, समय ही बताएगा।

स्वास्थ्य सेवाओं की हालात तो और भी बदतर है। सम्पूर्ण मेवात जिले में पाँच सामान्य अस्पताल, ग्यारह प्राथमिक स्वास्थ्य केन्द्र तथा 110 उपस्वास्थ्य केन्द्र हैं। मेवात जिले में एक सिविल सर्जन है जो मॉडीखेड़ा में पदासीन है। सात प्रोग्राम ऑफिसर के पद हैं, जिनमें से केवल दो पद भरे हुए हैं। पाँच उप-स्वास्थ्य अफसरों (एस.एम.ओ.) में से तीन पद रिक्त हैं। स्वास्थ्य अफसरों (एम.ओ) के 66 पदों में से 36 रिक्त पड़े हैं। दन्त चिकित्सकों के 12 पद हैं, जिनमें से चार रिक्त हैं। हड्डी रोग विशेषज्ञ केवल एक है। नेत्र रोग विशेषज्ञ भी केवल एक है। पूरे मेवात में स्त्री डॉक्टर नहीं है। रेडियोग्रॉफर केवल एक ही है, जबकि 7 पद खाली पड़े हैं। लैब टेक्नीशियन के 26 पदों में से 21 खाली पड़े हैं। सम्पूर्ण मेवात जिले में 110 उप स्वास्थ्य केन्द्र हैं, जिनमें से केवल 83 में ही बहुउद्देशीय स्वास्थ्य कर्मी हैं। शेष 27 केन्द्र भगवान भरोसे चल रहे हैं। प्रशासन ने डॉक्टरों, नर्सों व टेक्नीशियनों के कुछ

पद मेवात विकास अभिकरण द्वारा भरने का प्रयास किया है। मगर मेवात की आबादी व हालात देखकर तो ये प्रयास 'ऊँट के मुँह में जीरा' ही लगते हैं।

मॉडीखेड़ा का अल अफिया अस्पताल बहुत पहले ओमान के बादशाह ने बनवाया था। तत्कालीन प्रधानमंत्री श्री देवगौड़ा ने इसे रैफरल अस्पताल बनाने की घोषणा की थी। मगर किन्हीं कारणों से यह सामान्य अस्पताल ही बनकर रह गया। अस्पताल के लिए आए आयातित एयर कंडीशनर, पंखे व एक्जॉस्ट फेन कहाँ चले गए, कोई नहीं जानता। लाखों रुपए की अमेरिकी आई सी आर्म मशीन अपने ऑपरेटर की राह देखते-देखते पिछले दस साल से जंग खा रही है। आज अस्पताल में दवाइयों की भारी कमी है। गन्दगी का ये आलम है कि सफेद संगमरमर की सीढ़ियाँ मैल से काली पड़ चुकी हैं। दीवारें पान व गुटके की पीक से लाल हैं तथा कोटा स्टोन के फर्श मैल से काले पड़ चुके हैं। जब अस्पताल की ये हालत है तो स्वास्थ्य सेवाओं की क्या हालत होगी? इसका सहज ही अन्दाजा लगाया जा सकता है।

कृषि प्रधान मेवात जिला, कृषि योग्य मीठे पानी की कमी के कारण कृषि क्षेत्र में भी काफी पिछड़ा हुआ है। मेवात के नक्शे में नहर तो कई दीख जाएँगे मगर पानी शायद ही किसी में आता होगा। मेवात क्षेत्र से गुजरने वाली एक मात्र गुड़गाँवा नहर में ही कभी-कभार पानी के दर्शन हो पाते हैं। इस पानी में भी पूरे फरीदाबाद के उद्योगों का रसायन मिला गन्दा पानी डाल दिया जाता है, जिसे पशु-पक्षी तक नहीं पीते।

पीने योग्य पानी के नाम पर लोग राजीव गांधी जल परियोजना (रैनीवैल परियोजना) से उम्मीद लगाए बैठे हैं। देखना यह है कि क्या 2010 आते-आते यह परियोजना क्या परिणाम देती है? वैसे भी अभी लोगों को इसके सफल होने पर शंका है।

मेवात जिले के एकमात्र उपकेन्द्र नूह में बसों विशेषकर नई बसों की इतनी कमी है कि लोग अपनी जान पर खतरा मोल लेकर 'डग्गा मार' वाहनों में सफर करने को मजबूर हैं।

मोटे तौर पर यह है ऐतिहासिक मेवात क्षेत्र की तसवीर, जो राजधानी दिल्ली के दामन में बसा है। साइबर सिटी गुड़गाँव जिले का हिस्सा रह चुका मेवात क्षेत्र, साइबर सिटी की तरक्की व चकाचौंध से कितना दूर है, यह पहली ही नजर में दिख जाता है।

सरकार व जिला प्रशासन ने कुछ प्रयास तो किए हैं मगर ये प्रयास मेवात के हालात देखते हुए काफी कम हैं। वास्तव में मेवात की स्थिति सुधारने के लिए विशेष प्रयासों की आवश्यकता है। मगर सख्त जान मेवाती किसी अनजान उम्मीद में जिए

जा रहे हैं। अब देखना यह है कि विजय मेवातियों के साहस व सब्र की होती है या मेवात के साथ भेदभाव पर उतारू शक्तियों की।...

बॉक्स-1

इतिहास पर गर्व तो किया जा सकता है, लेकिन इस गर्व से वर्तमान की बदहाली नहीं ढाँकी जा सकती। तरक्की की कई सीढ़ियाँ फलाँग चुके हरियाणा के मेवात इलाके का इतिहास बलिदानियों का इतिहास रहा है। हरियाणा की तरक्की के कशीदे पढ़े जाते हैं तो इस कशीदे की शुरुआत मेवात के गौरवशाली अतीत से की जाती है, लेकिन मेवात के सामने मसला है : क्या खाएँ-क्या पीएँ-और क्या लेके परदेस जाएँ?

---

3. उत्तर प्रदेश–बागपत, मथुरा, आगरा, अलीगढ़

उत्तर प्रदेश की यमुना के किनारे में बाहुल्य क्षेत्र रहा है। अलीगढ़, मथुरा, आगरा और बागपत में जहाँ-तहाँ मेव हैं। लेकिन यह पूर्णतया मेवात क्षेत्र नहीं कहा जा सकता। फिर भी चूँकि इस इलाके में कुछ मेवाती भाई रहते हैं। इसलिए हमने इस इलाके को मेवात के साथ जोड़ा है। चूँकि यहाँ की खेती, पशुपालन आहार-विहार, रहन-सहन, आचार-विचार मेवात से बहुत मेल खाते हैं। वैसे तो आज के राजधानी परिषद क्षेत्र में मेवों की संख्या बहुत है। किन्तु ठीक ये समाजवाद और धर्मनिरपेक्ष प्रभावित हैं। इसलिए यहाँ की राजनीतिक समीकरण भी वैसी ही बनती रही है। और इनके बिखरे हुए होने के कारण ये आजकल एक बड़ी राजनैतिक शक्ति के रूप में नहीं उभर पाए। भारतीयता और राष्ट्रीयता से ओत-प्रोत मेव अब नए सिरे से संगठित हो रहे हैं। इनके इस क्षेत्र का इतिहास तो बहुत ही समृद्ध रहा है। अलग-अलग जगह का अलग-अलग इतिहास है। इसलिए उत्तर प्रदेश के मेवात का इतिहास यहाँ देना कठिन हो रहा है।

4. दिल्ली–महरौली, दरियागंज

दिल्ली का खांडव प्रस्थ और इन्द्रप्रस्थ दोनों ही मूलतः किसी जमाने में मेवात क्षेत्र कहलाते थे। दिल्ली, महरौली और दरियागंज सब जगह मेवों के गाँव थे। दिल्ली का केन्द्र राष्ट्रपति भवन मेवों के छः गाँव उजड़कर ही बना था। निजामुद्दीन, महरौली ये सब इलाके मेवों के गढ़ थे। यहाँ के मूल मेवों को अपने स्वभाव के मुताबिक बढ़ता शहर देखकर मन नहीं भाया इसलिए ये अपने मूल स्वभावश जंगलों की तरफ खिसक

गए। क्योंकि ये स्वभावतः जंगलों में मुहावसे बनाकर रहते थे। इसलिए दिल्ली की चकाचौंध वाली राजधानी इनके अनुकूल नहीं थी।

आजादी से पहले दिल्ली में इनका जहाँ-तहाँ राज और प्रभाव था। लेकिन आजादी के बाद ये दिल्ली से बाहर ही प्रभावशाली बने। दिल्ली के राजपूत, गुर्जर, तगा, जाट, सभी तो धर्म परिवर्तन करके मेव मुसलमान कहलाने लगे थे। इनका दूसरे मुस्लिमों के साथ ठीक नहीं बैठता था लेकिन व्यवहार से ये हिन्दू थे इसलिए हिन्दुओं से थोड़ा ठीक बैठता था। पर आजादी की हिन्दू-मुस्लिम आग ने इन्हें बहुत तबाह किया। ये अपने को मुस्लिम मानने को तैयार नहीं और हिन्दुस्तान-पाकिस्तान में बँटवारे में इनकी गिनती मुस्लिमों में होती थी।

हिन्दू-मुस्लिम विभाजन का सबसे ज्यादा दुख मेवों को ही उठाना पड़ा था। बापू इनके दुख से बहुत दुखी थे इसलिए उन्होंने कहा था कि तुम पाकिस्तान जाओगे तो मैं भी पाकिस्तान में ही रहूँगा। वैसे मैं पाकिस्तान बनने के पक्ष में नहीं हूँ पाकिस्तान तो मेरी लाश पर ही बनेगा। लेकिन नेहरू, सरदार पटेल, डॉ. राजेन्द्र प्रसाद और जिन्ना आदि की सहमति से विभाजन हो गया। उस विभाजन के बाद बापू दिल्ली गए सभी मेव शिविरों में गए और उन्हें बसाए रखने तथा उनकी पुनर्वास की समस्या समाधान पर बोलते रहे।

आजादी के दिन बापू दिल्ली में नहीं थे। मुसलमानों की समस्या का समाधान हेतु कलकत्ता-नोआखली में थे। बापू विभाजन के बाद भी हिम्मत नहीं हारे मेवों को बचाने-बसाने में लगे रहे। लेकिन दिल्ली बापू को नहीं बचा पाई, और दिल्ली में ही 30 जनवरी को बापू हमारे बीच से चले गए। आजादी से अन्त तक बापू का दर्द इस पुस्तक में आगे है। बापू ने मेवात को बचाने हेतु बड़ा जौहर किया।

मेवात का भौगोलिक क्षेत्र

मेवात की सुखाड़-बाढ़ खादर–बांगर क्षेत्र (राजस्थान)

बाढ़ क्षेत्र भी मेवात में ही पड़ता है। राजस्थान का अलवर-भरतपुर (रामगढ़, किशनगढ़, खैरपल, तिजारा, कामा, कुम्हेर, डीग, पहाड़ी) हरियाणा में मेवात (फिरोजपुर झिरका नूंह, पलवल, सोता, फरीदाबाद, गुड़गाँव), उत्तर प्रदेश का आगरा-मथुरा में यमुना का किनारे वाला हिस्सा मिलाकर मेवात बना है। यहाँ सूखा रहता था। 1996 में यहाँ बाढ़ आई थी। वैसे तो पहले भी यहाँ बाढ़ आती थी।

राजस्थान के भरतपुर, अलवर, जिलों में प्रायः ग्रीष्म कालीन जल संकट तथा सूखे जैसी स्थिति बनी रहती है। राजस्थान के भूजल विभाग द्वारा किए गए अध्ययन के आधार पर पिछले दशक में (1984 से 1994 के बीच) राज्य के मानसून पूर्व भूजल-स्तर में 4 से 5 मीटर कमी आई है। अलवर जिले में भूजल-स्तर में गिरावट की दर सर्वाधिक (0.5 मीटर वर्ष) नापी गई है।

कभी-कभी तूफानी वर्षा से इस क्षेत्र की बरसाती नदियाँ अपने जलागम क्षेत्र को जल-प्लावित कर नुकसान पहुँचाती हैं। वर्ष 1996 के जून महीने के अन्तिम सप्ताह में (23 से 26 जून के बीच) अलवर-भरतपुर क्षेत्र (साहिबी, रुपारेल, बाणगंगा के जलागम क्षेत्र) में हुई तूफानी दृष्टि से जो प्रलयंकारी आढ़ आई उसने पिछली एक शताब्दी में आई बाढ़ों से क्षति से सभी मानकों को तोड़ दिया। इस क्षेत्र में अतिवृष्टि होने से दक्षिण हरियाणा का सीमान्त क्षेत्र (नारनोल, अटेली, रेवाड़ी तथा गुड़गाँव जिले की पश्चिमी सीमा) भी प्रभावित होता है।

यहाँ की बरसाती नदियाँ–साहिबी, दोहान तथा कृष्णावती राजस्थान से हरियाणा (दक्षिण-पश्चिम से उत्तर-पूर्व) की ओर बहती हैं। साहबी के समानान्तर ही उत्तर-पूर्वी राजस्थान के अलवर-भरतपुर जिलों में रुपारेल नदी अरावली पर्वत शृंखलाओं से निकलकर 104 कि.मी. से अधिक बहने के बाद भरतपुर जिले के उत्तर पश्चिमी मैदान में फैल जाती है। इसके अन्तिम छोर पर बने सीकरी पट्टी बाँध से 28 नहरें निकाली गई हैं, जो कामां तहसील के पश्चिम में जल को फैला कर सिंचाई करती है।

हरियाणा मेवात क्षेत्र में भूजल-स्तर 300 से 350 फुट नीचे चले जाने से ग्रीष्म कालीन पेयजल संकट ने एक दुरूह स्थिति पैदा कर दी है। कुछ अटूट पाताल तोड़ कुएँ भी अत्यधिक जल-दोहन से सूख चुके हैं तथा विगत वर्षों में कई बार तबाह हुई हैं। वस्तुतः इन दो प्रान्तों के सीमावर्ती मेवात क्षेत्र में सूखे तथा बाढ़ की स्थिति एक अन्तर्राज्यीय समस्या है। जिसका समुचित हल निकालना अत्यावश्यक है। राजस्थान के भरतपुर क्षेत्र की तरह दक्षिण हरियाणा के लोग भी रोजी-रोटी की तलाश में दूर-दराज के शहर तथा दिल्ली के शहरी इलाकों की ओर आव्रजन करने को मजबूर हुए हैं।

महाभारत काल से ही यह क्षेत्र सूखी नदियों, पहाड़ियों वाला 'खांडव प्रस्थ' के नाम से जाना जाता रहा है। यहाँ 500 से 600 मि.मि. वार्षिक वर्षा होती थी। इसमें से 4/5 वर्षा तो दो-तीन दिन में होती रही है। इसलिए इस क्षेत्र की सभी नदियाँ रूपारेल, बाणगंगा और उनकी सहायक धाराएँ पूर्णतया बरसाती हैं। कुछ दिनों में जलहीन होने के कारण भू-जल अति सीमित है और उसकी पुनः पूर्ति बाहर से नहीं होती है। मात्र स्थानीय वर्षा से ही होती थी। सब मिलकर इस क्षेत्र में जल संसाधन स्वल्प और कृषि के लिए पूर्णतया अपर्याप्त थे।

250 वर्ष पूर्व तक यह क्षेत्र पूर्णतया वनों पर और पशुपालन पर निर्भर था। यहाँ खेती नगण्य थी। लोगों की जरूरत बढ़ती देख भरतपुर-अलवर के राजाओं ने यहाँ जल प्रबन्धन और खेती विकास के लिए सिंचाई पद्धति विकसित करने का गौरवपूर्ण इतिहास रचा। उन्होंने प्रजा के सहयोग से इस क्षेत्र की एक-एक बूँद वर्षा जल को खेती में उपयोग करने की व्यवस्था कर दी। इसे देखकर आज के बड़े-बड़े इंजीनियर भी मुँह में उँगली दबाते हैं और नतमस्तक हो जाते हैं। इसी के बल पर इस क्षेत्र में समृद्ध कृषि का विकास हुआ। जल का खारापन भी कम हुआ। इसीलिए भरतपुर के किसान 1995 से पूर्व बाढ़ (अधिक जल) को आमंत्रित करते थे। क्योंकि जल आता था तो दो-चार दिन में उतर जाता था। शेष बँधें में भरा रहता था। लेकिन 1995 की वर्षा से इस क्षेत्र के बाँध, डेन टूटी और उनकी जून 1996 तक मरम्मत नहीं हुई। वर्षा शुरू होते ही ऊपर से नीचे की तरफ के सब बाँध टूटते ही चले गए। सबसे पहला बम्बोरा का बाँध टूटा।

बम्बोरा का बाँध एक सौ मीटर ऊँची दो पहाड़ियों को जोड़नेवाला पक्की दीवारों का बना हुआ 300 वर्ष पुराना बाँध था। टूटते ही इसके नीचे के थेकरा ही पाल, मूँहरवा की पाल, कन्नू का नाका, खानपुर (भगाड़ा) का बाँध, अन्तरिया का बाँध, फिर रावली का बाँध को तोड़ता हुआ कामां की तरफ आगे बढ़ा। इसी प्रकार दूसरी जल धारा ने इस्माईलपुर, ईचाका, झरिंडा, टोहरी, भंगेरी, करवड, भठकोल, भीगनहेड़ी, तिजारा जेरोली के बाँधों को तोड़ते हुए जल धारा में गुड़गाँव के पास जाकर मिल गई।

तीसरी जल धारा पर राताखुर्द, पड़ीसल, शाहपुर, घाटाला, चान्दोली, बरवाड़ा, विजय मन्दिर, डहरा, शाहपुरा, बनजीरका, बगड़, नाहरका, पिपरोली को तोड़ता हुआ नसवारी के पास जाकर मुख्य धारा में मिल जाती है। चौथी जल धारा कारौली, किथूर, बहादरपुर, चिकानी, भजेड़ा, सोदका, ऊँटवाल, कोटाखुर्द, मुकुन्दवाल, दोहली, खिलौरा, सारेश चौकी, बाघ पालों को तोड़ता मुख्य धारा में मिल जाता है।

पाँचवीं जल धारा भादल, शीतल चिडवई होते हुए नसवारी में जाकर दूसरी धाराओं में मिलती है। इस धारा को बारां (रूपारेल) के नाम से जाना जाता है। उक्त सभी बाँध सिंचाई विभाग के हैं। इसलिए इन्हें बचाने के कोई प्रयास नहीं किए। सब टूटते हुए उस क्षेत्र का जल भी अपने में मिलाकर और विशाल दानव का रूप लेता हुआ आगे बढ़ता गया। इसे रोक पाने या सँभल पाने का सामर्थ्य मार्ग में कहीं नहीं मिली। रैगुलेटर पर उत्तर प्रदेश द्वारा नियंत्रण कर देने से ऊपर राजस्थान में कामां पहाड़ी क्षेत्र की त्रासदी और भी बढ़ गई।

मेवात जल के अन्तर्राज्यीय विवाद भी खेल रहा था। राजनैतिक सीमाओं में बँटा मेवात कई तरह की समस्या झेलकर भी सद्भावना और शान्ति से जी रहा है। मेवात जल संकट समाधान और बाढ़ से बचने और इसके साथ जीने के तरीके भी खोजने लगा।

स्वतंत्रता के बाद बने या ऊँचे किए गए नहर, खालों, सड़क, रेल आदि के एम्बेकमेन्टों ने प्रवाह में बाधा डालकर और निचले क्षेत्रों में पानी निकालने के लिए लगाए गए सरकारी पम्प स्टेशनों के न चलने से निचले क्षेत्रों में त्रासदी पैदा कर दी।

इस त्रासदी में सैकड़ों लोगों की पानी से बहकर अकाल मृत्यु हो गई। बाढ़ के बाद संक्रामक रोगों से तथा मलेरिया, डेंगू, फल्सीफेरम आदि से हजारों लोग मरे। पूरे के पूरे गाँव जैसे बान्धोली का बास बह गए। सप्ताह तक गाँव में पानी भरा रहा, घर ढह गए। कुओं में वर्षा का पानी-मिट्टी भर गई। अनाज सड़ गया। इस त्रासदी से हुई हानि की व्यापकता और दीर्घ कालीनता का अनुमान आँकड़ों से पूरे हैं। इस त्रासदी के लिए लोक निर्माण/सड़क विभाग, रेल, सिंचाई, प्रशासन व मौसम विभाग दोषी है।

लोक निर्माण, सड़क विभाग की अक्षमता, अयोग्यता व लापरवाही से बम्बोरा बाँध के पास बिना बाँध की सुरक्षा का ध्यान रखे सड़क सुधार के लिए कटाई व ब्लास्टिंग कर दी और सड़कों में वर्षा जल निकासी के लिए उपयुक्त स्थान, समुचित आकार के द्वार नहीं बनवाए। इसका उदाहरण अलवर-रामगढ़, नौगाँवा–दिल्ली मार्ग पर बनी पुलियों के पास तो पानी फटका भी नहीं। इधर-उधर दसियों जगह से सड़क काट दी व तोड़ दी। इस विभाग ने पुलियों और पास के नालों के रख-रखाव और सफाई पर समुचित ध्यान नहीं दिया। इसलिए ही बाँध टूटे और बाढ़ की त्रासदी शुरू हुई।

रेल विभाग ने रेलवे लाइन बिछाने से पहले पर्यावरण एवं पारिस्थितियों का मूल्यांकन नहीं किया। बिना सोच-समझे रेलवे के ऊँचे-ऊँचे एम्बेकमेंट बनवा दिए।

जिनसे पानी रुक गया और समुचित निकासी के बिना यह रेलवे विभाग की सीधी लापरवाही है व गैर जिम्मेदारी है।

सिंचाई विभाग ने बाँधों के देखभाल करने में लापरवाही की। इन्होंने रियासती काल में बने बाँधों, नहरों, नालों के रख-रखाव पर पूरा ध्यान नहीं दिया। 1995 की बाढ़ में क्षतिग्रस्त बाँधों, नहरों, नालों की समय से मरम्मत नहीं हुई। इसी प्रकार बाढ़ निकासी के लिए लगाए पम्प स्टेशन चालू नहीं किए गए, जिससे बाढ़ की त्रासदी बढ़ती चली गई।

प्रशासन ने अपना दायित्व नहीं निभाया। बाढ़ की पूर्व चेतावनी समय पर नहीं दी। इसी प्रकार बाढ़ क्षेत्र से लोगों व पशुओं, सम्पत्ति को खाली करने का प्रबन्ध नहीं हुआ। पूर्व सूचना देने वाले स्टेशनों पर व्यक्ति नहीं रहे। बाढ़ राहत कार्य में कोताही बरती गई। मौसम विभाग ने भी ठीक से समय पर जानकारी नहीं दी।

मेवात सुखाढ़-बाढ़ प्रभावित है। इस क्षेत्र को बाढ़ और सुखाढ़ से बचाने हेतु वर्षा जल का सामुदायिक विकेन्द्रित प्रबन्धन किया जाता है। जिन गाँवों ने बाढ़-सुखाढ़ से बचने की कोशिश की है वे गाँव बाढ़-सुखाढ़ से बच गए हैं। मेवात में सरकार और समाज मिलकर बाढ़-सुखाड़ से बचने के उपाय तत्काल प्रभाव से शुरू करें।

मेवात में बाढ़ के मैदान, ब्रज क्षेत्र (यमुना किनारे उत्तर प्रदेश-दिल्ली-हरियाणा)

बाढ़ के मैदान भी मेवात के अदृश्य जल भंडार हैं, बिल्कुल उपेक्षित हैं और नष्ट किए जा रहे हैं। नदियों का बहाव वर्ष भर बदलता रहता है और मानसून के दौरान यह अपने चरम पर होता है। इस दौरान नदियों किनारे तक बहती है और काफी चौड़ी हो जाती है। इस प्रक्रिया में नदी के बाढ़ क्षेत्रों में काफी मात्रा में गाद और जल का जमाव हो जाता है। बाढ़ क्षेत्रों में गाद और रेत से बनी मिट्टी होती है जो अपने भीतर पानी सोख पाने की क्षमता रखती है। हम एक छोटा सा प्रयोग कर सकते हैं। गिलाल में बाढ़ क्षेत्रों की मिट्टी डालकर यदि उसमें पानी डालें तो हम पाएँगे कि इसने 60% जल सोख लिया है। दूसरे शब्दों में बाढ़ क्षेत्र रेत के भीतर एक अदृश्य झील जैसे हैं। एक खुली झील से जहाँ वाष्पीकरण के जरिए जल वाष्पीकृत हो जाता है वहीं बाढ़ क्षेत्रों की इन झीलों में जल ज्यों-का-त्यों संरक्षित रहता है।

एक छोटी सी गणना से हम इस जल भंडार का महत्त्व समझ सकते हैं। मेवात में लगभग 300 वर्ग कि.मी. बाढ़ क्षेत्र है जिसकी औसत गहराई 40 मीटर है जिसका तिहाई हिस्सा अभी अनछुआ है। यदि हम इसकी जल ग्रहण क्षमता कहीं अधिक सीमित केवल आधी भी माने तो इतने ही क्षेत्र से हमें 1 बिलियन क्यूबिक मीटर जल प्राप्त हो सकता है। लगभग इतना ही जल प्रतिवर्ष मेवात को चाहिए। नदी का बाढ़

क्षेत्र हर साल पानी अपने भीतर सोख लेता है और जल भंडारों को पुनः भर देता है। लेकिन यह तभी सम्भव है जब नदी को अपनी मर्जी से बहने दिया जाए। नदी के पानी को नहरों की ओर मोड़ देना और बाढ़ क्षेत्रों में निर्माण कार्य करना बाढ़ क्षेत्रों के इन जल भंडारों के लिए खतरा है। इस पानी के आर्थिक मूल्य की गणना करना उचित होगा। मेवात में 10,000 लीटर 10 क्यूबिक मीटर के जल टैंकर का मूल्य 1,000 रुपए है। जबकि बाढ़ क्षेत्र का पुनर्भंडारण मूल्य 10,000 करोड़ प्रतिवर्ष है। मेवात का कुछ बाढ़ क्षेत्र फ्लोराइड प्रभावित भी है। वहाँ इस भूजल पुनर्भरण का लाभ नहीं है। वहाँ प्राकृतिक पुनर्भरण कार्य नहीं होता है।

नदी और बाढ़ क्षेत्रों के साथ छेड़छाड़ विनाशकारी है। यमुना के साथ छेड़छाड़ का अर्थ है विश्वसनीय जल स्रोतों का विनाश। मेवात को बेपानी बनाकर उजाड़ा। बेपानी होकर मेवात का उजड़ना अच्छा नहीं है। लेकिन दुर्भाग्य से सरकार मेवात को उजड़ना ही तय कर चुकी है।

भूमिगत जल भंडार

भारत की राजधानी मेवात में ही फतेहपुर सीकरी में रही थी। पानी के कमी के कारण फिर भी मेवात दिल्ली में ही आ गई है। लेकिन अब बेपानी होकर कहाँ जाएगी? क्योंकि मेवात में हम जल संरक्षण हेतु जिम्मेदारी के साथ काम नहीं कर रहे हैं। हमारे भूमिगत जल भंडारों में आपातकाल के समय मेवात के लिए जल संरक्षित है। अधिकांश उथला भूमिगत जल भूमि के पहले स्तर में पाया जाता है जहाँ वर्षा के कारण जल भंडारण होता है। मेवात में वर्षा के जल से समृद्ध होनेवाले ये भूमिगत जल भंडार लगभग 40 मीटर तक है। इनके नीचे आमतौर पर पत्थर जैसे सख्त स्तर हैं। उसके नीचे वे जल भंडार हैं जो मौसमानुसार वर्षा से समृद्ध नहीं होते, बल्कि नदी या अन्य भूमिगत स्रोतों से संचित होते हैं। ये जल भंडारण प्रक्रिया बहुत धीमी होती है और इस प्रक्रिया में 50 वर्ष तक लग सकते हैं।

इस प्रकार के जल भंडारों को आपातकाल के लिए सुरक्षित रखना चाहिए। लेकिन मेवात के डेवलपर्स द्वारा इनका भी इस्तेमाल किया जा रहा है। उदाहरण के लिए गुड़गाँव में इनका भरपूर शोषण किया गया है एक बार इन जल भंडारणों के सूख जाने पर इनका दोबारा समृद्ध होना मुश्किल है।

हम कितनी अमूल्य जीवन जल को बरबाद करते जा रहे हैं हमने उसका मूल्य-निर्धारित करने का भी प्रयत्न नहीं किया है। क्योंकि जीवन का मूल्य निर्धारित नहीं करते इसलिए जल-जीवन को समान मानकर इनका मूल्य निर्धारित नहीं किया। आज कम्पनियाँ पानी का मूल्य तय करके हमारा पानी हमें ही बेच रही हैं।

मेवात में भी हम अपना ही पानी दूसरों की बोतल में बन्द होने पर मोटी रकम देकर खरीद रहे हैं। अभी तो दूध के भाव मिल रहा है लेकिन आनेवाले कल में घी के भाव भी नहीं मिलेगा। जिन्हें आज खाने के लिए रोटी नहीं है। वे मेवात की गाँवों की दुकान से भी दूध और घी के भाव पानी खरीद कर पी सकेंगे। नहीं। इसका अर्थ मेवात से पहले गरीब उजड़े। उजड़ेंगे। क्योंकि पानी जब खत्म होगा तो गरीब-अमीर सभी का उजाड़ निश्चित है।

कम्पनियाँ लोगों को उजाड़ने में जुटी हैं। मेवात के पानी का संकट मेवात के अधिकारी, व्यापारी और नेता मिलकर उत्पन्न कर रहे हैं। समाज बिखरे और उजड़ेगा। उक्त तीनों भी आखिर में उजड़ेंगे। पानी के बिना जीवन नहीं है। सरकार मेवात को बेपानी बनाने का तय कर चुकी है।

मेवात 1995 के जल स्रोतों को बचाने और जंगल पहाड़ों पर हो रहे अतिक्रमण रोकने हेतु जल संरक्षण आन्दोलन चला रहा है। इसका विवाद उच्चतम न्यायालय में चल रहा है। हमें उम्मीद है कि न्यायपालिका हमें न्याय देगी।

यमुना के भूजल स्रोतों को सुरक्षित करने की व्यवस्था बनाने का कार्य मेवात हेतु महत्त्वपूर्ण है। हमारा देश भयानक भ्रष्टाचार के बावजूद भी न्याय देनेवाला देश है। यहाँ आज भी सत्य की जीत होती है। भ्रष्टाचार सत्य को दबाने हेतु बहुत रेत मिट्टी उस पर डालता है। फिर भी भारत में अहिंसा के रास्ते सत्य की जीत होती है। मेवात इसका जीता जागता उदाहरण है।

यहाँ के मेवाती अहिंसा से ही अपनी भूमि पर बसे रहे। अब अपनी भूमि को पानीदार बनाकर रखना मेवात के लिए जरूरी है। मेवात में अरावली का पानी, खादर की बाढ़ क्षेत्र का पानी और मैदानी क्षेत्र का भूजल पानी है। इसको बचाकर ही मेवात पानीदार रह सकता है।

मेवात की एक अलग जल नीति महात्मा गांधी के सिद्धान्त के आधार पर मेवात में बननी चाहिए। जल मेवात के जन की समझ से ही बचेगा। मेवात का सम्मान करके मेवात को पानीदार बनाए सरकारी हमला जैसे साधन पर लोकतंत्र में करना और करवाना अच्छा नहीं है। जल तो जीवन का मौलिक अधिकार है। लोकतंत्र में मौलिक अधिकार सुरक्षित और सुनिश्चित करना समाज के लिए सरकार की जिम्मेदारी है। आज सरकार ही पानी पर हमला करे तो? मेवात समाज को ही अपनी खादर-बांगर पहाड़ नदी का पानी स्वयं समझकर सहेजने हेतु बड़ा 'गहरा सत्याग्रह करना होगा।

आजादी दिवस 61 भाषण : प्रार्थना-सभा में कलकत्ता 15 अगस्त, 1947

गांधी जी ने कलकत्ता के हिन्दुओं और मुसलमानों के फिर से मैत्रीपूर्ण ढंग से आपस में मिलने-जुलने पर उन्हें बधाई दी, खुशी के जो नारे हिन्दू लगाते हैं वही मुसलमान

भी लगा रहे हैं। उन्होंने बिना किसी हिचकिचाहट के तिरंगा फहराया। और तो और, हिन्दुओं को मस्जिदों में और मुसलमानों को मन्दिरों में प्रवेश करने दिया गया। इस समाचार से मुझे खिलाफत के दिनों की याद आती है जब हिन्दू और मुसलमान भाई-भाई की तरह बसते थे। यदि यह प्रदर्शन क्षणिक आवेश-मात्र न हो और दिल से किया गया हो, तो यह खिलाफत के दिनों से बढ़कर है। इसका सीधा-सादा कारण यह है कि दोनों ने दंगों के जहर का प्याला पिया है, इसलिए मित्रता के अमृत का स्वाद पहले से ज्यादा मीठा लगना चाहिए। तथापि मुझे यह सुनकर दुख होता है कि किसी एक इलाके में गरीब मुसलमानों को सताया जा रहा है। मैं आशा करता हूँ कि हावड़ा समेत सारा कलकत्ता साम्प्रदायिकता के जहर से हमेशा के लिए मुक्त हो जाएगा। तब हमें पूर्वी बंगाल अथवा शेष भारत की चिन्ता करने की कोई जरूरत नहीं रहेगी। इसलिए मुझे यह सुनकर दुख होता है कि लाहौर में अभी भी पागलपन छाया हुआ है। मैं आशा कर सकता हूँ और मुझे इस बात का पूरा यकीन है कि कलकत्ता के शानदार उदाहरण का यदि वह सच्चा है तो पंजाब और भारत के अन्य भागों पर असर पड़ेगा। इसके बाद गांधी जी ने चटगाँव की चर्चा की और कहा कि बरसात लोगों का कोई लिहाज नहीं करती। वह हिन्दुओं और मुसलमानों दोनों को डुबो देती है। सारे बंगाल के लोगों का यह कर्तव्य है कि वे चटगाँव बाढ़-पीड़ितों के कष्ट को अपना कष्ट समझें।

तब उन्होंने इस बात का जिक्र किया कि लोगों ने यह जानकर कि अब भारत स्वाधीन हो गया है, राजभवन पर कब्जा कर लिया और प्यार से अपने नए गवर्नर राजा जी को घेर लिया। यदि यह केवल लोक सत्ता के प्रतीक-स्वरूप किया गया है तो मुझे खुशी होगी। लेकिन यदि लोग यह समझते हैं कि वे सरकारी और अन्य सम्पत्ति के साथ चाहे जो कुछ कर सकते हैं तो इससे मुझे दुख होगा। यह तो अपराधपूर्ण अराजकता होगी। इसलिए मुझे उम्मीद है कि लोगों ने स्वेच्छा से और उसी तत्परता के साथ गवर्नर निवास को खाली कर दिया होगा जिस तत्परता के साथ उन्होंने उस पर कब्जा कर लिया था। मैं आपको आगाह करना चाहूँगा कि अब जबकि आप स्वाधीन हो गए हैं तब आपको स्वाधीनता का विवेक और संयम से उपयोग करना है। आपको यह समझ लेना चाहिए कि भारत में रहनेवाले यूरोपीयों के साथ आपको वैसा ही व्यवहार करना है, जैसे व्यवहार की आप उनसे अपने लिए अपेक्षा करते हैं। आपको यह जान लेना चाहिए कि आप अपने अतिरिक्त और किसी के स्वामी नहीं है। आपको किसी को उसकी इच्छा के विरुद्ध कोई कार्य करने के लिए बाध्य नहीं करना चाहिए।

❑❑❑

महात्मा गांधी की पोत बहू, आभा गांधी और मनु बापू को लेकर 19 दिसम्बर, 1947 को मेवात नेताओं के साथ दिल्ली से निकलते हुए।

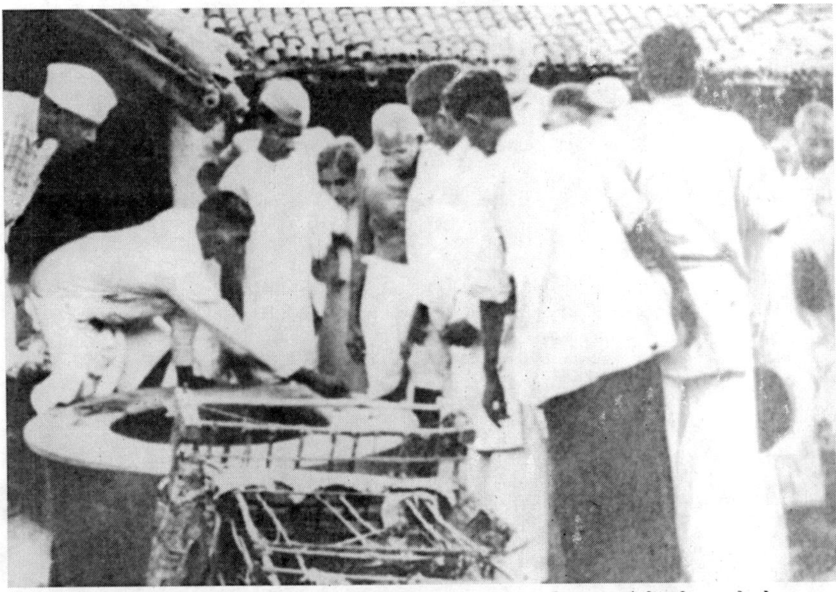

भागलपुर में हिन्दू-मुस्लिम विवादों के दौरान मौलाना अब्दुल गफ्फार खान के साथ कुएँ में पड़ी लाश देखते हुए। कई महिलाएँ अपनी इज्जत बचाने हेतु कुएँ में कूद गई थीं। उनकी लाशें देखकर दुखी हुए महात्मा गांधी जी।

विवादों के दौरान भागलपुर में मुस्लिम क्षेत्रों की यात्रा करते बापू। अब्दुलवारी का घर सामने है।

1940 में शांतिनिकेतन में महात्मा गांधी अंतिम बार रवीन्द्रनाथ ठाकुर जी के साथ।

9 सितम्बर, 1947 में एडविना माउंटबेटन के साथ नेहरू जी दिल्ली क्षेत्र में शांति मार्च करते हुए।

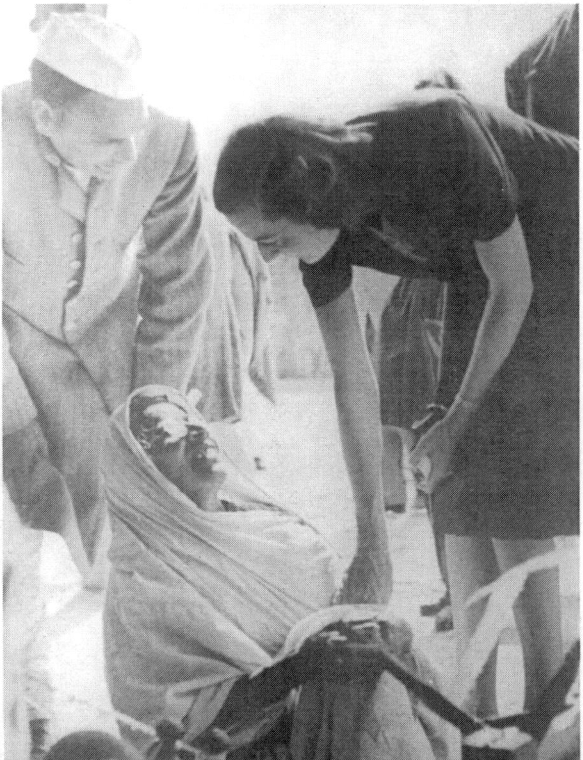

साम्प्रदायिक दंगा क्षेत्र दिल्ली में पीड़ित महिला की पीड़ा जानते एडविना माउंटबेटन व नेहरू जी।

रफूजी क्षेत्र फिरोजपुर कोटला के शिविर में सफाई करते नेहरू जी 1947।

नेहरू जी के साथ अप्रैल 1948 साम्प्रदायिक सद्भावना व पुनर्वास चिंतन करते
विनोबा भावे, नेहरू जी, डॉ. राजेन्द्र प्रसाद जी।

दिल्ली में नेहरू जी के बुलावे पर मार्च 1948 में दिल्ली मेवात में पुनर्वास कार्य हेतु प्रस्थान करते हुए। विनोबा भावे जी।

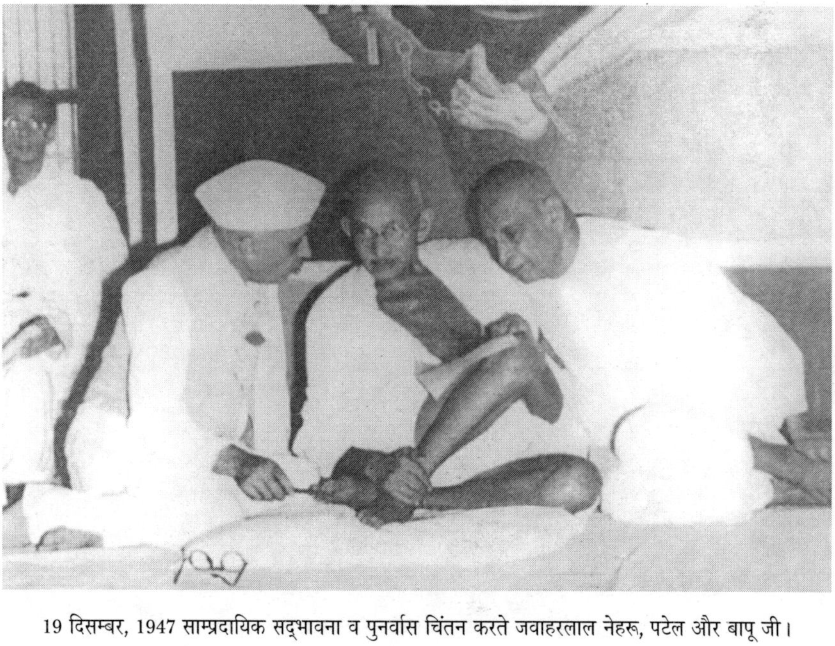

19 दिसम्बर, 1947 साम्प्रदायिक सद्भावना व पुनर्वास चिंतन करते जवाहरलाल नेहरू, पटेल और बापू जी।

भंगी बस्ती में गांधी जी से मिलने जाते हुए।
जिन्ना और नेहरू जी।

1948 अप्रैल में भंगी बस्ती में बापू कुटीर में पद्मा, नेहरू, विनोबा, चांदीवाला।

नौआखाली में गांधी जी।

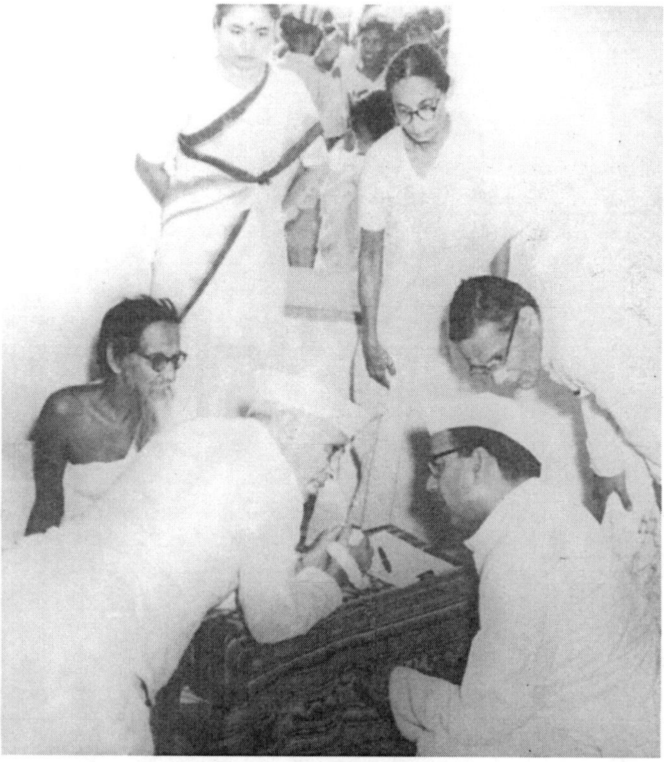

पवनार में विनोबा जी और नेहरू जी।

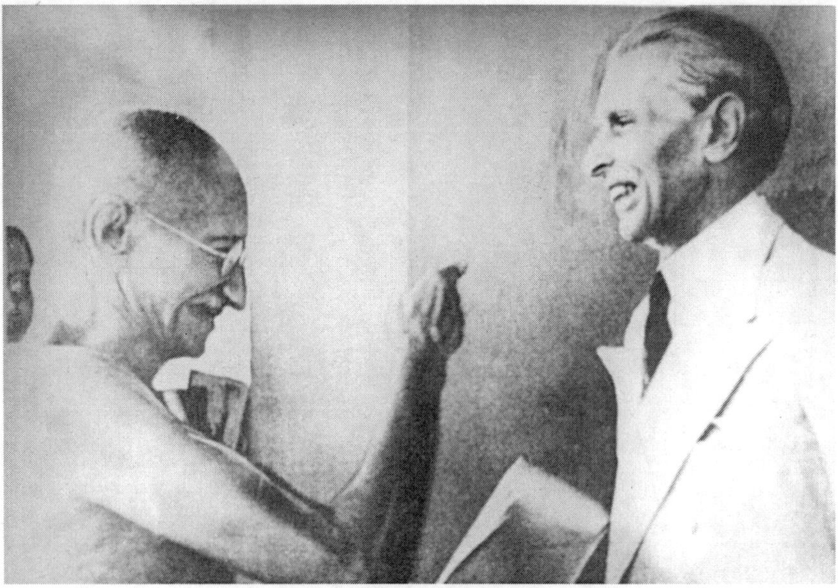

दिल्ली में स्थित जिन्ना निवास में गांधी जी।

सेवाग्राम में मौलाना अब्दुल गफ्फार खान।

मेवात में साम्प्रदायिक सद्‌भावना की तैयारी में विनोबा जी और नेहरू जी के साथ सद्‌भावना कार्यकर्ता।

साम्प्रदायिक विवाद और विभाजन का जहर कम करने हेतु कांग्रेसी कार्यकर्ता बैठक दिल्ली में।

मेवात वापसी पर नेहरू जी को दिल्ली में मेवात के हालत की जानकारी देते विनोबा जी।

बिड़ला हाऊस में 19 सितम्बर को संध्या प्रार्थना में गांधी जी मेवात की अपनी यात्रा अनुभवों से जनता को सम्बोधित कर रहे हैं।

19 दिसम्बर 1947 को घासेड़ा गांव की मेव सभा को संबोधित करते महात्मा गांधी जी।

शांति स्थापना हेतु दिल्ली पुराना किला क्षेत्र में जाते हुए नेहरू जी।

हुमायूँ मकबरा, दिल्ली कैम्प में एडविना माउंटबेटन मेव सभा में महिलाओं से बातचीत करते हुए।

मौलाना अब्दुल गफ्फर खान गांधी के साथ मुस्लिमों की समस्या पर मुस्लिम नेताओं के साथ बातचीत करते हुए।

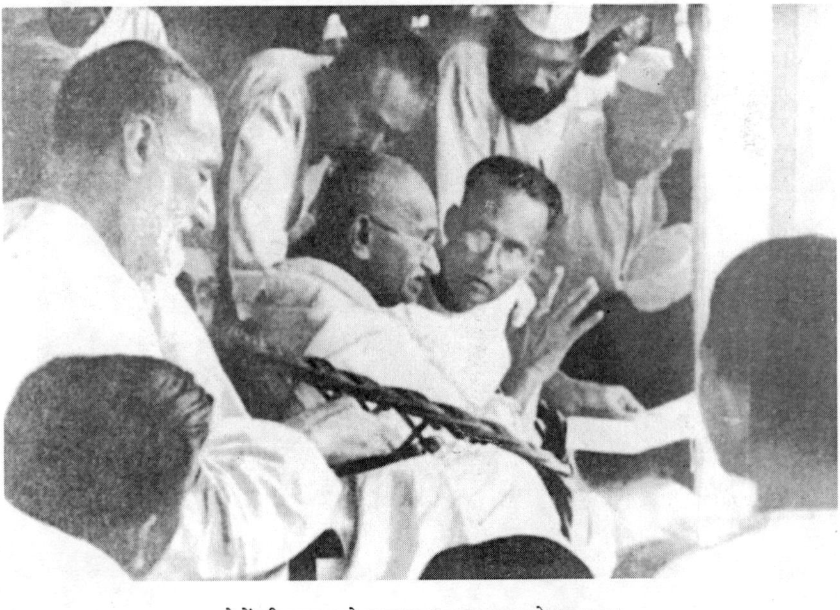

मेवों की समस्या के समाधान का रास्ता बताते हुए बापू।

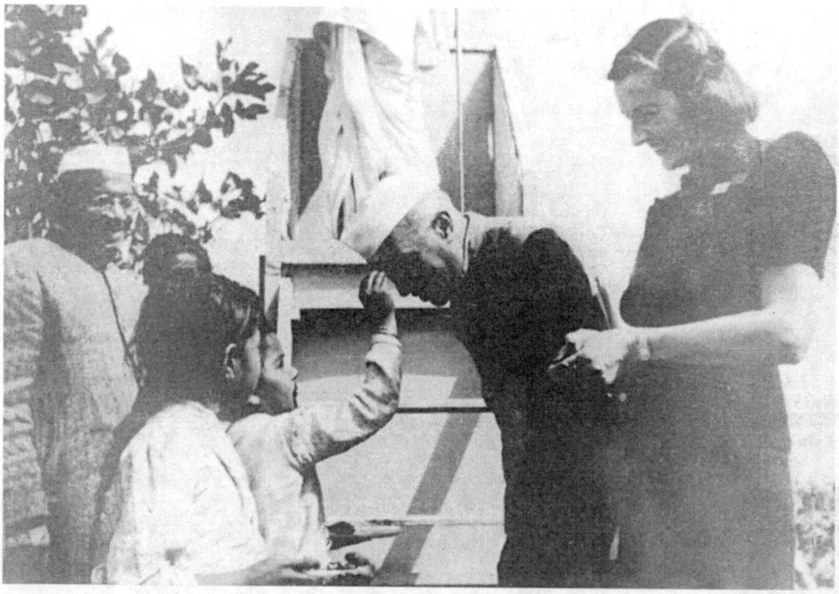

शांति मार्च में नेहरू और एडविना माउंटबेटन का स्वागत करते दिल्ली के बच्चे।

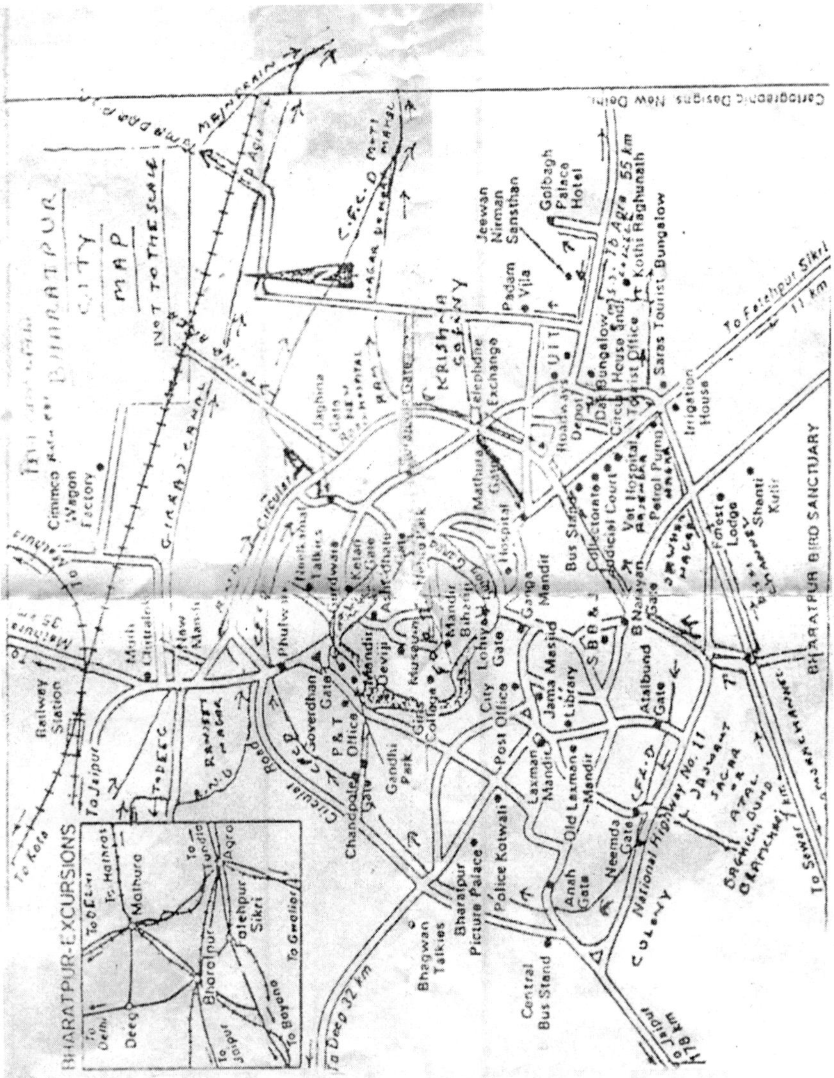
BHARATPUR
CITY
MAP
NOT TO THE SCALE
BHARATPUR-EXCURSIONS
BHARATPUR BIRD SANCTUARY
Cartographic Designs New Delhi

मेवात का मानचित्र

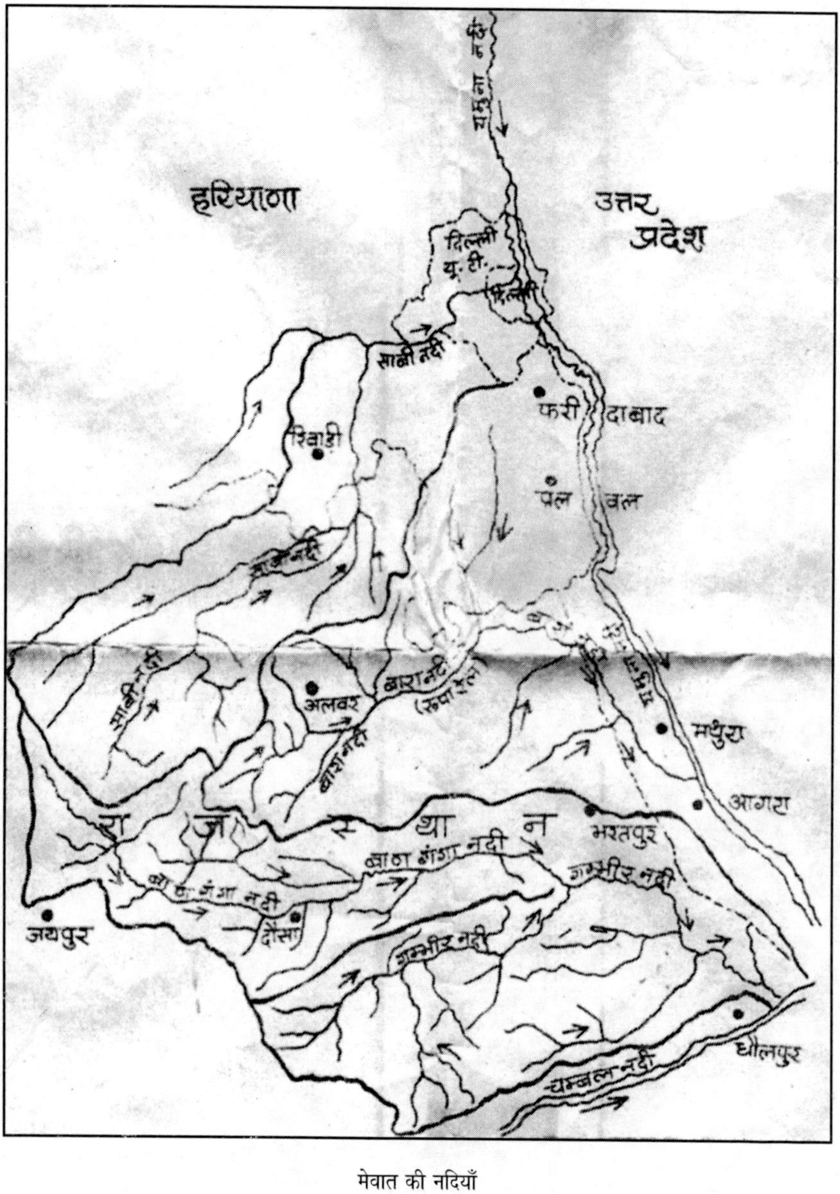
हरियाणा
उत्तर प्रदेश
दिल्ली यू. टी.
साबी नदी
रिवाड़ी
फरीदाबाद
पलवल
अलवर
बारा नदी
मथुरा
आगरा
रा जा स्था न
भरतपुर
बाण गंगा नदी
गम्भीर नदी
जयपुर
दौसा
धौलपुर
चम्बल नदी

मेवात की नदियाँ